Frauen in Baden

Annette Borchardt-Wenzel

FRAUEN IN BADEN

Ein biografischer Streifzug durch die Geschichte

Verlag Friedrich Pustet
Regensburg

für Emi und Heribert Borchardt

Bibliografische Information der Deutschen Nationalbibliothek
Die Deutsche Nationalbibliothek verzeichnet diese Publikation in der Deutschen Nationalbibliografie; detaillierte bibliografische Daten sind im Internet über http://dnb.dnb.de abrufbar.

ISBN 978-3-7917-2831-5

Umschlaggestaltung: Heike Jörss, Regensburg
Satz: Vollnhals Fotosatz, Neustadt a. d. Donau
Druck und Bindung: Friedrich Pustet, Regensburg
Printed in Germany 2018

Diese Publikation ist auch als eBook erhältlich:
eISBN 978-3-7917-6129-9 (epub)

Weitere Publikationen aus unserem Programm
finden Sie auf www.verlag-pustet.de
Kontakt und Bestellungen unter verlag@pustet.de

INHALT

Vorneweg ... 11

MITTELALTER

Damen aus besten Familien 14

Judith – eine verlassene Ehefrau / *Die Familie „von Baden“* / Judith „von Backnang“ – Herrschaftsausbau am Mittleren Neckar / Drum prüfe, wer sich ewig bindet: Heiratspolitik / Irmengard – die „Gute Frau“ / *Stuttgart – eine badische Hochzeitsgabe* / Eine goldene Braut und eine Grafentochter aus der Provinz / Agnes – die Gefangene von Burg Eberstein

Fromme Frauen 25

Der himmlische Bräutigam / Lioba von Tauberbischofsheim – die Heilige aus England / *Säckingen – ein Staat der Damen* / Frauenklöster – einfach lästig / Herrenalb – Frauenalb / Boom der Frauenzisterzen / Trudinde – die erste Äbtissin von Lichtenthal / *Wie Irmengard den Bischof austrickste* / Eine Bürgerliche zieht den Kürzeren / *Wie das Affental zu seinem Namen kam* / Religiöser Notstand / Beginen – die armen Schwestern / Gertrud von Ortenberg – Wahrerin der Tugend / Betteln verboten – der Beginen-Streit

Außenseiterinnen 40

Hübschlerinnen beim Konstanzer Konzil / *Die Imperia – Skandal im Hafen*

FRÜHE NEUZEIT

Die Teilung Badens und die Rolle der Frauen 43
Markgraf Christoph und Ottilie von Katzenelnbogen / Heiraten schaffen Fakten / Françoise und Jakobäa – zwei Frauen gegen Markgraf Ernst / Ursula von Rosenfeld – die Stammmutter der Linie Baden-Durlach / *Morganatisch verheiratet – Ehefrauen zweiter Klasse*

Frauen für und gegen Luther 51
Margarete Blarer – die Erzdiakonin / Katharina Zell – Trost für die Weiber von Kenzingen / Olympia Morata – eine Frau an der Universität Heidelberg / *„... weil sie ein Weib sei“* / Die renitenten Nonnen von Pforzheim

Krisen und Kriege 61
Maria von Eicken – Markgräfin oder Konkubine? / Paula von Weitershausen – Unzucht in Frauenalb / Hexen – missgünstig und gefährlich / *Hexensabbat auf dem Kandel* / Anna Weinhag – Eine Frau überlebt zwei Hexenprozesse / Die Gotter Neß – Auf glühenden Kohlen / *Geschäfte mit der Angst* / Verbrannte Heimat – im Namen der Liselotte / Markgräfin Augusta Maria – Lieder für den Seelenfrieden / Sibylla Augusta – die Oberlandesregentin / *Bildersturm im Rastatter Schloss*

Die Frauen um den Gründer Karlsruhes 80
Magdalene Wilhelmine – die verschmähte Gemahlin / Eberhardine Luise von Massenbach – des Markgrafen große Liebe / Karoline Luise von Wangen – das unglückliche Töchterlein / Der lächerliche Harem – die Karlsruher Hofsängerinnen / *Die Legende von den Tulpenmädchen*

Frauen vor Gericht 87
Dirnen und Kindsmörderinnen / Maria Salome Münch – „zum abscheulichen Exempel“ / Catharina Würbs – die Soldatenbraut / *Gynäkologische Zwangs-*

untersuchungen angeregt / Jaunerinnen – Leben auf der Straße / Die Alte Lisel – „an der Nasen gestümmelt" / Die Schleiferbärbel – der „Abschaum ihres Geschlechts"

Frauen im Aufruhr 97
Die Frauen von Pforzheim – „mit entsetzlichem Geschrei" / *Maria Theresia – Erbtochter und Landesfürstin* / Der Weiberkrieg zu Freiburg – „Wir brauchen unsere Männer" / *Närrische Erinnerung – die Turmsträßlerinnen* / Die Amazonen von Oberkirch – still und leise

Im Zeichen der Aufklärung 104
Markgräfin Karoline Luise – die „Vielwisserin" von Baden / Maria Viktoria – Kämpferin für die katholische Sache / *Frauen und Männer – „von Natur aus" verschieden* / Margarethe Dell – eine „alte Matrone" aus Durlach

IM GROSSHERZOGTUM

Die Damen des Hauses Baden 110
Stéphanie Napoleon – die kaiserliche Hoheit / *Napoleon befiehlt: „Lieben Sie Ihren Mann"* / Markgräfin Amalie – die „Schwiegermutter Europas" / *Eine Kaiserin und zwei Königinnen* / Elisabeth Alexiewna – die Zarin aus Baden / Luise Karoline von Hochberg – die viel Geschmähte / *Initiatorin des Kaspar-Hauser-Verbrechens?*

Karrieren bürgerlicher Frauen 119
Katharina Werner – die Bescheidene / Die Löfflerin – eine Kochbuch-Autorin

Revolution in Baden 123
Großherzogin Sophie – die Skandalumwitterte / Amalie Struve – die doppelt Radikale / *Wie man(n) seinen*

Ruf ruiniert / Dirnen und Flintenweiber / Maria Josephine Hecker – Hauptsache unauffällig / Augusta Bender – Eine Frau kratzt an Heckers Denkmal

Im Musterländle 133
Großherzogin Luise – Protektorin des Badischen Frauenvereins / *„Wie du willst, Luise"* / Badische Schwesternschaft vom Roten Kreuz – Luisenschwestern / *Nie nach eig'nen Wünschen fragen …* / Barmherzige Schwestern und Diakonissen / Mutter Jolberg – Erzieherinnen braucht das Land

Industrialisierung 143
„Abgeschafft" mit 40 Jahren / Die Näherinnen von Stockach – Frauen im Streik / Elisabeth von Richthofen – die erste deutsche Fabrikinspektorin / Marie Baum – das „rote Bäumchen" / Bertha Benz – die erste Autofahrerin

Bildungsemanzipation in Baden 150
Rahel Straus – eine Gymnasiastin / Luise Lenz – ein unmoralisches Angebot / Johanna Kappes – Fräulein stud. med.

Im Reich der Mode 155
Emmy Schoch – Avantgarde aus dem Katalog

Erster Weltkrieg 157
Mathilde von Horn – unter Spionageverdacht / Frauen verrichten „Männerarbeit" / *Hausfrauen – „Hüterinnen des Herdes"* / Ein Emanzipationsschub? / Hilda – Die Tränen der letzten Großherzogin

FREISTAAT BADEN

Die neue Frau 165
Lina Radke-Batschauer – die Olympia-Siegerin

Politische Gehversuche 168
Frauen im Ständehaus / Marianne Weber – die Intellektuelle / Clara Siebert – das weibliche Element / Therese Blase – Frau der klaren Worte / Frieda Unger – verurteilt wegen Hochverrats

Wissenschaftlerinnen 179
Elisabeth Altmann-Gottheiner – düstere Prognosen / Gerta von Ubisch – die erste Professorin an der Uni Heidelberg

ZEIT DES NATIONALSOZIALISMUS

Die Zerschlagung des Badischen Frauenvereins 185

Nationalsozialistinnen 186
Frau und Mutter / Gertrud Scholtz-Klink – die Reichsfrauenführerin / Gerda Bormann – Plädoyer für die Polygamie

Verfolgte, Opfer, Helferinnen 192
Johanna Geißmar – als Ärztin bis nach Auschwitz / *Gymnasium sucht Namen* / Gertrud Hammann – Überleben als „Mischling“ / Elisabeth von Thadden – Hinrichtung einer Pädagogin / Antonie Langendorf – mutige Worte / Gertrud Luckner – „außerordentliche Seelsorge“ / Ein Ende mit Schrecken

IN DEN NACHKRIEGSLÄNDERN UND BADEN-WÜRTTEMBERG

An den Elendsfronten 206
Kriegsbeute / *„Ami-Liebchen“* / Kochlöffelkrieg – „Trümmerfrau“ trifft Flüchtlingsfrau

In der Politik 209
Elisabeth Großwendt – Die Frau hat das Wort / *„Es sind in allen Parlamenten zu wenig Frauen“* / Maria Beyerle und Clara Siebert – Streit um den Südweststaat

Karlsruhe spricht . . . 213
Erna Scheffler – Das Lächeln der Verfassungsrichterin / Jutta Limbach – an der Spitze des höchsten Gerichtes

Schönheit – Glamour – Mode . . . 217
Sonja Ziemann – das Schwarzwaldmädel / Christiane Schmidtmer – ein Fräuleinwunder / Aenne Burda – das Schnittmuster des Erfolgs

Gesellschaft im Umbruch . . . 224
„Lila Latzhosen" im Anmarsch / Margot Becke – „Bringt die Becke um die Ecke" / *Hanne Landgraf – allein unter Männern* / Landesfrauenrat und kommunale Frauenbeauftrage / Annemarie Griesinger – erste Ministerin in Baden-Württemberg / Kampf gegen das KKW Wyhl / Christa Reetz – eine Grüne / *Biggi Bender und Muterem Aras – Polit-Pionierinnen* / Schlusslicht Baden-Württemberg / Brigitte Mohnhaupt – eine Terroristin / *Grausames Feminat?*

Erste und Einzige – weibliche Medienereignisse im Südwesten . . . 236
Hilde Bitz – Pionierin auf der Kanzel

Hinterher 239

ANHANG

Literatur (Auswahl) . . . 241
Internet-Quellen . . . 246
Bildnachweis . . . 246

Vorneweg …

Um badische Geschichte soll es gehen. Und es wäre schön, wenn Frauen vorkommen … Das sind oft die Anliegen, wenn ich um Vorträge gebeten werde. Vor allem, wenn Frauengruppen auf der Suche nach einer Referentin sind. Aber auch Veranstalter, die gemischte Zielgruppen bedienen, sind historischen Frauengestalten keineswegs abgeneigt.

Die Zeiten, in denen es als ausgemachte Sache galt, dass „große Männer" Geschichte machen, sind vorbei. Trotzdem dominieren Männer klar in den Geschichtsbüchern. Wer das Personenregister von Überblicksdarstellungen zur politischen Geschichte überfliegt, wird auch ab und zu einen Frauennamen finden. Aber eben nur „ab und zu". Man kann es den Historikern nicht verübeln. Bis weit ins 20. Jahrhundert hinein wurde Frauen eine untergeordnete Stellung zugewiesen. Wenn sie politisch oder gesellschaftlich agierten, dann – mit wenigen Ausnahmen – aus der zweiten Reihe heraus. Je knapper eine Darstellung, desto weniger Beachtung finden zwangsläufig die Menschen, die an der Seite oder hinter den Alpha-Persönlichkeiten stehen. Selbst dann, wenn sie deren Tun stützen, überhaupt erst ermöglichen oder auch – im Gegenteil – hintertreiben.

Es wäre schön, wenn Frauen vorkommen … Ich fragte mich, ob es möglich sei, badische Geschichte einmal anders zu erzählen. Nicht als „Frauengeschichte" im Sinne der 1970er-Jahre, als es feministischen Historikerinnen der ersten Generation vor allem darum ging, dem unsichtbaren und unterdrückten Teil der Gesellschaft eine Stimme zu geben. Es gab ja zu allen Zeiten Frauen, die wir heute als „Medienereignisse" bezeichnen würden, auch wenn sie später meist in den

Fußnoten verschwanden: Regentinnen und Revolutionärinnen, Heilige und Verbrecherinnen, Wissenschaftlerinnen und Wohltäterinnen, Täterinnen und Opfer, aber auch Ehefrauen mächtiger Männer, Mätressen, Schöne und Reiche. In diesem Buch sind Frauen versammelt, die Gesprächsthema waren – manche im eher lokalen Rahmen, andere weit über Baden hinaus. Einige wenige gewannen erst im Gedächtnis der Nachwelt an Bedeutung – interessant ist die Frage: Warum?

Lassen sich anhand von solchen weiblichen „Medienereignissen" Grundzüge der badischen Geschichte aufzeigen? Es ist den Versuch wert. Persönlichkeiten, die von ihren Zeitgenossen als „ungewöhnlich", „herausragend" oder „gefährlich" eingeschätzt wurden, werfen ja ein bezeichnendes Licht auf die jeweilige Epoche.

Eine weitere Frage, die mich umtrieb: Hat es überhaupt Sinn, Kurzbiografien aneinanderzureihen? Es gibt sie schließlich wie Sand am Meer. In vielbändigen Reihen wie den *Badischen Biographien*, den *Baden-Württembergischen Biographien*, den *Lebensbildern aus Baden-Württemberg* und in vielen anderen wissenschaftlichen sowie populären Werken zu den verschiedensten Themenkomplexen. Und natürlich findet man jede Menge Kurzbiografien (von sehr unterschiedlicher Qualität) im weltweiten Netz: in der freien Internet-Enzyklopädie Wikipedia ebenso wie in Informationssystemen, die von wissenschaftlichen Institutionen getragenen werden – in Baden-Württemberg etwa leo-bw.de.

Dieser Streifzug durch die badische Geschichte führt ein Stück weit weg von klassischen Kurzbiografien: Die Vitentexte konzentrieren sich auf diejenigen Lebensereignisse, die im Zusammenhang mit der Geschichte der Region von Bedeutung sind oder bezeichnend für gesellschaftliche Entwicklungen. Auf Lebensdaten, Verwandtschaftsverhältnisse, die Chronologie der Geschehnisse, Werke und Würdigungen hingegen gehe ich nur ein, wo es aus Verständnisgründen erforderlich scheint.

Andererseits stehen die Kurzbiografien nicht isoliert nebeneinander. Sie sollen sich auf unterhaltsame Art zu einer etwas anderen badischen Geschichte verdichten und werden in die historischen Zusammenhänge eingeordnet. Denn gerade bei Frauenbiografien ist die Versuchung groß, die eigenen politischen und emanzipatorischen Identitätswünsche in eine anders tickende Vergangenheit zu projizieren. Mit diesem Buch möchte ich nicht nur zur Beschäftigung mit der badischen Geschichte und mit faszinierenden Frauen ermuntern, sondern auch dazu, sich auf die strukturelle Andersartigkeit früherer Epochen einzulassen. Das ist eine Herausforderung. Doch die Auseinandersetzung mit der eigenen und zugleich fremden Vergangenheit macht Geschichte erst richtig spannend!

Neben Einzelpersönlichkeiten begegnet man in diesem Buch auch Frauengruppen, die von sich reden machten, nicht aber Malerinnen, Musikerinnen oder Literatinnen. Künstlerinnen einzubeziehen hätte den Rahmen des Bandes gesprengt.

Zeitlich führt dieser Streifzug durch rund 900 Jahre; räumlich konzentriert er sich auf das Gebiet, das im frühen 19. Jahrhundert zum Großherzogtum Baden zusammengeschweißt wurde. Ein gelegentliches Überschreiten der Grenzen behalte ich mir vor. Frauen in Baden waren nicht selten Grenzgängerinnen.

Annette Borchardt-Wenzel,
im Februar 2018

MITTELALTER

Damen aus besten Familien

Judith – eine verlassene Ehefrau

Im Jahr 1073 ließ ein Markgraf namens Hermann seine Gemahlin Judith mit dem gemeinsamen Sohn sitzen. Doch die verlassene Ehefrau weinte weder, noch zürnte sie. Und Hermann I. begab sich auch nicht in die Arme einer anderen Frau, sondern nach Cluny, ins damals berühmteste Kloster des Abendlands. Er wollte sein Leben Gott weihen und Knechtsdienste verrichten.

Judith war eine moderne Frau. Eine von denen, die aus innerster Überzeugung einem reformorientierten Frömmigkeitsideal anhingen. Für die Weltflucht ihres Gemahls hatte sie Verständnis. Vermutlich war sie sogar stolz auf seinen radikalen Schritt. Auch die Nachfahren des frommen Paares, die Markgrafen von Baden, haben es Hermann nicht verübelt, dass er Weib und Kind verließ, um in Burgund nach Selbstheiligung zu streben. Im Gegenteil: Ein aufstrebendes Adelshaus konnte sich kaum einen würdigeren Stammvater wünschen als einen vornehmen Herrn, der aus freien Stücken auf weltlichen Besitz verzichtete und sich der strengen klösterlichen Disziplin unterwarf, für die Cluny bekannt war.

Markgraf Hermann († 1074) stammte aus einer mächtigen Sippe, deren Machtzentrum zwischen Neckar und Schwäbischer Alb lag und die zudem im Breisgau und in der Ortenau

Herrschaftsrechte besaß. Er trug den Titel eines Markgrafen von Verona (in Italien), den er von seinem Vater, Berthold mit dem Bart, übernommen hatte. Der bärtige Berthold, von dem nicht nur die Markgrafen von Baden, sondern auch die Herzöge von Zähringen abstammten, dürfte große Pläne mit diesem Sohn gehabt haben. Er verheiratete ihn mit Judith, die wahrscheinlich jenen Besitz am nördlichen Rande des Schwarzwalds mit in die Ehe brachte, der später die territoriale Grundlage der Markgrafschaft Baden bilden sollte. Wie über viele andere vornehme Frauen ihrer Zeit ist über Judith wenig bekannt.

Hermann I. von Verona machte die väterlichen Pläne zunichte, als er sich für ein Leben in Armut entschied. Das karge Leben in Cluny – er soll dort die Schweine gehütet haben – hielt er nicht lange durch. Ein knappes Jahr nach seinem Eintritt ins Kloster starb er.

Die verlassene Ehefrau nahm seinen Tod in christlicher Demut hin. Als junge Witwe unterstützte sie die vom Kloster Hirsau ausgehende, an Cluny orientierte Reformbewegung nach Kräften. Ihr Leben endete 1091 in Salerno, wo sie sich im Umfeld Papst Urbans II. aufhielt. Möglicherweise hatte die Markgräfin diesen Aufenthaltsort im Gedenken an ihren Gemahl gewählt: Der Heilige Vater war zuvor Mönch und Prior in Cluny gewesen.

Die Familie „von Baden". Zu Lebzeiten Hermanns I. und seiner Frau Judith war von „badischen" Markgrafen noch keine Rede. Das änderte sich, als der ebenfalls Hermann genannte Sohn des frommen Paares um 1100 hoch über dem alten Römerort Baden (heute: Baden-Baden) die Burg Hohenbaden errichten ließ. Obwohl sich die Markgrafenfamilie dort zunächst nicht allzu häufig aufhielt, benannte sie sich fortan bevorzugt nach diesem Herrschaftssitz „von Baden". Die erste Urkunde, in der Hermann II. als „Markgraf von Baden" auftaucht, stammt aus dem Jahr 1112.

Judith „von Backnang" – Herrschaftsausbau am Mittleren Neckar

Auch wenn Hermann II. († 1130) am Rande des nördlichen Schwarzwalds die namengebende Burg erbauen ließ, war noch nicht abzusehen, dass die Zukunft Badens am Ober- und Hochrhein liegen würde. Vielmehr zeigten die frühen Markgrafen Interesse an einem Herrschaftsausbau am Mittleren Neckar. Hermann II. vermählte sich denn auch mit einer Frau, die vermutlich Backnang mit in die Ehe brachte. Sie hieß Judith, wie Hermanns Mutter.

Backnang erhielt für die Markgrafen von Baden besondere Bedeutung, denn Hermann und seine Judith gründeten dort 1122 das Augustiner-Chorherrenstift St. Pankratius. Es diente der Familie „von Baden" bis in die Mitte des 13. Jahrhunderts als Grablege.

Drum prüfe, wer sich ewig bindet: Heiratspolitik

Es war das Zeitalter der Minnelieder und der ritterlich-höfischen Kultur. Bei der Wahl ihrer Ehefrauen und Schwiegertöchter ließen sich adelige Herren allerdings nicht von hohen Idealen und schon gar nicht von Zuneigung leiten. Was auf den Prüfstand kam, war vor allem der familiäre Hintergrund der potenziellen Braut. Gerne genommen wurden Damen, deren Verwandtschaft Vorteile fürs eigene Haus versprach. Markgraf Hermann III. von Baden († 1169) etwa heiratete eine Frau namens Berta. Sie soll eine Stauferin gewesen sein und entstammte demnach einem Geschlecht, das römisch-deutsche Könige und Kaiser hervorbrachte. Von dieser Verwandtschaft gedachten die badischen Markgrafen zu profitieren.

Zudem nahm man vor einer Verlobung penibel die Besitzverhältnisse und mögliche Erbansprüche der potenziellen Braut unter die Lupe. Kluge Eheschließungen konnten über die Zukunft ganzer Geschlechter entscheiden.

Freilich waren die Heiratsgeschäfte, bei denen bereits über Kleinkinder verfügt wurde, sehr konfliktträchtig. Manche Ehe wurde überhaupt nur geschlossen, weil sich die Kuppler auf diesem Weg den Besitz der angeheirateten Verwandtschaft anzueignen gedachten. Die Heiratspolitik gehörte neben kriegerischen Auseinandersetzungen und mächtigen Verbündeten zu den wichtigsten Stellschrauben beim Herrschaftsausbau adeliger Familien.

Zumindest nicht zum Nachteil gereichte Bildung den adeligen Heiratskandidatinnen in der schriftarmen Zeit: Da edle Herren viel Zeit auf Kriegszügen verbrachten, schätzten sie Gemahlinnen, die in der Lage waren, ihre Stellvertretung zu übernehmen. Die Talente der Damen als Regentinnen waren zudem für den Fall gefragt, dass der Ehemann starb und die Söhne noch minderjährig waren.

Irmengard – die „Gute Frau"

Ein vielversprechendes Geschäft war auch die Heirat Hermanns V. von Baden (um 1175–1242/43) mit Irmengard (um 1200–1260): Die Braut war eine Tochter Herzog Heinrichs von Braunschweig, des welfischen Pfalzgrafen bei Rhein. Dessen einziger als Erbe in Frage kommender Sohn starb jung – und die Pfalz war neu zu vergeben. Man durfte davon ausgehen, dass einer von Heinrichs Schwiegersöhnen den Zuschlag erhalten würde. In Frage kamen Hermann von Baden und Otto von Wittelsbach (1206–1253), der freilich noch ein Kind war: Der Bayer war mit Blick auf die sich in der Pfalzgrafschaft eröffnenden Möglichkeiten bereits als Sechsjähriger mit Irmengards Schwester Agnes (um 1202–1267) verlobt worden.

Die Entscheidung lag bei König Friedrich II., der zwischen zwei seiner Parteigänger wählen musste. Dabei zog der badische Markgraf den Kürzeren: Der Staufer entschied zugunsten des Wittelsbachers. Damit nahm die Länderverbindung von Bayern und der späteren Kurpfalz ihren Anfang.

Markgräfin Irmengard gründete das Zisterzienserinnenkloster Lichtenthal, das zur neuen Grablege des Hauses Baden wurde. Ihr eigenes Grabmal entstand um 1340/50.

Den wegen des entgangenen Erbes tief enttäuschten Badener suchte Friedrich II. anderweitig zu entschädigen. Er schenkte ihm die Stadt Durlach, übertrug ihm Ettlingen zu Lehen und verpfändete ihm Lauffen, Sinsheim und Eppingen. Auch die Stadt Pforzheim, die bis dahin in staufischer Hand gewesen war, fiel in dieser Zeit an die Badener.

Mit dem Erwerb von Durlach, Ettlingen und Pforzheim begann sich das badische „Kernland" herauszukristallisieren. Die Besitztümer der Markgrafen am Mittleren Neckar gerieten hingegen allmählich ins Abseits.

Hermann V. von Baden blieb ein unbeirrbarer Parteigänger Friedrichs II.: Er folgte dem Staufer in sein italienisches und sizilisches Reich, nahm an einem Kreuzzug teil und geriet zeitweise in arabische Gefangenschaft. In Deutschland verfocht er die Interessen des Kaisers gegen dessen aufständischen Sohn Heinrich. Markgräfin Irmengard hat die auf Macht- und Besitzgewinn ausgerichtete Politik sowie die nicht eben friedliche Lebensweise ihres Gemahls offenbar mitgetragen – und damit die Erwartungen erfüllt, die man an eine brave Ehefrau stellte. Das Epos von der „Guten Frau", eine anonyme niederalemannische Erzählung aus der Zeit um 1230, berichtet von einem vollkommenen Fürstenpaar, das vermutlich Hermann und Irmengard von Baden nachempfunden ist. In dem Werk wird der ritterliche Tugendkatalog mit zeittypischen Frömmigkeitsidealen verknüpft.

Auch die reale Irmengard fühlte sich den religiösen Strömungen ihrer Zeit tief verbunden. Heute ist sie vor allem als die Gründerin des Zisterzienserinnen-Klosters Lichtenthal am Rande der Stadt Baden-Baden bekannt (mehr dazu unten).

Stuttgart – eine badische Hochzeitsgabe. Während man sich mit einer Ehefrau idealerweise neue Besitztümer, Vermögen oder interessante Anwartschaften einhandelte, konnte die Verheiratung von Töchtern und Schwestern mit beträchtlichen Aufwendungen verbunden sein. Auf diesem Weg verloren die Markgrafen Stuttgart, das nach neueren Forschungen eine badische Gründung war und wohl unter Hermann V. zur Stadt erhoben wurde. Stuttgart gehörte zum Heiratsgut von Hermanns Tochter Mechthild (Mathilde), die mit Graf Ulrich I. von Württemberg vermählt wurde.

Eine goldene Braut und eine Grafentochter aus der Provinz

Kühl kalkulierend mischten die Markgrafen von Baden auf dem Heiratsmarkt mit. Oft lässt bereits die Herkunft der Bräute erahnen, welches politisch-dynastische Ziel mit der jeweiligen Eheschließung verfolgt wurde. So heiratete einer von Irmengards Söhnen, Hermann VI. († 1250), die Herzogin Gertrud von Österreich, eine Babenbergerin. Das war ein großer Coup, der diesem Markgrafen den österreichischen Herzogstitel einbrachte. Das Haus Baden hat von der goldenen Braut allerdings nicht lange profitiert: Hermann von Österreich starb schon wenige Jahre nach seiner Heirat; er hinterließ einen erst ein Jahr alten Sohn namens Friedrich. Dem sollte die alte Anhänglichkeit der Badener zu den Staufern zum Verhängnis werden: Der junge Friedrich wurde mit Konradin, dem letzten Staufer, 1268 in Neapel hingerichtet. Damit erlosch dieser Zweig der badischen Familie.

Markgraf Rudolf I., ein anderer Sohn Irmengards, schloss eine viel weniger glanzvolle, aber mit Blick auf den regionalen Herrschaftsausbau weitsichtige Ehe: Er verband sich mit Kunigunde von Eberstein († 1284). Sie entstammte einem Grafengeschlecht, dessen Name mit der Erschließung und Besiedelung des Nordschwarzwaldes eng verbunden ist. Für die Badener waren die benachbarten Ebersteiner, die sich im Murgtal, im Albtal und im Kraichgau als Stadt- und Klostergründer einen Namen gemacht hatten, direkte Konkurrenten.

Nur einen Katzensprung lag die Burg Eberstein (Alt-Eberstein) von Hohenbaden entfernt. Kunigunde brachte nun die Hälfte der Stammburg ihrer Familie in die Ehe ein – später gelang es Markgraf Rudolf, die andere Hälfte käuflich zu erwerben. Die Grafen von Eberstein hatten inzwischen zwar eine neue Burg oberhalb von Gernsbach bezogen, doch war ihre große Zeit abgelaufen. Nach und nach wurden sie von der badischen Verwandtschaft verdrängt. 1660 erlosch das einstmals bedeutende Geschlecht.

Agnes – die Gefangene von Burg Eberstein

Politisch-dynastische Nützlichkeitserwägungen waren selbstverständlich auch ausschlaggebend, wenn die Markgrafen ihre Töchter und Schwestern verkuppelten. Die Frauen hatten persönliche Wünsche hintanzustellen; die Ehre ihrer Herkunftsfamilie verlangte zudem, dass sie strikten Gehorsam und tugendhaftes Verhalten an den Tag legten. Damen, die diesen Erwartungen nicht entsprachen – wie Agnes von Baden (1408–1473) –, durften keine Nachsicht erwarten.

Agnes war 23 Jahre alt, als ihr Vater, Markgraf Bernhard I., starb. Dass sie in diesem Alter noch ledig war, erstaunt, zumal ihre Schwestern sehr jung vermählt worden waren, eine ausgenommen, die ins Kloster ging. Auch Agnes' Bruder, Markgraf Jakob I. (1407–1453), war bereits als Eineinhalbjähriger verlobt worden – er machte mit Katharina von Lothringen eine glän-

Vom eigenen Bruder verbannt: Die skandalumwitterte Agnes, Markgräfin von Baden und Herzogin von Schleswig, wurde fast 40 Jahre lang auf der Burg Alt-Eberstein gefangen gehalten.

zende Partie. Für seine Schwester arrangierte Jakob kurz nach seinem Regierungsantritt eine Heirat, die die junge Markgräfin weit von ihrer Heimat wegführen sollte. Ihr Bräutigam war der 28-jährige Herzog Gerhard VII. von Schleswig.

Die Eheabrede, in der unter anderem Agnes' Mitgift, die von Gerhard zu entrichtende Morgengabe sowie die Witwenversorgung festgelegt wurden, fand in Ettlingen statt. Ein Heiratsgeschäft war eine zeitaufwändige Angelegenheit; im Falle von Agnes und Gerhard wurde das Programm jedoch ungewöhnlich schnell abgespult. Die Braut kam Anfang Juni 1432 im holsteinischen Neumünster an, dort wurden am 2. und 3. Juni die Heiratsurkunden ausgefertigt, die auch Gerhards älterer Bruder, Herzog Adolf VIII. (1401–1459), siegelte. Eine offizielle Hochzeitsnacht mit den zugehörigen Zeremonien gab es zunächst jedoch nicht, vermutlich, weil der Bräutigam noch durch einen Krieg gegen Dänemark gebunden war. Seine Frau wartete in Schloss Gottorf bei Schleswig auf ihn. Offiziell begann ihre gemeinsame Hofhaltung – „der rechte hoff" – erst Anfang Oktober.

Gut drei Monate später, am 15. Januar 1433, stürzte die schwangere Herzogin – wahrscheinlich von einer Treppe. Die

Wehen setzten ein und am nächsten Tag brachte Agnes ein gesundes Zwillingspärchen zur Welt. Nun bedurfte es keiner tieferen Kenntnisse über die Geheimnisse der menschlichen Fortpflanzung, um zu wissen, dass im Oktober gezeugte Kinder bei einer Frühgeburt im Januar nicht lebensfähig sein konnten. Gerüchte kamen auf, dass die Badenerin dem Herzog Kuckuckskinder untergeschoben habe. Der „Zwillingssturz von Gottorf" war eine Peinlichkeit ohnegleichen – nicht nur für Agnes, sondern auch für ihre Herkunftsfamilie und erst recht für ihren Gemahl und sein Haus, die stolzen Schauenberger.

Agnes hatte Glück – ihr Mann stand zu ihr. Im Beisein seines Bruders Adolf gab er eine Ehrenerklärung für die Herzogin ab. Im Schloss Gottorf wurde eine Versammlung von Geistlichen, Rittern, Bürgermeistern und Räten der Städte in Schleswig und Holstein sowie von Vertretern der Hansestädte Lübeck und Hamburg einberufen. Vor ihnen, der Beamtenschaft und dem Hofstaat erklärte Herzog Gerhard, dass seine Ehe schon vor Beginn der gemeinsamen Hofhaltung vollzogen worden sei. „Von der Stunde an, als sie ihm angetraut war" – also unmittelbar nach der Hochzeit im Juni –, habe er Agnes gegen den Brauch „heimlich beschlafen und wahrlich (als) Jungfrau gefunden". Über dieses Geschehen habe er sich nach dem Geschlechtsakt mit einigen seiner Ritter unterhalten – was diese bereitwillig bestätigten.

Damit auch letzte Zweifel an der „Echtheit" der Zwillinge, also ihrer Legitimität, ausgeräumt wurden, sollten Sachverständige – weise Frauen, Heilkundige und Ärzte – die Herzogin untersuchen. Die Delegation – alles in allem handelte es sich um über 20 „ganz lobenswerte biedere Frauen" – begab sich in die Wochenstube. Sie versicherten anschließend unter Eid, dass die Geburt der Zwillinge „mit Gott und in Ehren geschehen" sei. Weil die Herzogin „sich weh getan" habe, sei die Niederkunft bereits nach sieben statt nach neun Monaten erfolgt. Auch andere Frauen, so beteuerten die „Expertinnen und Experten", hätten nach einer um zwei Monate verkürzten Schwangerschaft gesunde Kinder zur Welt gebracht.

Die „Echtheitserklärung" der Zwillinge wurde unter anderem im Schleswiger Dom wiederholt. Festgehalten wurde der Verlauf dieser bedeutsamen Staatshandlung auf Wunsch der Herzöge Gerhard und Adolf in einer Pergamenturkunde, die mit den Siegeln der Bischöfe von Schleswig und Lübeck versehen ist. Damit schien die blamable Angelegenheit ausgestanden. Doch nun schlug das Schicksal zu.

Herzog Gerhard erkrankte. Da die Ärzte mit ihrer Kunst bald am Ende waren, überredete Agnes ihren Gemahl, mit ihr in ihre badischen Heimat zu fahren – sie hoffte wohl auf die heilenden Wasser von Baden-Baden. Auf dem Weg nach Süden verschlechterte sich der Zustand des Herzogs dramatisch. Er starb im Juli 1433 in Emmerich.

Seine Witwe eilte nach Schleswig zurück, um ihre Rechte zu wahren – doch der nunmehr allein regierende Adolf VIII. verweigerte ihr die Einreise. Zudem lehnte Gerhards Bruder es strikt ab, seiner Schwägerin die vereinbarte Witwenversorgung zukommen zu lassen. Durch die Geburt ihrer Bastarde habe sie die Ehre seines Hauses verletzt und ihre Ansprüche verwirkt – Adolf wollte nichts mehr davon wissen, dass er die Echtheitserklärung für die Zwillinge mit auf den Weg gebracht hatte. Agnes begab sich zunächst nach Hamburg und dann nach Lübeck, wo sie alle Hebel in Bewegung setzte, um doch noch zu ihrem Wittum zu kommen. Ihre Lage war prekär: In mehreren Briefen bat die „arme, elende Schwester" ihren „herzlieben Bruder", den Markgrafen von Baden, um finanzielle Unterstützung.

Agnes' Kinder überlebten die Streitigkeiten zwischen ihrer Mutter und ihrem Onkel nicht. Herzog Adolf ließ das noch nicht einmal ein Jahr alte Mädchen als Nonne einkleiden – die Kleine starb bald darauf im Kloster. Ihr Zwillingsbruder soll beim Spielen ertrunken oder – einer niederdeutschen Chronik zufolge – auf Geheiß Adolfs VIII. ertränkt worden sein.

Von Baden aus zog derweil Markgraf Jakob die Fäden. Zwar war er selbst seinen Verpflichtungen gegenüber den Schauenburgern nicht nachgekommen – als die erste Rate von Agnes' Mitgift fällig geworden war, konnte er nicht zahlen, weil er gerade einen kostspieligen Feldzug gegen die Herren von Geroldseck führte –, doch er pochte auf Agnes' Ansprüche. Schon aus Prestigegründen lag ihm daran, dass seine Schwester in ihrem sozialen Milieu verbleiben konnte. Der Badener verfügte über ein gut funktionierendes Patronage-System. Unter anderem waren die Hansestädte sowie der Kaiser mit Agnes' Fall befasst. Die Sache schien aus badischer Sicht recht günstig zu stehen, als Agnes, die mit den Nerven offenbar am Ende war, sich auf den Weg nach Süden machte. Durch die Heimkehr der skandalumwitterten Witwe sah ihr Bruder seine Position geschwächt. Ein neues Heiratsprojekt sollte die Situation retten.

Den Plan hatte ein Bischof ausgeheckt: Agnes sollte mit dem Herzog von Schlesien-Oels vermählt werden, und dessen Schwester würde Agnes' Widersacher Adolf von Schleswig heiraten. Dabei wollte man die Ansprüche der Bräute miteinander verrechnen. Demnach würde der hochverschuldete Adolf die Morgengabe und das Wittum seiner Schwägerin einbehalten und dafür auf das Leibgeding seiner Braut verzichten, das bei Agnes' künftigem Gemahl bleiben sollte.

Dem Markgrafen von Baden gefiel der Verrechnungsvorschlag. Allein, Agnes spielte nicht mit. Sie hatte sich nach ihrer Rückkehr nach Baden auf einen Flirt mit Hans von Höwen, einem verarmten Adeligen aus dem Hegau, eingelassen. Wieder brodelte die Gerüchteküche. Für viele Lästermäuler lag es auf der Hand, dass Hans von Höwen und Agnes sich schon vor der Heirat der Markgräfin besser gekannt hatten, als die Schicklichkeit es zuließ. Demnach wäre der Ritter aus dem Hegau der Erzeuger von Agnes' angeblichen Siebenmonatskindern gewesen – und nicht der bedauernswerte Gerhard von Schleswig.

Markgraf Jakob war empört darüber, dass Agnes ihre eigenen Wünsche über die Interessen ihrer Familie stellte. Er ahndete ihr unwürdiges Verhalten, indem er seine unbotmäßige Schwester auf Burg Eberstein einsperren ließ. Dort starb Agnes von Baden nach nahezu 40-jähriger Gefangenschaft.

Fromme Frauen

Der himmlische Bräutigam

Die Alternative zu einem von der Familie ausgewählten Ehemann aus Fleisch und Blut war der himmlische Bräutigam. Sich ihm anzuvertrauen war für Frauen des Mittelalters eine durchaus attraktive Option: Das keusche Leben und die Askese aus religiöser Motivation standen in der gesellschaftlichen Wertschätzung höher als das Dasein einer Ehefrau. Im Einzelfall mag auch die Sehnsucht nach wirtschaftlich-sozialer Geborgenheit oder der Abscheu vor einem aufgezwungenen Ehemann eine Rolle gespielt haben, wenn eine Adelige den Schleier nahm – im Kern jedoch äußerte sich in der Armuts- und Frömmigkeitsbewegung des 12. und 13. Jahrhunderts ein tief empfundenes religiöses Bedürfnis. Dieses Phänomen zu verstehen fällt in der säkularen Gesellschaft des 21. Jahrhunderts schwer. Heute ist die Vorstellung verbreitet, dass Frauen, für die sich kein Mann fand oder die ihrer Familie aus anderen Gründen zur Last fielen, „ins Kloster abgeschoben" wurden.

Tatsächlich war es für Frauen, die sich berufen fühlten, in der Nachfolge Christi zu leben, gar nicht so einfach, ein Plätzchen in einer anerkannten Gemeinschaft zu finden. Das größte Problem bestand seit den Zeiten des heiligen Benedikt (um 480–547) darin, dass „Frauen keine Männer sind". Für Männer hatte Benedikt von Nursia, der mit „ora et labora et lege" (Bete, arbeite und lies) die Grundlage des abendländischen Klosterwesens legte, seine Regel formuliert – und nur Männern war es nach damaligen Vorstellungen möglich, die Regel einzuhalten. Auch Benedikts Schwester Scholastika, die oft als die erste Benediktinerin bezeichnet wird, hat wohl nie einer klösterlichen Gemeinschaft angehört. Sie lebte zwar als „Gottgeweihte", aber im Schutze ihrer Familie.

Obwohl die Damen auferlegten Verhaltensnormen der Entstehung von religiösen Frauengemeinschaften entgegenstanden, setzte sich die Idee durch. Die frühen Frauenklöster zeichneten sich durch eine erstaunliche Vielzahl der Lebensformen aus. Die zur Normierung neigende karolingische Gesetzgebung bereitete dieser Vielfalt jedoch ein Ende: Frauengemeinschaften sollten sich entweder an eine auf weibliche Belange angepasste Benediktregel halten oder eine stiftische Lebensform wählen.

Lioba von Tauberbischofsheim – die Heilige aus England

Zu den namhaften Klosterfrauen des frühen Mittelalters gehörte Lioba von Tauberbischofsheim († um 782/789). Die über ihre Mutter mit Bonifatius, dem „Apostel der Deutschen", verwandte Dame stammte wohl aus adeligem angelsächsischen Geschlecht.

Lioba war, wie aus einem ihrer Briefe an Bonifatius hervorgeht, das einzige Kind ihrer Eltern und wurde offenbar schon in zarten Jahren zur Erziehung ins Doppelkloster Wimborne in Wessex gebracht. Dort wirkte sie später selbst als Lehrerin, ehe sie gemeinsam mit einigen Gefährtinnen um 735 dem Ruf des Bonifatius nach Germanien folgte.

Der Missionserzbischof übertrug Lioba die Leitung des neu gegründeten Frauenklosters Tauberbischofsheim, das sich an benediktinischen Idealen orientierte. Das Kloster, in dem vor allem Frauen und Töchter des örtlichen Adels unterrichtet wurden, entwickelte sich unter der tatkräftigen Äbtissin rasch zu einem bedeutenden Kulturzentrum im unteren Maintal. Im Umkreis entstanden zudem mehrere Tochtergründungen, auf die Lioba ein scharfes Auge warf.

Über die Äbtissin kursierten Wundergeschichten. So soll sie eine verheerende Feuersbrunst in Tauberbischofsheim in den Griff bekommen haben. Die Löschversuche der Bewohner schienen hoffnungslos, weil der Wind die Flammen immer aufs Neue entfachte. Lioba aber schüttete der Legende zufolge Salz, das der heilige Bonifatius einst geweiht hatte, in den nahe gelegenen Fluss. Mit dem derartig veredelten Löschwasser gelang es in kürzester Zeit, das Feuer zu besiegen.

Sie soll eine verheerende Feuersbrunst in den Griff bekommen haben: Lioba von Tauberbischofsheim. – Bleiglasfenster in der katholischen Kirche Saint-Louis in Bordeaux (Lioba rechts).

Im hohen Alter zog sich die Äbtissin nach Schornsheim bei Mainz zurück. Dort hatte ihr Karl der Große auf Lebenszeit eine Kirche mit Gut überlassen. Nach Liobas Tod wurde ihr Leichnam einem Wunsch des längst verstorbenen Bonifatius († 754) entsprechend nach Fulda überführt und in der Nähe seines Grabes bestattet. Dort stellten sich bald erste Pilger ein, und bereits 836 wurde Lioba heiliggesprochen. In Tauberbischofsheim wird sie als Stadtpatronin verehrt.

Säckingen – ein Staat der Damen. Auf der Rheininsel Säckingen war mit königlicher Unterstützung im 7. oder 8. Jahrhundert ein vornehmer Frauenkonvent entstanden. Seine Regel wurde als die eines „weltlichen Stifts" bezeichnet. Es handelte sich um eine höchst exklusive Institution: Aufgenommen wurden im Chorfrauenstift St. Fridolin bis ins

15. Jahrhundert hinein nur freiadelige Töchter. Später bekamen auch Frauen aus dem Dienstadel Zugang.

In Damenstiften lebende Chorfrauen oder Kanonissen hatten religiöse Pflichten, doch lebten sie nach einer viel weniger strengen Regel als Benediktinerinnen. Mindestens ebenso wichtig wie das religiöse Leben war ihnen ein standesgemäßes Dasein. So verfügten die Säckinger Chorfrauen über Dienstboten und ihre Kleidung orientierte sich nicht am Nonnenhabit, sondern an der höfischen Mode.

Als Reichsabtei bildete das Säckinger Stift so etwas wie einen von der Äbtissin geführten „Damenstaat“. Es besaß Grundherrschaften vom Breisgau bis nach Vaduz und erreichte zwischen dem 10. und 12. Jahrhundert seine höchste politische, wirtschaftliche und kulturelle Bedeutung. In dieser Epoche gründeten die Chorfrauen einen Markt, aus dem sich die Stadt Säckingen entwickelte.

Den Status als Reichsabtei verlor das Kloster zeitweise, als Kaiser Friedrich Barbarossa 1173 die Stiftsvogtei an die am Hochrhein ihre Herrschaft ausbauenden Grafen von Habsburg übergab. (Der Vogt vertrat Klöster in weltlichen Angelegenheiten, erledigte etwa Rechtsgeschäfte und sorgte für bewaffneten Schutz. Er besaß somit eine ausgeprägte Machtposition.)

Es war aber auch ein Habsburger, der dem Stift seine politische Bedeutung „zurückgab“: 1307 erhob König Albrecht die Säckinger Äbtissin Elisabeth von Bussnang († 1318) in den Rang einer Reichsfürstin. Fortan regierten Fürstäbtissinnen den Stiftsstaat. Diese Form der Damenherrschaft fand mit der Säkularisierung zu Beginn des 19. Jahrhunderts ihr Ende.

Frauenklöster – einfach lästig

Frauenklöster, die sich an der Benediktregel orientierten, wurden spätestens ab dem 12. Jahrhundert angehalten, die strenge Klausur einzuführen – weil Frauen ihrer „Sünden“ wegen nun einmal „eingekerkert“ werden mussten. Pilgerfahrten, Besu-

Damenherrschaft: Die Äbtissinnen des Chorfrauenstifts St. Fridolin Säckingen waren seit 1307 zugleich Reichsfürstinnen.

che von Synoden oder Ausfahrten zur Betreuung der Klostergüter wurden dadurch erschwert oder unmöglich. Die traditionell starke Stellung der Äbtissinnen war erschüttert. Weltliche wie kirchliche Machthaber hatten ein massives Interesse daran, die Ordensfrauen und ihren Grundbesitz zu kontrollieren.

Ein womöglich noch schwierigeres Thema für religiöse Frauengemeinschaften und solche, die es werden wollten, war die geistliche Betreuung. Denn Frauen waren stets auf Kleriker angewiesen, die die Messe lasen und die Sakramente austeilten. In der Frühphase hatten Reform-Benediktiner, Prämonstratenser und Augustiner-Chorherren oft Doppelklöster gegründet und frommen Frauen damit einen Platz an der Seite der Männer eingeräumt. Doch die Doppelklöster bestanden nicht auf Dauer, und spätere Männerkonvente scheuten die Nachbarschaft von Frauengemeinschaften. Manche weigerten sich sogar kategorisch, Schwesternschaften geistlich zu betreuen.

Herrenalb – Frauenalb

Besonders schwer taten sich anfangs die Zisterzienser mit Frauenkonventen. Der aufstrebende Reformorden hatte sich ein klares Ziel gesetzt: Er wollte die Regel des heiligen Benedikt buchstabengetreu befolgen. Die Gegenden, in denen die Mönche ihre Klöster errichteten, konnten gar nicht öde und abgelegen genug sein. In strikter Weltabgeschiedenheit wollten sie von ihrer Hände Arbeit leben, Ackerbau und Viehzucht betreiben – eine Konzeption, die aus Sicht der Mönche fast zwangsläufig die Weigerung nach sich ziehen musste, Verantwortung für Schwestern zu übernehmen.

Die Grafen von Eberstein waren am Puls der Zeit, als sie um 1150 das Zisterzienserkloster Herrenalb im Albtal stifteten. In den 1170er-Jahren wollten Eberhard III. und seine Mutter Uta (um 1128–1191) nachlegen und nur ein paar Kilometer von Herrenalb entfernt ein Frauenkloster gründen. Es sollte „unverheirateten oder verwitweten Frauen des Adels ein kontemplatives und standesgemäßes Leben" ermöglichen.

Auf die Unterstützung ihrer Zisterzienser konnten sie bei diesem Projekt jedoch nicht rechnen. Schließlich gewannen Eberhard und Uta Benediktiner aus dem fernen St. Blasien dafür, das neue Damenstift, das als Frauenalb bekannt wurde, unter ihre Fittiche zu nehmen. Erste Äbtissin wurde Oda von Eberstein, eine Schwester des Stifters. Auch viele ihrer Nachfolgerinnen gehörten der Gründerfamilie an. Die Konventsmitglieder stammten vorwiegend aus dem ebersteinischen Ministerialadel sowie aus anderweitig mit den Stiftern verbundenen Adelsgeschlechtern.

Boom der Frauenzisterzen

Die Zisterzienser mochten sich noch so zieren – sie wurden von der religiösen Frauenbewegung geradezu überrollt. Blieb im 12. Jahrhundert die Zahl der Frauenzisterzen sehr überschaubar, so boomten sie im 13. Jahrhundert geradezu. Das hing mit einer neuen Politik des Ordens zusammen: Nicht mehr die Äbte vor Ort sollten darüber entscheiden, ob sie sich einer Frauengemeinschaft annehmen wollten; vielmehr befand jetzt das Generalkapitel darüber, ob eine Schwestergemeinschaft an den Orden angegliedert werden konnte.

Die Zisterzienser wollten damit einen Beitrag dazu leisten, die religiöse Frauenbewegung in geordnete Bahnen zu lenken. Da viel zu wenig Klöster existierten, die frommen Frauen ein Dasein in Keuschheit, Armut und Gehorsam ermöglichten, schlossen sich nämlich viele in lockeren Gruppen zusammen, um ein solches Leben auf eigene Faust zu organisieren. Aus Sicht der Kirche war dies eine höchst problematische Entwicklung.

Um in den Orden „inkorporiert" zu werden, mussten die Bewerberinnen freilich auf genau das verzichten, was den zisterziensischen Lebensstil für die Zeitgenossen so reizvoll machte: die enge Verbindung von Gebet und schwerer körperlicher Arbeit. Ohne geeignete Gebäude und ein gesichertes Einkommen ging gar nichts, denn auch Zisterzienserinnen wurde eine strikte Klausur auferlegt. Als „körperliche Arbeit" kamen somit nur das Wollspinnen sowie feinere Hand- und Schreibarbeiten in Frage, während Pächter oder Lohnarbeiter die zum Kloster gehörenden Felder bestellten. Wurde ein Frauenkonvent in den Orden aufgenommen, übernahmen zudem Vateräbte die wirtschaftliche und geistliche Aufsicht über das Kloster. Sie vertraten die Schwestern auch auf dem Generalkapitel.

Trotz solcher Einschränkungen war das „geregelte" Leben für viele Frauen attraktiv. So entstanden im Zusammenspiel mit adeligen Stifterinnen und Stiftern im 13. Jahrhundert unter anderem die Zisterzienserinnenklöster Günterstal bei Freiburg, Wonnental bei Kenzingen, Marienau bei Breisach, Rheintal bei Müllheim und Lichtenthal bei Baden-Baden.

Trudinde – die erste Äbtissin von Lichtenthal

Die Sorge um das Seelenheil ihres verstorbenen Gemahls trieb Markgräfin Irmengard von Baden um, als sie beschloss, ein Kloster zu errichten und eine Frauengemeinschaft dem Zisterzienserorden zuzuführen. Dafür brachte sie ihr Witwengut in eine Stiftung ein, doch das genügte wohl nicht ganz, um die strengen Auflagen des Generalkapitels in Citeaux zu erfüllen. Es bedurfte 1245 einer ergänzenden Schenkung ihrer Söhne Hermann VI. und Rudolf I., um dem Kloster Lichtenthal eine auskömmliche Lebensgrundlage zu verschaffen: Die Patronatsrechte der Kirchen zu Ettlingen und Baden-Baden, der Zehnt zu Iffezheim, die Orte Winden und Beuren sowie zwei Höfe in Oos und Eberstein sollten den Nonnen ein ausreichendes Einkommen garantieren. Irmengard ließ Unterkünfte bauen und einige Zisterzienserinnen aus dem oberschwäbischen Kloster Wald kommen, das unter der Aufsicht des Abtes von Salem stand.

Mit „ihrer Frömmigkeit und ihrer regulären Disziplin" sollten die erfahrenen Ordensfrauen aus Wald die neue Gemeinschaft auf einen guten Weg führen. Aus ihrem Kreis wurde Trudinde († 1249), deren Herkunftsfamilie unbekannt ist, zur ersten Äbtissin gewählt. Als eine päpstliche Bestätigung sowie die Zustimmung des Speyerer Diözesanbischofs vorlagen, ersuchten Trudinde und Markgräfin Irmengard das Generalkapitel offiziell, Lichtenthal in den Zisterzienserorden zu inkorporieren. Die Kapitelväter beauftragten daraufhin die Äbte von Eußerthal (bei Annweiler am Trifels) und von Tennenbach, das neue badische Hauskloster zu inspizieren. Obwohl die frommen Frauen damals in ziemlich primitiven Holzbauten lebten, fanden die beiden Kontrolleure offenbar nichts auszusetzen. 1248 wurde Lichtenthal dem Zisterzienserorden angegliedert. Die Paternität, die väterliche Aufsicht, übernahm der Abt des Klosters Neuburg im Elsass.

Wie Irmengard den Bischof ausgetrickste. Der Ort, den Markgräfin Irmengard für ihr Kloster ausgewählt hatte, lag eigentlich im damaligen Zuständigkeitsbereich des Bischofs von Straßburg. Das Flüsschen Oos trennte seine Diözese von der seines Speyerer Amtsbruders. Nun soll der Bischof von Straßburg die Gründung des Zisterzienserinnenklosters Lichtenthal abgelehnt haben, während der Speyerer sich aufgeschlossen zeigte. Der Trick, auf den Irmengard verfiel, war aufwändig, aber effektiv: Angeblich ließ sie die Oos so umleiten, dass das zu gründende Kloster am rechten Ufer lag und damit in die Zuständigkeit des Bischofs von Speyer fiel.

Der ausgetrickste Bischof von Straßburg erwies sich als guter Verlierer: Er war es, der 1248 den Hochaltar in der Lichtenthaler Klosterkirche zu Ehren der Heiligen Jungfrau Maria weihte. Am selben Tag wurden die aus Backnang herbeigebrachten Gebeine Hermanns V. vor dem Altar beigesetzt. Irmengard selbst verbrachte ihren Lebensabend im Kloster.

Eine Bürgerliche zieht den Kürzeren

Rund 150 Jahre lang blieb Lichtenthal die Familiengrablege der Markgrafen von Baden. Diesem Umstand verdankte es die Abtei, dass sie die Säkularisation zu Beginn des 19. Jahrhunderts überstand. In der Klosterkirche durften den Ordensstatuten zufolge nur die Stifter bestattet werden, doch bereits 1288 unterzeichnete Irmengards Sohn Rudolf I., dessen Tochter Adelheid damals Äbtissin war, eine Schenkungsurkunde. Sie bildete die wirtschaftliche Grundlage für eine Fürstenkapelle in Lichtenthal. Darin wurden bis 1424 die Mitglieder des Hauses Baden beigesetzt.

Unter den Lichtenthaler Zisterzienserinnen gab es etliche Mitglieder des Hauses Baden. Selbst als wegen des Besitzstandes des Klosters die Zahl der zum Chorgebet verpflichteten Nonnen und der Laienschwestern beschränkt wurde, machte man zugunsten der Stifterfamilie eine Ausnahme: Falls das Haus Baden eine Tochter ins Kloster zu geben wünschte, sollte diese jederzeit aufgenommen werden.

Aus der badischen Herrscherfamilie stammende Nonnen wurden auch bereitwillig zu Äbtissinnen gewählt. Als es Margaretha von Baden (1452–1495) gelüstete, dieses Amt zu übernehmen, gab es in Lichtenthal mit Anna Strauler bereits eine Äbtissin. Der Bürgerlichen wurde 1476 aber eindringlich der Rücktritt nahegelegt – als Trostpflaster sagte man ihr ein Mitspracherecht in wichtigen Angelegenheiten zu. Zumindest aus kunsthistorischer Sicht erwies sich der Wechsel zu der hochadeligen Äbtissin als vorteilhaft. Margaretha und ihre Nachfolgerin Maria von Baden ließen die Klosterkirche mit kostbaren Werken spätgotischer Kunst ausstatten.

Wie das Affental zu seinem Namen kam. Die Benediktregel und die Statuten der Zisterzienser erlaubten den Schwestern nur eine kärgliche Kost. Auf den Tisch kamen in Lichtenthal vor allem Getreideerzeugnisse, Hülsenfrüchte, Gemüse und Fisch, während Fleisch fast das gesamte Mittelalter hindurch verboten blieb. Zur Stärkung der Nonnen war allerdings täglich etwas Wein gestattet. Er wurde unter anderen am klostereigenen Rebberg im Affental (heute ein Ortsteil von Bühl) angebaut. Seinen eigentümlichen Namen verdankt dieses Tal nicht etwa eingewanderten Primaten, sondern den dort gelegenen Klostergütern. Nach dem „Ave Maria“ der Zisterzienserinnen wurde es zunächst als „Ave-Tal" bezeichnet, doch machte der Volksmund daraus bald das „Affental".

Religiöser Notstand

Die Frömmigkeitsbewegung des 12. Jahrhunderts erfasste alle gesellschaftlichen Schichten. Für Männer bildete sich bis zu Beginn des 13. Jahrhunderts ein breites religiöses Angebot heraus, das über die traditionellen Inhalte des Klosterlebens hinaus unterschiedliche Bedürfnisse und Interessen bediente. Frauen hingegen blieben – sieht man von den zahlenmäßig kaum ins Gewicht fallenden weltlichen Stiften der Adelsdamen ab – auf ein Grundmodell klösterlichen Lebens beschränkt, das von der Klausur bestimmt war.

Nicht nur inhaltlich, auch quantitativ stand das Angebot für Frauen weit hinter dem für Männer zurück. So kamen bereits um 1050 zwischen Schwarzwald und Vogesen auf jedes Benediktinerinnenkloster und jedes Kanonissenstift nahezu drei Männerkonvente. Die Frömmigkeitsbewegung riss die Kluft noch weiter auf. So konnten zu Beginn des 13. Jahrhunderts zwar hoch- und freiadelige Damen darauf vertrauen, auf Wunsch in einem Kloster unterzukommen, aber selbst Niederadelige mussten um einen Platz in einem Konvent bangen. Noch bescheidener waren die Chancen für Frauen aus dem städtischen Patriziat – und praktisch ausgeschlossen von den klösterlichen Gemeinschaften blieben die Töchter gewöhnlicher Bürger und Bauern. Solche Frauen wurden allenfalls als Laienschwestern akzeptiert, die im Kloster die niedrigen Arbeiten übernahmen.

In einer entsprechend ungünstigen Ausgangsposition befanden sich Frauen in einer Zeit, als das Bild des armen, leidenden Christus an Kraft gewann und zum religiösen Orientierungspunkt breiter Bevölkerungsschichten wurde. Mystisches Erleben, die Sorge für Schwache und Kranke, Selbsterniedrigung und frei gewählte Armut standen hoch im Kurs – den

Weg, den Christus selbst zu weisen schien, wollten immer mehr Frauen gehen. Gerade weil für sie die institutionellen Möglichkeiten fehlten, kam die religiöse Frauenbewegung einem Dammbruch gleich.

Beginen – die armen Schwestern

Die Zeitgenossen sprachen von „frommen Frauen", „willigen Armen" oder einfach von „Schwestern" – die Forschung wählte den Begriff „Beginen". Man fand damit eine Bezeichnung für Frauen, die ihre Religiosität auf sehr unterschiedliche Art auslebten, aber eines gemeinsam hatten: Sie verließen die gewohnten Bahnen des Frauendaseins in der Familie, der Ehe oder geschützten Klosterräumen, um in selbst gewählter Armut Christus in der Welt zu dienen. Auch einige Männer entschieden sich für diese freie Form des religiösen Lebens; anders als die Beginen blieben die „Begarden" aber eine Randerscheinung.

In Südwestdeutschland sind Beginen erstmals in den 1230er-Jahren nachweisbar. Sie lebten allein oder in Gruppen, zogen durchs Land oder ließen sich nieder – vorzugsweise in Städten und oft an den geschäftigsten Stellen wie an der Rheinbrücke in Konstanz. Zu Beginn des 14. Jahrhunderts fanden sich zudem immer mehr von ihnen in Dörfern, Einöden und Wäldern. Viele widmeten sich dem Dienst an Kranken und Armen. Ihren Lebensunterhalt verdienten die Beginen durch Handarbeiten, das Unterrichten von Kindern, durch Landwirtschaft oder durch Bettelei – ein gewaltiges Spektrum neuer religiöser Lebensformen entfaltete sich. Um 1400 gab es allein in Straßburg, dem größten Beginen-Zentrum am Oberrhein, 85 Beginengemeinschaften, hinzu kamen sieben Dominikanerinnen- und zwei Klarissenklöster sowie ein Reuerinnenkonvent. Mehr als zehn Beginenhäuser fanden sich zu dieser Zeit in Freiburg, außerdem drei Dominikanerinnen- und ein Klarissenkloster.

Gertrud von Ortenberg – Wahrerin der Tugend

Zeitweise wurde sie in Offenburg verehrt wie eine Heilige: die Begine Gertrud von Ortenberg (um 1275–1335), über deren Leben eine Handschrift aus dem 15. Jahrhundert Auskunft gibt. Dabei schien Gertrud zunächst für ein typisches Frauendasein ihres Standes bestimmt: Die aus dem Ministerialengeschlecht derer von Ortenberg stammende Waise heiratete um 1296/97 Heinrich von Rickeldey von der Ullenburg. Als „Widrigkeit" soll sie die Ehe später bezeichnet haben. Gertrud hatte zwei Kinder und ein drittes war unterwegs, als ihr Gemahl 1303 das Zeitliche segnete. Die wohlhabende Witwe packte die Gelegenheit beim Schopf, ihr Leben Christus zu weihen. Sie ging mit ihren Kindern nach Offenburg, um sich einer „armen Schwester" anzuschließen. Bald bat eine weitere fromme Frau, Heilke von Staufenberg, um Aufnahme in die Gemeinschaft.

Mit Heilke von Staufenberg zog Gertrud für einige Jahre in eine Straßburger Beginensiedlung. Als ein Brand ihre Unterkunft zerstörte, kehrten die zwei Frauen nach Offenburg zurück und gründeten dort eine Wohngemeinschaft, in die Gertrud offenbar einiges von ihrem Vermögen einbrachte.

Das Haus von Gertrud und Heilke wurde zur Anlaufstelle für mittellose Wöchnerinnen und bedürftige Mütter mit ihren Kindern. Manche notleidende Frau fand bei den Beginen zeitweise Unterkunft, andere erhielten zumindest eine Mahlzeit. Darüber hinaus engagierten sich die Beginen im Offenburger Spital – von Gertrud wird berichtet, dass sie selbst Aussätzige hingebungsvoll gepflegt habe. Zudem soll sie geschickt darin gewesen sein, verfeindete Familien und in Streit lebende Nachbarn miteinander zu versöhnen.

Nach Gertruds Tod bemühten sich Brüder des nahen Franziskanerklosters um eine Seligsprechung der Begine. Obwohl über Wunder an ihrem Grab berichtet wurde, hatten sie jedoch keinen Erfolg. Dass die Offenburger sich trotzdem noch lange an die „adelige Herrin Gertrud Witwe des Herrn Rickeldey" erinnerten, lässt sich an ihrem Grabstein im Klosterhof von

Unserer Lieben Frau ablesen: Als „Wahrerin der Tugend“ habe die Begine Offenburg „vor Gefahren geschützt, weil viele zu ihr gebetet haben“, verkündet die Inschrift.

Betteln verboten – der Beginen-Streit

Viele Kirchenmänner beobachteten das Treiben der Beginen mit Argwohn. Teile des Klerus verdächtigten die frommen Frauen der Ketzerei. Seit dem 14. Jahrhundert kam es immer wieder zu Verboten – ab 1318 etwa in den Diözesen Mainz und Speyer. Auch in Zuständigkeitsgebieten anderer Bischöfe wurden Beginen verfolgt und vertrieben. Diese Bedrohung veränderte das Leben der „frommen Frauen“. Nur noch wenige wagten es, allein zu leben, die meisten schlossen sich zu Gemeinschaften zusammen – und trotz der unklösterlichen Anfänge des Beginentums mündete der Weg vieler Gruppen letztlich im Anschluss an einen Orden. Zahlreichen Beginengemeinschaften erschien eine institutionelle Anbindung an die Franziskaner als beste Lösung. Die Bettelmönche, so hofften sie, würden sich schützend vor die Laienschwestern ihres Drittordens stellen.

Die Lebensweise der „frommen Frauen“ bot viele Angriffsflächen. Ein erklärter Gegner der „gefährlichen Sekte“ war der Dominikaner Johannes Mulbert († 1414), der in Basel einen mehreren Jahre dauernden Beginen-Streit vom Zaun brach. Auch Papst Innozenz VII. wurde eingeschaltet. Noch ehe die Kurie sich geäußert hatte, ordnete der Bischof von Basel an, die Beginen zu enteignen und zu verjagen. Die Frauen flohen ins angrenzende Markgräflerland, das damals zur Diözese des Konstanzer Bischofs gehörte. Lediglich die Terziarinnen der Basler Franziskaner blieben zunächst ungeschoren.

Es war die selbstgewählte Armut der Beginen, die Johannes Mulberg die Munition lieferte. Nur wirklich bedürftigen Menschen und Mitgliedern der Bettelorden sei das Betteln erlaubt, argumentierte der Dominikaner. Alle anderen Männer und

Frauen müssten sich mit ihrer Hände Arbeit ernähren. Wenn gesunde Leute Almosen sammelten, würde dies wahrhaft Notleidende um ihre Existenzgrundlage bringen.

Noch schwerer wog nach Meinung des Dominikaners eine andere Sünde der Beginen: Mit ihrer selbstgewählten Armut täuschten sie vor, in der Nachfolge Christi ein vollkommeneres Leben zu führen als andere Laien – ja, sie stellten sich den Mitgliedern der Bettelorden und damit den Klerikern gleich. Mulberg sah darin eine verbotene Anmaßung – schließlich seien auch Mitglieder der Dritten Regel der Franziskaner nichts anderes als Laien. Als einzig angemessene Strafe für dieses Vergehen betrachtete er die Exkommunikation. Theologen der Universität Heidelberg unterstützten die Argumentation des Dominikaners.

Es blieb nicht bei der gelehrten Beweisführung. Im Verlauf des Basler Streits unterstellte man den frommen Frauen, verbotenerweise zu predigen und religiöse Irrtümer zu verbreiten. Zudem warf man ihnen vor, Hostien geschändet und den Weltpriestern den Gehorsam verweigert zu haben. 1411 wurden sie endgültig aus Basel vertrieben.

Nicht nur in Basel, im ganzen Südwesten des Reiches breitete sich zu Beginn des 15. Jahrhunderts eine beginenfeindliche Stimmung aus. Um den Verfolgungen zu entgehen, schlossen sich viele frommen Frauen enger als zuvor an die Bettelorden an. Die Idee, dass Frauen in der Lage seien, in erstaunlicher Unabhängigkeit ihr religiöses Leben selbst zu organisieren, blieb Episode.

Außenseiterinnen

Hübschlerinnen beim Konstanzer Konzil

Die Laienfrömmigkeit gehörte auch zu den Themen, die weltliche und geistliche Machthaber beim Konstanzer Konzil beschäftigten: Von 1414 bis 1418 kam „die Welt" in der Reichsstadt am Bodensee zusammen, um die Spaltung des christlichen Europas zu überwinden und eine Antwort auf den Ruf nach Reformen zu finden. Unter den zeitweise bis zu 70.000 Besuchern der damals nur knapp 6000 Einwohner zählenden Stadt befanden sich zahlreiche Frauen. Über die Dienstleistungen von etwa 700 „Hübschlerinnen", die in der Hoffnung auf reichlich Kundschaft nach Konstanz gekommen waren, berichteten die Chronisten zwar nur am Rande, aber verblüffend unbefangen. Viele dieser Frauen waren daran gewöhnt, als „Wanderhuren" von Ort zu Ort zu ziehen. Wie man beim Chronisten Ulrich Richental erfährt, konnten die Konzilsteilnehmer aber nicht nur auf die Dienste der Professionellen, sondern auch auf die Angebote der „Heimlichen" zurückgreifen. Gemeint waren Konstanzerinnen, die sich als Gelegenheitsprostituierte ein Zubrot verdienten, ohne sich offen zu dem Gewerbe zu bekennen.

Auch mancher Freier bekannte sich freimütig dazu, die Dienste von Prostituierten in Anspruch zu nehmen. So dichtete der Sänger und Diplomat Oswald von Wolkenstein, der 1415 in Konstanz weilte, später:

„Denk ich an den Bodensee
Dann tut mir gleich mein Beutel weh!
Zahlte dort im Haus zur Wide
Schillinge für Liebesdienste."

Dass dort, wo sich reichlich Männer aufhalten, Frauen sexuelle Dienste gegen Geld anbieten, wurde im Mittelalter offenbar als selbstverständliches Phänomen betrachtet. So führt Richental die Dirnen in einem Atemzug mit anderen Gruppen wie den Unterhaltungskünstlern und den Sekretären der päpstlichen Kurie auf.

Ein prominenter Bordellbesucher war der römisch-deutsche König Sigismund, der als „Schutzherr der Kirche" das Konstanzer Konzil einberufen hatte. Während vornehme Herren den Komfort in „heimlichen Häusern" oder Badestuben zu schätzten wussten, griffen weniger begüterte Männer auf die Dienste von Dirnen zurück, die ihre Körper in primitiven Buden an der Stadtmauer oder in entlegenen Gassen feilboten.

Die Imperia – Skandal im Hafen. An die Prostituierten des Konzils erinnert heute eine neun Meter hohe und 18 Tonnen schwere Skulptur des Künstlers Peter Lenk, die vom Pegelturm des Konstanzer Hafens grüßt und sich in vier Minuten einmal um sich selbst dreht. Die „Imperia" sorgte bei ihrer Enthüllung 1993 für einen veritablen Skandal. Die weibliche Figur präsentiert selbstbewusst ihre Reize und hält in den erhobenen Händen zwei gekrümmte nackte Männlein, von denen eines eine Reichskrone, das andere eine Tiara trägt. Der Name der Skulptur sowie das Bildprogramm gehen auf Honoré de Balzacs Erzäh-

Die Imperia: Eine Skulptur des Künstlers Peter Lenk in Konstanz weist auf das Treiben während des Konzils hin.

lung „Die schöne Imperia“ zurück: Der französische Romancier (1799–1850) hatte, sich einer literarischen Tradition bedienend, Erzählungen von der Imperia aufgegriffen und in die Zeit des Konstanzer Konzils verlegt. Es ist die Geschichte einer Kurtisane, die sich zur heimlichen Herrscherin über die weltlichen und geistlichen Machthaber aufschwang, denen sie zu Diensten war.

Die 1993 in Konstanz entbrannten heftigen Diskussionen um Lenks satirische Darstellung an exponierter Stelle führten keineswegs dazu, dass das Denkmal der Prostituierten wieder vom Sockel geholt worden wäre. Die ausgiebige Presseberichterstattung ließ die „Imperia“ vielmehr zur Touristenattraktion werden.

FRÜHE NEUZEIT

Die Teilung Badens und die Rolle der Frauen

Keine Söhne zu haben galt im Mittelalter und der Frühen Neuzeit als Tragödie. Aber in einer Zeit, in der sich die Primogenitur, das Erstgeburtsrecht, in den kleineren Territorien des Heiligen Römischen Reiches noch nicht durchgesetzt hatte, konnten auch zu viele (legitime) Söhne zum Problem werden: Die Teilung von Besitz und Herrschaft schmälerte die Machtbasis der Familie und lief den dynastischen Interessen zuwider. Bei den Markgrafen von Baden, die schon mehrfach Erfahrungen mit Erbteilungen gemacht hatten, hatte man ein Rezept gefunden, der territorialen Zersplitterung entgegenzuwirken: Es sollte stets nur ein Sohn standesgemäß vermählt werden. Die übrigen hatten sich mit der Funktion einer dynastischen Reserve abzufinden oder gleich eine geistliche Laufbahn einzuschlagen.

Markgraf Christoph und Ottilie von Katzenelnbogen

Auf dieses System setzte auch Christoph I. von Baden (1453–1527), dem es während seiner 40-jährigen Regierungszeit gelang, den Umfang seines Landes nahezu zu verdoppeln. Knapp 100.000 Menschen lebten schließlich im „badischen Land“, das freilich keine territoriale Einheit bildete. Christoph gedachte, seinem Haus diese Machtbasis ungeschmälert zu erhalten.

Verheiratet war der Markgraf mit Ottilie von Katzenelnbogen (1453–1517), deren reiche Mitgift ihm sehr zustatten kam. Da das Katzenelnbogener Grafenhaus vor dem Aussterben im Mannesstamm stand, war Ottilie von ihrem Großvater, einem der reichsten rheinischen Herren, mit fast 80.000 Gulden, damals einer immensen Summe, ausgestattet worden.

Zudem erwies sich Ottilie von Katzenelnbogen als ungemein fruchtbar: Sieben Söhne und fünf Töchter sind auf einer Andachtstafel dargestellt, die der Künstler Hans Baldung Grien um 1510 schuf. Im Zentrum des Gemäldes steht das religiöse Motiv der Anna Selbdritt. Rechts davon knien drei weltliche und zwei geistliche Töchter sowie ihre Mutter, die Markgräfin Ottilie. Links beten die Männer der Familie. Die Tafel vermittelt die Botschaft, dass die irdische Dynastie des Hauses Baden unter dem Schutz der himmlischen Dynastie steht.

Heiraten schaffen Fakten

An der eindrucksvollen Markgrafentafel des Hans Baldung Grien lässt sich freilich auch ablesen, wie Christoph I. die Zukunft Badens zu ordnen gedachte: Neben dem Markgrafen selbst stechen auf der Männerseite zwei Personen ins Auge: zum einen sein Sohn Jakob, der Erzbischof von Trier war, zum anderen ein Sohn namens Philipp in Rüstung. Die übrigen fünf Söhne sind sichtlich Nebenfiguren – und damit in die Rollen verwiesen, die ihnen der Vater in der Realität ebenfalls zudachte: Markgraf Christoph hatte Philipp († 1533), obgleich er nicht der Älteste war, zu seinem Nachfolger bestimmt. Er unterstrich diese Absicht, indem er seinem Liebling eine hochkarätige Braut verschaffte: Der badische „Kronprinz“ wurde mit Elisabeth (1483–1522), der Tochter des Kurfürsten von der Pfalz, vermählt.

Biografien

Faszinierende Persönlichkeiten und ihre Lebensgeschichten

VERLAG FRIEDRICH PUSTET

ZUM BAROCKFEST AUF SCHLOSS FRIEDENSTEIN

232 S., 16 S. Bildteil, geb. mit SU
ISBN 978-3-7917-2852-0, € (D) 24,95
auch als eBook

GÜNTER BERGER / BÄRBEL RASCHK

Luise Dorothea von Sachsen-Gotha-Altenburg

Ernestinerin und Europäerin im Zeitalter der Aufklärung

Eine ›große erhabene Sünderin die ›aufgeklärteste Prinzessin d Jahrhunderts‹, ›Minerva Gothas an der Seite Ihres Mannes Friedrich III. war Luise Doroth von Sachsen-Gotha-Altenbu (1710–67) eine mitregierend Fürstin: Geschickt nutzte sie i dicht gewebtes Korresponden-tennetz und das gesellige Lebe auf Schloss Friedenstein, um da ernestinische Fürstentum zu positionieren. Sie stand mit den Preußenkönig Friedrich II. eben in Kontakt wie mit den Aufkläre Voltaire, Diderot und Rousseau. Die Biografie eines faszinierenc Frauenlebens!

DETLEF JENA

Das Weimarer Quartett

Die Fürstinnen Anna Amalia, Louise, Maria Pawlowna, Sophie

Vier Frauen, vier Schicksale, vier unterschiedliche Persönlichkeiten. *»So packend erzählt, kann Historie sehr unterhaltsam sein!«* PASSAUER NEUE PRESSE

296 S., 16 Bilds. Stammtafeln, geb. mit SU
ISBN 978-3-7917-2044-9, € (D) 19,95

DETLEF JENA

Carl Friedrich

Großherzog von Sachsen-Weimar-Eisen

Detlef Jena entwirft das schillernde Portrait einer spannenden Persönlichkei und lässt den thüringischen Landesherrn aus dem Schatten seines Vaters, Karl Aug und seiner hoch gelobten Gemahlin, Maria Pawlowna, treten.

304 S., 16 Bilds., geb. mit SU
ISBN 978-3-7917-2520-8, € (D) 19,95

ASZINATION
IITTELALTER

HANNES LAUDAGE

tto der Große (912–973)

ne Biografie

ar Otto der Große tatsächlich Herr über
anz Europa? Eine fesselnde Darstellung
eses ersten und ungewöhnlich
folgreichen Kaisers des Römisch-
eutschen Reichs.

*Eine Biographie im genauen und auch im
esten Sinn.« NEUE ZÜRCHER ZEITUNG*

6 S., 24 z. T. farb. Bilds., Hardcover
BN 978-3-7917-1750-0, € (D) 29,95

STEFAN WEINFURTER

Heinrich II. (1002–1024)

Herrscher am Ende der Zeiten

Stefan Weinfurter zeichnet ein völlig neues Bild des heiligen Kaisers, der im Nachhinein verklärt wurde, aber zu seiner Zeit vielen als Gewaltherrscher galt.

*»Ein grundgelehrtes und ansprechend geschriebenes Buch!«
FRANKFURTER ALLGEMEINE ZEITUNG*

***400 S., 16 z. T. farb. Bilds., 9 Textabb.
10 Karten, geb. mit SU
ISBN 978-3-7917-1654-1, € (D) 34,95***

JÜRGEN KAISER

Herrinnen der Welt

Kaiserinnen des Hochmittelalters

Fünf der mächtigsten Frauen Europas: Adelheid von Burgund, Theophanu, Kunigunde, Agnes von Poitou und Mathilde von England.

*»(…) spannende Lesestunden.«
WESTFÄLISCHE NACHRICHTEN*

***256 S., 8 Bilds., geb. mit SU
ISBN 978-3-7917-2246-7, € (D) 22,-***

AMALIE FÖSSEL (HG.)

Die Kaiserinnen des Mittelalters

Eine Sammlung eindrucksvoller Porträts aller Kaiserinnen des 9.–15. Jahrhunderts – basierend auf dem neuesten Forschungsstand: Adelheid (Ottos Gemahlin), Irmingard, Theophanu, Gisela u. v. m.

***328 S., 16 z. T. farb. Abb., Hardcover
ISBN 978-3-7917-2360-0, € (D) 34,95***

BESTELLCOUPON

Meine Buchhandlung

Expl.	**Titel**	**Preis** (zzgl. Porto)

Erfahren Sie über unseren Newsletter regelmäßig Aktuelles aus dem Verlag Friedrich Pustet!

☐ **Ja, bitte senden Sie Ihren Newsletter an folgende Mail-Adresse:**

____
E-Mail

____
Name, Vorname

____
Straße

____
PLZ, Ort

____
Datum, Unterschrift

Prospekt »Biografien« | Stand: Juni 2017 | Irrtum und Änderungen vorbehalten | Titelmotiv: Herzogin Luise Dorothea als Leserin © Stiftung Schloss Friedenstein, Gotha, Inv. Nr. Mi 76 | Gestaltung: martinveicht.de

Verlag Friedrich Pustet
D-93008 Regensburg
verlag-pustet.de

Telefon 0941 / 92022-0
Telefax 0941 / 92022-330
bestellung@pustet.de

Unbeweibt sollte Philipps älterer Bruder Bernhard bleiben. Ihn wollte der Vater mit einem linksrheinischen „Juniorterritorium" abspeisen, das nach Bernhards Tod ebenfalls an Philipp beziehungsweise dessen Erben zurückfallen würde. Die übrigen Söhne hatte er frühzeitig mit geistlichen Pfründen versorgt.

Doch Markgraf Christoph hatte die Gemengelage aus brüderlichen Eifersüchteleien, Futterneid und Hass auf einen allzu dominanten Vater unterschätzt. Bernhard (1474–1536) sah sich um sein „Recht" als ältester weltlicher Sohn gebracht und grollte. Ernst (1482–1553), ein jüngerer Sohn, hatte kein Interesse an einer geistlichen Laufbahn und fädelte hinter dem Rücken seines Vaters eine Heirat mit Elisabeth von Brandenburg-Ansbach ein. Als Gemahl einer Fürstentochter verlangte Ernst alsbald, mit weltlichen Gütern ausgestattet zu werden.

Schweren Herzens stimmte der alternde Markgraf Christoph 1515 einer Dreiteilung seines Landes zu. Kurze Zeit später ließen die Söhne ihn unter dem Vorwand, er sei geisteskrank, entmündigen und auf der Burg Hohenbaden einsperren, wo er 1527 starb. Damit hatte das Trauerspiel aber keineswegs ein Ende: Sechs Jahre später starb mit Markgraf Philipp auch der Haupterbe, der im Kerngebiet um Baden-Baden, Pforzheim und Durlach regiert hatte.

Aus Philipps Ehe mit Elisabeth von der Pfalz war kein Sohn hervorgegangen. Es gab zwar eine Tochter – Jakobäa (1507–1580) –, doch die war als Mädchen nicht zur Nachfolge berechtigt. So machten sich Philipps Brüder Bernhard und Ernst daran, das Land erneut zu teilen.

Von nun an sollte es zwei kleine badische Markgrafschaften mit einem recht merkwürdigen Zuschnitt geben: Der ernestinische Teil, später Baden-Durlach genannt, bestand aus dem Gebiet um Pforzheim und Durlach, zudem – weit davon entfernt – der Herrschaft Hachberg bei Emmendingen und – noch weiter südlich – den Herrschaften Sausenberg und Rötteln vor den Toren von Basel. Der bernhardinische Teil, meist als Markgrafschaft Baden-Baden bezeichnet, bestand aus jener

Hälfte des Kerngebiets, zu der die Städte Baden-Baden und Ettlingen gehörten, hinzu kamen Splittergebiete auf der linken Rheinseite, vor allem in Luxemburg gelegen.

Diese seltsame Teilung, mit einem Vertrag von 1535 besiegelt, sollte fast 250 Jahre lang Bestand haben, denn erneut schuf eine Heirat Fakten. Markgraf Bernhard III., der ewig zu kurz gekommene, ging als 54-Jähriger noch eine standesgemäße Ehe ein. Und tatsächlich schenkte ihm Françoise von Luxemburg († 1566) bald einen Erben. Ein zweiter Sohn kam erst nach Bernhards Tod zur Welt.

Françoise und Jakobäa – zwei Frauen gegen Markgraf Ernst

Markgraf Ernst war alles andere als begeistert vom späten Kindersegen im Hause seines Bruders. In der Hoffnung, Einfluss auf die Nachlassregelung nehmen zu können, besetzte er nach Bernhards Tod das Neue Schloss in Baden-Baden. Dass Ernst die hochschwangere Markgräfin Françoise praktisch unter Hausarrest stellte, hat das Vertrauen der Witwe in ihren Schwager freilich nicht gefördert: Sie war fest entschlossen, Ernst – dem Wunsch ihres toten Mannes gemäß – von der Vormundschaft über ihre Kinder fernzuhalten. In ihrer Bedrängnis bat Françoise schließlich Jakobäa, die Tochter des verstorbenen Markgrafen Philipp, um Hilfe.

Jakobäa war inzwischen mit Herzog Wilhelm IV. von Bayern verheiratet. Sie nutzte nur zu gern die Chance, ihren Onkel Ernst in die Grenzen zu weisen: Nicht der badische Markgraf, sondern ihr bayerischer Gemahl sollte die Vormundschaft über Bernhards Kinder übernehmen. Der Streit landete vor dem Reichskammergericht, das Markgraf Ernst von der Vormundschaft über seine Neffen ausschloss. An die Spitze der fürstlichen Vormünder wurde der Herzog von Bayern gestellt – was es Jakobäa ermöglichte, von München aus kräftig in die baden-badische Politik hineinzufunken. Im Zeitalter der Reformation setzte sie alles daran, ihrer Heimat den alten Glauben zu bewahren und ihre Neffen gut katholisch erziehen zu lassen.

Herzogin Jakobäa von Bayern: Die Tochter des Markgrafen Philipp I. mischte von Bayern aus kräftig in der badischen Politik mit. – Gemälde von Hans Schöpfer (um 1505–1569).

So ganz ist ihr dies jedoch bei Philibert (1536–1569) nicht gelungenen. Dieser Markgraf zeigte, vermutlich unter dem Einfluss seiner mittlerweile mit einem Protestanten verheirateten Mutter Françoise, klare Sympathien für die neue Lehre. Er führte in der Markgrafschaft Baden-Baden zwar nicht offiziell die Reformation ein, doch wurden zahlreiche Pfarreien mit lutherischen Geistlichen besetzt. Für den Fall seines Todes legte Philibert allerdings fest, dass sein unmündiger Sohn Philipp II. (1559–1588) wiederum der bayerischen Verwandtschaft anvertraut werden sollte.

Tatsächlich starb Markgraf Philibert bereits 1569 bei einem Kriegszug in Frankreich. Jakobäa gelang es erneut, die Durlacher Verwandtschaft auszubooten und die Erziehung des neunjährigen Erben von Baden-Baden ganz an sich zu ziehen. Die Herzogin ließ Jesuiten nach Baden-Baden kommen und den jungen Markgrafen an der Universität Ingolstadt, dem geistigen Zentrum der Gegenreformation, studieren. Nach seinem Regierungsantritt rekatholizierte Philipp II. seine Markgrafschaft dann auch mit harter Hand. Das verschärfte die Feindseligkeiten zwischen den beiden badischen Linien, denn in Durlach war 1556 die Reformation lutherischer Prägung eingeführt worden.

Ursula von Rosenfeld – die Stammmutter der Linie Baden-Durlach

Durch seine Vermählung mit Elisabeth von Brandenburg-Ansbach hatte Markgraf Ernst als rebellischer Sohn einst Fakten geschaffen. Und doch sollte nicht diese hochadelige Dame zur Stammmutter der Linie Baden-Durlach werden, sondern Ernsts zweite Frau, Ursula von Rosenfeld (1499–1538). Die stammte aus dem württembergischen Landadel und war damit eigentlich keine standesgemäße Partie für einen Markgrafen. Womöglich entschied sich Ernst zu dieser Neigungsehe, weil er die Erbfolge als gesichert betrachtete. Denn unter den acht Kindern, die ihm seine im Alter von 24 Jahren gestorbene Elisabeth geschenkt hatte, waren zwei Söhne.

Stammmutter eines fürstlichen Hauses: Die Deckplatte des Hochgrabes in der Stiftskirche St. Michael in Pforzheim zeigt Ursula von Rosenfeld an der Seite ihres Gemahls, des Markgrafen Ernst.

Ursula von Rosenfeld hatte der Markgräfin Elisabeth als Hofjungfer gedient. In dieser Funktion dürfte die junge Dame die Aufmerksamkeit des Markgrafen Ernst auf sich gezogen haben. Bald nach dem frühen Tod seiner ersten Gemahlin nahm er Ursula auf der Hochburg bei Emmendingen zur Frau – und zwar „heimlich", also in einem kleinen Kreise von Vertrauten. So gab es Leute, die das Beilager und die Rechtmäßigkeit der Ehe bezeugen konnten. Aber von einer prachtvollen Hochzeit, wie sie im Hochadel üblich war, konnte keine Rede sein.

Morganatisch verheiratet – Ehefrauen zweiter Klasse. Dass ein Mitglied des Hochadels eine Frau aus dem Kleinadel heiratete, war nicht ungewöhnlich. Allerdings wurden bei solch ungleichen Ehen in der Regel einige der sonst üblichen Rechtsfolgen ausgeschlossen. „Morganatische Heiraten" änderten nichts an den Standeszugehörigkeiten der Ehepartner – und der Stand der gemeinsamen Kinder richtete sich nach dem des rangniedrigeren Elternteils. Die Söhne der Ursula von Rosenfeld wären demnach von der Regierungsnachfolge ausgeschlossen gewesen.
Allerdings gab es immer wieder Fälle, in denen hochadelige Ehemänner und Väter sich schließlich doch bemühten, ihre „Familie zweiter Klasse" in den eigenen Stand zu erheben. Ein solches Abweichen von der Regel konnte jedoch beträchtliche politische Folgen bis hin zu kriegerischen Auseinandersetzungen haben. Landesherren, die aus einer morganatischen Verbindung stammten, trugen oft schwer am Makel ihrer Abstammung. In der Geschichte des Hauses Baden gab es wiederholt Fälle, in denen die Söhne von „Ehefrauen zur linken Hand" zur Regierung gelangten.

In Sulzburg brachte Ursula von Rosenfeld 1529 einen Jungen zur Welt, den die Eltern Karl nannten. Dieses Kind liebte Markgraf Ernst weit mehr als seine Söhne Albrecht und Bernhard aus erster Ehe. Ernst wollte Karl trotz des Makels seiner Geburt bei einer künftigen Erbteilung Baden-Durlachs berücksichtigt wissen. Er begann daher, seine unebenbürtige zweite Gemahlin als „Markgräfin" in Szene zu setzen.

Ursula starb 1538, als Karl noch keine zehn Jahre alt war. Einige Jahre später gab Markgraf Ernst ein programmatisches Grabmal für seine tote Frau und sich selbst in Auftrag: Es handelte sich um eine Tumba, ein steinernes Hochgrab, dessen Deckplatte die ruhende Ursula von Rosenfeld an der Seite ihres Gemahls zeigt – so, als ob es bei dem Paar nie einen Unterschied des Standes gegeben hätte. Platziert wurde dieses „Denkmal" im Chor der Pforzheimer Schloss- und Stiftskirche, die der ernestinischen Linie bis in die großherzogliche Zeit hinein als Grablege diente.

Tatsächlich erbte Karl viel mehr als nur einen Junioranteil. Weil keiner seiner Halbbrüder den Vater überlebte und auch keiner von ihnen legitime Kinder hinterließ, setzte er als Markgraf Karl II. ungeteilt die ernestinische Linie fort. 1556 führte der Sohn Ursula von Rosenfelds in seinem Herrschaftsgebiet die Reformation ein; zudem verlegte er die von seinem Vater zunächst in Pforzheim gewählte Residenz nach Durlach.

Frauen für und gegen Luther

1518 hatte Martin Luther seine Thesen im kurpfälzischen Heidelberg vorgestellt. Rasch verbreiteten sich seine reformatorischen Erkenntnisse im Südwesten des römisch-deutschen Reiches. Die religiöse Aufbruchsstimmung erfasste auch zahlreiche Frauen. Die Lehre von der Rechtfertigung des Menschen vor Gott allein durch den Glauben und die Idee des Priestertums aller Gläubigen betraf sie ja nicht weniger als die Männer.

Margarete Blarer – die Erzdiakonin

Zu den frühen Anhängern der Reformation gehörte die Patrizierfamilie Blarer aus Konstanz. Diese Familie erwähnte der Humanist Erasmus von Rotterdam 1526 in dem satirischen Dialog „Der Abt und die gelehrte Frau". Erasmus war zwar kein Freund des neuen Glaubens, doch die Blarers schätzte er hoch. Er rühmte sie als eine Familie, in der ein fruchtbarer intellektueller Austausch zwischen Männern und Frauen gepflegt wurde.

Margarete Blarer (1493–1541) widmete sich nach dem Tod ihres Vaters, des Kaufmanns und Ratsherrn Augustin Blarer, in Konstanz der Pflege ihrer verwitweten Mutter, während ihre Brüder Universitäten besuchten: Ambrosius Blarer trat ins Benediktinerkloster Alpirsbach ein und studierte Theologie in Tübingen, wo er Philipp Melanchthon kennenlernte, den Universalgelehrten und späteren Mitstreiter Luthers. Thomas Blarer widmete sich in Freiburg und Wittenberg den Rechtswissenschaften – er wurde in der Lutherstadt zum Anhänger des Reformators. Mit ihrer Schwester hielten die Männer brieflich Kontakt. Über diese Korrespondenz wurde auch Margarete Blarer mit den neuen Ideen vertraut, die sie sich bald zu eigen machte. Als Ambrosius seiner religiösen Überzeugungen wegen das Kloster verließ, verteidigte Margarete den Bruder gegen die Vorwürfe der Mutter, die sich aufgrund dieses Schrittes vor der gesellschaftlichen Ächtung fürchtete.

Die nach Konstanz zurückgekehrten Brüder Blarer verfochten eine oberdeutsche Form des Protestantismus, die von Luther, aber stärker noch vom Schweizer Reformator Zwingli beeinflusst war. Sie billigten es, dass Margarete nach einer auf Sittlichkeit und Religiosität gerichteten Bildung strebte, ja sogar, dass sie Lateinunterricht nahm. Eine intensive Brieffreundschaft unterhielt Margarete mit dem Straßburger Reformator Martin Bucer, den sie bei einer Reise kennengelernt hatte.

Mit Margarete, die Bucer als „liebste Mutter und Schwester" bezeichnete, diskutierte der Prediger sowohl theologische als auch politische Fragen. Dass er seine Brieffreundin schließlich aufforderte, zum besseren Verständnis des Neuen Testaments die griechische Sprache zu erlernen, ging Ambrosius Blarer dann aber doch zu weit: Seiner wissensdurstigen Schwester gelte es, eher „die Zügel als die Sporen" zu geben, wies der Konstanzer Reformator seinen Kollegen zurecht: „Du kennst ja den Verstand der Frauen und es ist dir nicht unbekannt, was der Geist Christi ihnen durch Paulus sagt." Bucer machte sofort einen Rückzieher und bat Margarete, die Sache mit dem Griechischunterricht nicht zu übereilen.

Margarete Blarer blieb ihr Leben lang unverheiratet – was in reformatorischen Kreisen nicht gern gesehen wurde. Weder (der zweimal verheiratete) Bucer noch ihre Brüder billigten Margaretes „meisterlosen Stand". Doch die Versuche der Männer, sie unter die Haube zu bringen, parierte die gebildete Frau mit dem Argument: „Wo Christus Meister" ist, da sei auch sie als Unverheiratete nicht meisterlos – „und dabei bleibt es". Möglicherweise fürchtete Margarete, dass die Pflichten einer Ehefrau sie gänzlich vom Studium abhalten würden. Selbst als Jungfer lade man ihr so viele Familienaufgaben auf, dass sie kaum Muße zum Lernen finde, klagte sie.

Dass die Zeit, die sie fürs Studium aufbringen konnte, knapp bemessen war, hing allerdings auch mit dem karitativen Engagement Margarete Blarers zusammen. Unter anderem gründete sie eine Frauengruppe zur Unterstützung der Armen. Dabei ging es ihr nicht nur um die materielle Hilfe: Indem sie Waisenkinder unterrichtete, trug sie zur „theologischen Allgemeinbildung" bei, auf die die Evangelischen so großen Wert legten. Alle Menschen sollten schließlich in der Lage sein, Gottes Wort nach eigenem Wissen und Gewissen zu leben. Für Margarete hatte ihre Tätigkeit als Lehrerin der Armen einen hilfreichen Nebeneffekt: Dass sie ihre Studien nicht eigennützig betrieb, sondern einem höheren Ziel unterordnete, rechtfertigte in den Augen ihrer Zeitgenossen das für eine Frau ungewöhnlich ausgeprägte Bildungsstreben und brachte ihr den Ruf einer „Erzdiakonin" ein. Die Sorge für andere kostete Margarete Blarer schließlich das Leben: Als 1541 in Konstanz die Pest ausbrach, stellte sie sich als Pflegerin in den Armenspitälern zur Verfügung. Sie steckte sich an und starb.

Katharina Zell – Trost für die Weiber von Kenzingen

Mit Katharina Zell (1497/98–1562) kam Martin Bucer längst nicht so gut zurecht wie mit seiner Konstanzer Brieffreundin. Das wortgewaltige Wirken der Straßburger Pfarrersfrau befremdete den Theologen. Trotzdem erkannte er an, dass Katharina seinen hochgeschätzten Kollegen Matthäus Zell nach Kräften unterstützte, dass sie eine unermüdliche Helferin der Verfolgten und eine wahre Stütze der Protestanten am Oberrhein war.

Besonders irritierte Bucer, wie unkonventionell Katharina Zell das Priestertum aller Getauften interpretierte: Obwohl sie nur eine Frau war, wagte es die stolze Bürgerstochter, öffentlich in religiösen Fragen Stellung zu beziehen, sich seelsorgerisch zu betätigen und sogar Prediger zu kritisieren.

Bucer bat die viel konservativer agierende Margarete Blarer, mäßigend auf Katharina Zell einzuwirken. Die „Kirchenmutter von Straßburg" ließ sich durch die Briefe aus Konstanz jedoch nicht beirren. Noch kurz vor ihrem Ende zeigte sie sich überzeugt: „Was ich getan hab', das hat der Herr in mir getan."

Im Dezember 1523 hatte der Münsterprediger Matthäus Zell die 20 Jahre jüngere Handwerkertochter Katharina Schütz geheiratet. Er war damit dem Beispiel Bucers gefolgt, der kurz zuvor mit seiner schwangeren Frau aus Weißenburg nach Straßburg geflohen war. Elisabeth Bucer, eine geborene Silbereisen (um 1495–1541), stammte aus Mosbach. Sie hatte einige Zeit in der Benediktinerinnenabtei Lobenfeld gelebt, das Kloster aber vor der Ablegung der letzten Gelübde verlassen. Bei „Meister Mathis" in Straßburg fand das Paar Unterschlupf.

Matthäus Zells evangelische Neigungen kamen bei den Bürgern Straßburgs gut an. Weniger wohlgesonnen war ihm sein altgläubiger Bischof. Die Eheschließung musste den Konflikt verschärften. Katharina wollte die Sanktionen gar nicht erst abwarten. Wohl wissend, dass sie nach dem ersten Brief des Paulus an die Korinther als Frau in der Gemeinde eigentlich zu schweigen hatte, verteidigte sie in einem Brief an den Bischof den Zölibatsbruch ihres Mannes und berief sich dabei auf die Bibel. Kurz darauf ließ sie die „Entschuldigung der Katharina Schützin / für M. Matthes Zellen / ihren Ehegemahl / der ein Pfarrer und Diener ist im Wort Gottes zu Straßburg" sogar drucken. Prompt verbot der auf Mäßigung bedachte Rat der Reichsstadt die Verbreitung der Schrift. Katharina ließ sich dadurch nicht einschüchtern.

Martin und Elisabeth Bucer blieben bei weitem nicht die einzigen Gäste, die beim Ehepaar Zell gastlich aufgenommen wurden. Katharina berichtete später, dass ihr „lieber Mann" ihr bei der Heirat befohlen habe, „armer und verjagter Leute Mutter zu sein". Und es gab damals viele Leute, die an die Tür des Straßburger Pfarrhauses klopften. Oft handelte es sich um Menschen, die wegen konfessioneller Auseinandersetzungen nicht in ihrer Heimat bleiben konnten. So wie die Männer aus Kenzingen im Breisgau.

Jakob Otter (1485–1547), der evangelisch gesinnte Prediger von Kenzingen, musste die Stadt auf Druck der Habsburger Herrschaft verlassen. Es war wohl als Solidaritätsbekundung gedacht, dass ihn mehr als 100 Männer ein Stück des Weges begleiteten. Markgraf Ernst von Baden war bereit, den Prediger vorerst in der Hochburg bei Emmendingen aufzunehmen; die Bürger von Kenzingen aber sollten schleunigst in ihre Stadt zurückkehren. Doch das war leichter befohlen als getan: Die österreichische Besatzung verwehrte den „Aufrührern" den Rückweg in die Stadt. Daraufhin suchten die Männer Schutz im nahen Straßburg. Katharina Zell bemühte sich, Unterkünfte für die Flüchtlinge zu finden, doch um viele von ihnen musste sie sich selbst kümmern. 50 bis 60 Männer wohnten über Wochen hinweg im Pfarrhaus.

Bei Kost und Logis ließ es Katharina Zell nicht bewenden. Sie konnte sich vorstellen, in welch verzweifelter Situation sich die in Kenzingen zurückgebliebenen Familien ihrer Schützlinge befanden. Sie schickte den „leidenden christgläubigen Weibern der Gemeinde zu Kenzingen, meinen Mitschwestern in Christus Jesus", einen Trostbrief. Darin riet sie den Frauen, trotz aller Prüfungen auf Gott zu vertrauen. Immer wieder sollten in den folgenden Jahren Katharinas Qualitäten als Gastgeberin und Trösterin gefragt sein. 1525, im Jahr des großen Bauernaufstands, strömten Hunderte von Witwen und Waisen nach Straßburg.

Katharina bewirtete in ihrem Haus auch etliche Kollegen ihres Mannes, darunter die Reformatoren Huldrych Zwingli aus Zürich und Johannes Oekolampad aus Basel. Ein besonderes Erlebnis sollte 1538 eine Reise nach Wittenberg werden, wo die Zells Aufnahme beim Ehepaar Luther fanden. Der berühmte Reformator verübelte es Katharina nicht, dass sie ihn wenige Jahre zuvor wegen des unter evangelischen Theologen ausgebrochenen „Zanks um das Sakrament" brieflich zu einer Einigung „in Liebe" aufgefordert hatte. Martin Luther hatte die Straßburgerin damals wissen lassen, dass es keine Einigung auf Kosten der Wahrheit geben könne. Das Wort Gottes müsse Vorrang auch vor der Liebe haben.

Der Tadel Luthers hinderte Katharina Zell nicht an weiteren Vermittlungsversuchen zwischen den reformatorischen Fronten. Da der Oberrhein im Spannungsfeld zwischen der Reformation lutherischer und zwinglianischer Prägung lag und in Straßburg die unterschiedlichen Vorstellungen von Abendmahl und Taufe heftig diskutiert wurden, erlebte sie manchen Streit hautnah mit. Katharina selbst vertrat die Meinung, dass es in Glaubensfragen keinen Zwang geben dürfe.

1548 verlor Katharina Zell ihren Lebensgefährten. Mit Unbehagen beobachtete die Witwe, dass in Straßburg eine neue Generation von Predigern an Einfluss gewann: junge Männer, die sich der lutherischen Orthodoxie verschrieben hatten und nicht bereit waren, abweichende Vorstellungen zu tolerieren. Einer von ihnen, Ludwig Rabus (1523–1592), trieb es so weit, dass Katharina ihn 1557 in einem offenen Brief attackierte: „Ihr jungen Männer und Zukömmlinge der Kirchen; ihr tretet die alten Männer im Grab und die noch leben mit Füßen und wollt, die Welt solle euch allein hören und glauben. Und, wer das nicht glaubt, den soll man gleich zu Stadt und Land ausjagen."

Rabus, der nach Ulm weitergezogen war, hatte sich einst als armer Schüler von Katharina Zell bemuttern lassen. Doch nun war er Doktor der Theologie und keineswegs bereit, sich von einer Frau herunterputzen zu lassen. In einer ebenfalls öffentlichen Antwortschrift stellte er Katharina als Unruhestifterin bloß: Sie habe der Kirche in Straßburg manche Aufregung eingebrockt. Rabus klagte Katharina, die als Weib doch zu schweigen habe, an, sich in den Vordergrund gedrängt und damit nicht nur ihrem Mann, sondern auch ihrem Geschlecht Schande bereitet zu haben.

Diese Vorwürfe ließ Katharina Zell, inzwischen 60 Jahre alt, nicht auf sich sitzen. Sie wandte sich an die Straßburger Bürgerschaft. Unruhe sei vor allem deshalb entstanden, weil sie „Arme, Verjagte und Elende" in ihrem Haus aufgenommen, Bedrängte im Gefängnis besucht, Pestkranke gepflegt und Tote zu Grabe getragen habe. Sie drehte den Spieß um und nahm Rabus und seinesgleichen ins Visier: „Ich meine, die jungen Prediger machen der Kirche Unruhe und zeihen es dann mich …"

Auch wenn der Wind der konfessionellen Intoleranz, der über dem Südwesten wehte, in jenen Jahren mächtig auffrischte: Katharina blieb bis zu ihrem Ende eine überzeugte Verfechterin der religiösen Duldsamkeit. Sie lag bereits sterbenskrank darnieder, als ihr zugetragen wurde, dass sich in Straßburg kein Prediger fand, der bereit war, eine Tote, die der Täufer-Sekte zugerechnet wurde, christlich zu bestatten. Katharina Zell ließ sich zum Friedhof tragen und hielt die Leichenrede.

Entschuldig
ung Katharina Schütz
inn / für M. Matthes Zellen / jren Ege
mahel / der ein Pfarrher und dyener ist im
wort Gottes zů Straßburg. Von wegen
grosser lügen uff jn erdicht.

Darin etlich stoltze Sophisten angriffen
sein / als D. Murnar. D. Jo. Cocleus.
Brůder Conrad Treger / Augu
stiner ordens Provincial
so lengst mit vil lügē
die Christlichen
prediger unnd
standt hat
zů verunglimpffen.

Was schwach ist vor der welt /
das hat got erwelt / das er was
starck ist / zů schanden macht.
I. Corint. I.

Katharina Zell: Die Straßburger Pfarrersfrau verteidigte 1524 schriftlich den Zölibatsbruch ihres Mannes.

Olympia Morata – eine Frau an der Universität Heidelberg

Als 13-Jährige war sie im italienischen Ferrara die Studiengenossin einer Prinzessin, als 28-Jährige unterrichtete sie an der Universität im kurpfälzischen Heidelberg Griechisch: Olympia Fulvia Morata (1526–1555) war als Kennerin alter Sprachen und Autorin in Humanistenkreisen hoch geschätzt.

Olympias Vater Pellegrino Moretto, ein reformatorisch gesinnter Gelehrter, unterrichtete Mitglieder der Herzogsfamilie von Ferrara. Seine Tochter galt als eine Art Wundermädchen: Sie brillierte bei lateinischen Diskussionen und verfasste ge-

Eine Humanistin von Format: Olympia Morata wurde eingeladen, an der Universität Heidelberg Unterricht zu erteilen. – Kupferstich von Brühl um 1740.

schliffene Texte in griechischer Sprache. Damit passte sie prächtig in den Kreis um die gebildete Herzogin Renata von Ferrara, deren Tochter sie Gesellschaft leistete.

Herzogin Renata interessierte sich lebhaft für den Calvinismus – was ihrem Gemahl zunehmend Verdruss bereitete. Für Olympia Morata war nach dem Tod ihres Vaters kein Platz mehr bei Hofe – der Herzog wollte alle des Protestantismus verdächtigen Bediensteten loswerden. Prompt setzte bei Olympia Morata, die sich bis dahin mit Glaubensfragen eher halbherzig beschäftigt hatte, eine intensive Auseinandersetzung mit religiösen Themen ein. 1550 heiratete sie den Arzt Andreas Grundler, einen Calvinisten, der in Ferrara promoviert hatte. Das Paar zog nach Schweinfurt, wo Grundler eine Anstellung als Stadtphysikus bekam.

Olympia ging ihren Hausfrauenpflichten nach und unterrichtete Jungen in klassischen Sprachen. Daneben fand sie noch Zeit, literarische Texte zu verfassen und Psalmen zu übersetzen. Ein Rhetorik-Professor, den sie in Ferrara kennengelernt hatte, verlegte ihre Schriften in Basel.

Kriegerische Ereignisse, die 1554 in der Zerstörung Schweinfurts mündeten, machten die Grubers zu Flüchtlingen. Olympia atmete auf, als ihr Mann einen Ruf an die Universität Heidelberg erhielt. Sie selbst wurde von einem dortigen Gräzisten eingeladen, Unterricht in griechischer Sprache und Literatur zu erteilen. Auch wenn die Stunden, die sie gab, eher privaten Charakter hatten, war Olympia Fulvia Morata doch die erste Frau, die an einer deutschen Universität lehren durfte. Ein langes Wirken war ihr dort allerdings nicht vergönnt: Nach einem knappen Jahr starb sie an Tuberkulose.

„... weil sie ein Weib sei“. Frauen wie Margarete Blarer, Katharina Zell und Olympia Morata, die durch Bildung und eigenständiges Denken bekannt wurden, findet man auch im Zeitalter der Reformation nur selten. In frühen Visitationsprotokollen aus dem badischen Oberland, wo 1556 die Reformation eingeführt worden war, wird eine Frau erwähnt, die in Ötlingen Schulunterricht erteilte. Sowohl der Pfarrer als auch die Gemeinde äußerten sich lobend über die Lehrerin. Einen Lohn erhielt sie jedoch nicht – „... weil sie ein Weib sei“. Ansonsten wurden in den Visitationsprotokollen vor allem Frauen aktenkundig, die durch ausgeprägtes Selbstbewusstsein oder „zänkisches Wesen“ auffielen. In Emmendingen stellten die Visitatoren beispielsweise fest, dass sowohl der Pfarrer als auch der Schulmeister rote Nasen hätten, die auf eine Neigung zu alkoholischen Getränken schließen ließen. In beiden Fällen wurde angenommen, dass es die spitzen Zungen ihrer Weiber waren, welche die Männer in den Suff trieben. Der Lehrer entschuldigte seinen übermäßigen Durst sogar explizit mit dem Verhalten seiner Frau. Die frommen Visitatoren rieten ihm, seinem Weib, wenn es „wieder böse Reden halte ... ruhig aufs Maul zu schlagen“.

Die renitenten Nonnen von Pforzheim

Die Einführung der Reformation in der Markgrafschaft Baden-(Pforzheim-)Durlach ging mit einer Aufhebung der Klöster einher. Diese verlief meist recht unspektakulär, weil sich das Ansehen vieler Konvente ohnehin auf einem Tiefpunkt befand. So war bereits 1523 das Benediktinerinnenkloster Sulzburg aufgehoben worden – und zwar auf Betreiben des Markgrafen Ernst von Baden und mit der Genehmigung des Bischofs von

Basel, der den angeblich unsittlichen Lebenswandel der Nonnen nicht widerlegen konnte oder wollte. Andere Frauenkonvente, etwa in Sitzenkirch, Gutnau oder Rheintal, litten unter einer existenzbedrohenden personellen Auszehrung. Trotzdem blieb die Abschaffung der Lebensform, die Frauen zumindest innerhalb der Klausur Möglichkeiten gab, sich männlicher Kontrolle zu entziehen, nicht unwidersprochen.

Als Widerstandsnest machte das Dominikanerinnenkloster in Pforzheim von sich reden. Das 1257 erstmals urkundlich erwähnte Kloster erwies sich 1556, als Karl II. sein Land der Reformation zuführte, als ausgesprochen vital. Anders als die örtlichen Dominikaner- und Franziskanerbrüder ignorierten die Klosterfrauen den landesherrlichen Befehl, zum neuen Glauben überzutreten. Die Dominikanerin Eva Magdalena Neyler († 1575) hat Buch darüber geführt, wie sich nicht weniger als 18 Prädikanten mindestens fünf Jahre lang vergeblich bemühten, die Nonnen zu bekehren. Doch die Frauen waren nicht davon zu überzeugen, dass die Freuden einer Ehe dem Klosterleben vorzuziehen seien. Dass man in ihren Mauern einen neuen Amtmann einsetzte, der die Schlüsselgewalt erhielt, empfanden sie als Affront. Der Mann, so schrieb Eva Magdalena Neyler, habe den Nonnen „alles zu Leid getan, was er gekonnt und vermocht hat. Und was er gewusst hat, dass es uns zuwider ist, das hat er getan."

Das Kloster war nicht länger ein Ort des kontemplativen Lebens – angesichts zahlreicher ungebetener Gäste fühlten sich die Nonnen bald wie in einem „Wirthaus". Schließlich soll es auch zu sexuellen Übergriffen gekommen sein. Die Dominikanerinnen schalteten Kaiser Ferdinand ein, der – wie erwartet – ihre Interessen vertrat. Der Markgraf von Baden-Durlach sah sich schließlich genötigt, die Rechte der Pforzheimer Klosterfrauen mit 11.000 Gulden abzugelten. 39 Nonnen siedelten 1564 in das vorderösterreichische Kloster Kirchberg bei Sulz am Neckar über. Im ehemaligen Pforzheimer Dominikanerinnenkloster ließ der Landesherr ein Spital einrichten.

Krisen und Kriege

Maria von Eicken – Markgräfin oder Konkubine?

Das konfessionelle Auseinanderdriften der Markgrafschaften verschärfte den Konflikt zwischen den Linien Baden-Baden und Baden-Durlach zusehends. Im Kampf um die Herrschaft, das Land und den Glauben war den verfeindeten Markgrafen jedes noch so fragwürdige Mittel recht. Als Philipp II. 1588 starb, ohne Söhne zu hinterlassen, geriet Baden-Baden in die Defensive. Philipps verschwendungssüchtiger Neffe Eduard Fortunatus (1565–1600) aus der baden-badischen Seitenlinie Rodemachern trieb die katholische Markgrafschaft an den Rande des Ruins. Weil Eduard Fortunatus – anders als sein Name „der Glückliche" suggeriert – auch bei der Heiratspolitik unglücklich agierte, witterten die Durlacher die Chance, die Markgrafschaften dauerhaft unter ihrer Herrschaft wieder zu vereinigen.

Eduard Fortunatus hatte in Brüssel eine junge Frau namens Maria van Eicken (1571–1636) kennengelernt, die er offenbar heftig begehrte. Allerdings scheint die junge Schönheit nicht bereit gewesen zu sein, sich dem Verehrer ohne kirchlichen Segen hinzugeben. Doch das Fräulein van Eicken war keine standesgemäße Partie für einen badischen Markgrafen. Eduard versuchte offenbar zunächst, das Dilemma zu lösen, indem er Maria eine Komödie vorspielen ließ: Ein als Priester verkleideter Soldat sollte das Paar „trauen".

Da die Braut das böse Spiel durchschaute, kam im nächsten Akt ein echter Priester zum Zuge. Doch fand auch diese Hochzeit im März 1591 in aller Stille statt, was auf eine „Eheschließung zur linken Hand" hindeutet. Zudem soll Markgraf Eduard dafür gesorgt haben, dass der Priester die Zeremonie im Hause der Brauteltern in anfechtbarer Weise durchführte. Er hielt sich also ein Hintertürchen offen, durch das er die morganatische Ehefrau elegant wieder loswerden konnte – etwa für den Fall, dass sich eine reiche und ebenbürtige Heiratskandidatin finden ließe. Dazu passte das Verhalten des Markgrafen, der Maria van Eicken in der Öffentlichkeit ausgesprochen respektlos – eben wie eine Konkubine – behandelt haben soll.

Maria gebar zunächst eine Tochter. Als sie zum zweiten Mal schwanger wurde, scheint bei Eduard ein Umdenken eingesetzt zu haben. Mit Blick auf die mögliche Geburt eines Sohnes wünschte er nun doch eine offizielle Eheschließung. Er holte dafür das Einverständnis des Kaisers sowie der bayerischen und der badischen Verwandtschaft ein. Freilich war die Zustimmung des Durlacher Markgrafen so vage formuliert, dass künftige Reibereien geradezu programmiert schienen. Im Mai 1593 vermählte sich Eduard erneut mit Maria – die Zeremonie wurde diesmal im Beisein des Hofstaates im Schloss zu Baden-Baden durchgeführt. Als ob er seinem schlechten Ruf auch im dritten Anlauf gerecht werden wollte, erschien der Markgraf zur Hochzeit nachlässig gekleidet und mit Pantoffeln an den Füßen.

Zwei Monate später brachte Maria in Baden-Baden tatsächlich einen Sohn zur Welt: Wilhelm (1593–1677). Ehe dieser Junge als Erbe des Eduard Fortunatus anerkannt wurde, hatte Maria von Eicken freilich noch manchen Kampf zu bestehen. Denn die am Rande des Bankrotts stehende Markgrafschaft Baden-Baden wurde im folgenden Jahr von der Durlacher Verwandtschaft militärisch besetzt. Die evangelischen Markgrafen rechtfertigten die „Okkupation" mit den Schulden des Eduard Fortunatus, durch die das gemeinsame Erbe des Hauses Baden bedroht sei. In einer Schlammschlacht legten sie dem Markgrafen von Baden-Baden zudem Ausschweifungen zur Last und bezichtigten ihn der Zauberei sowie einiger Mordversuche, die er an seinem Durlacher Vetter Ernst Friedrich begangen haben soll.

Der unglückliche Fortunatus, der auf seiner Burg Kastellaun im Hunsrück Zuflucht suchte, fiel im Jahr 1600 von einer Treppe und brach sich das Genick – er wurde nur 35 Jahre alt. Die Durlacher Markgrafen hielten die „Oberbadische Okkupation" auch nach seinem Tod aufrecht. Dem kleinen Wilhelm von Baden-Baden und seinen jüngeren Brüdern sprachen sie das Sukzessionsrecht ab, und zwar mit der Begründung, dass ihre Mutter nicht ebenbürtig sei. Maria von Eickens ältester Sohn Wilhelm sei zudem vorehelich gezeugt worden. Die Witwe versuchte verzweifelt nachzuweisen, dass es bereits in Brüssel eine gültige Heirat gegeben hatte. Sie konnte jedoch keine eindeutigen Dokumente auftreiben, die ihre Widersacher zum Schweigen gebracht hätten.

Letztlich musste die Entscheidung über die Nachfolge in Baden-Baden vom Kaiser und auf Reichsebene gefällt werden. Dort aber warf man zunächst die konfessionelle Frage in die Waagschale, galt es doch, das empfindliche Gleichgewicht der Kräfte im Reich zu wahren. Der Reichshofrat erkannte die Erbfähigkeit des katholischen Wilhelm trotz der Proteste der evangelischen Verwandtschaft an. Diesem Spruch wollten sich die Baden-Durlacher allerdings nicht beugen. Erst 1622, nachdem das mit der Kurpfalz verbündete Baden-Durlach in der Schlacht bei Wimpfen eine verheerende Niederlage gegen die habsburgisch-bayerische Übermacht einstecken musste, konnte der katholische Markgraf sein Recht durchsetzen.

Paula von Weitershausen – Unzucht in Frauenalb

So lange die „Oberbadische Okkupation" währte, mussten katholische Institutionen in der Markgrafschaft Baden-Baden um ihre Existenz bangen. Der lutherisch erzogene, aber dem strengeren Calvinismus zuneigende Ernst Friedrich von Baden-Durlach (1560–1604) ging mit missionarischem Eifer gegen altgläubige Einrichtungen vor. Das Kloster Frauenalb, das schon bei einer vom Bischof von Speyer angeordneten Vi-

Die Ruine des Klosters Frauenalb: Die hier lebenden Benediktinerinnen sollen sich im ausgehenden 16. Jahrhundert übelster Ausschweifungen schuldig gemacht haben.

sitationen als „nicht tadellos" befunden worden war, machte es dem Durlacher leicht, ein Exempel zu statuieren. Dass die Äbtissin Paula von Weitershausen († 1609) alles daran setzte, die Besitztümer des Klosters vor dem Zugriff der protestantischen Schirmherren zu schützen, besiegelte ihr Schicksal: Den angeblichen „Verfall der Sitten" im Konvent sowie finanzielle Unregelmäßigkeiten nahm Ernst Friedrich zum Anlass, die Äbtissin und ihre Schwester, die Priorin Katharina, verhaften zu lassen.

Nach zahlreichen Verhören gestanden Paula und Katharina von Weitershausen sowie weitere Nonnen, dass es „Unzucht, Hurerei, Sodomie und Blutschande" im Kloster gegeben habe. Die Durlacher Behörden verzeichneten in den Protokollen penibel jede Peinlichkeit, galt es doch, die verlorene Ehre der Nonnen zu nutzen, um die gesamte Konfession bloßzustellen.

Der Äbtissin, die sich dem 60. Lebensjahr näherte, wurde eine intime Beziehung mit dem Klosterküfer vorgeworfen; die

Priorin Katharina stand unter dem Verdacht, eine Liebesbeziehung mit einem Priester aus Ersingen eingegangen zu sein. Seit ihnen ihr Beichtvater, ein sittenloser Barfüßermönch, die Jungfernschaft geraubt habe, hätten die beiden Damen ihren fleischlichen Gelüsten immer wieder nachgegeben, hieß es. Auch andere Benediktinerinnen wurden beschuldigt, das Keuschheitsgelübde gebrochen und Abtreibungen vorgenommen zu haben. Der Durlacher Markgraf rechtfertigte mit diesen Zuständen die Inbesitznahme des Konvents.

Die Äbtissin und ihrer Schwester ließ er in Pforzheim gefangen setzen, das Kloster Frauenalb 1598 aufheben. Erst nachdem im Verlauf des Dreißigjährigen Kriegs der katholische Markgraf Wilhelm in Baden-Baden an die Herrschaft kam, wurde das Benediktinerinnenkonvent wiederbegründet und 1631 mit Nonnen aus Urspring neu besiedelt.

Hexen – missgünstig und gefährlich

Wilhelm von Baden-Baden zeigte sich seinerseits ebenfalls nicht zimperlich, als er sich daran machte, seine Markgrafschaft zu rekatholizieren. Wer sich nicht zum „wahren" Glauben bekehren ließ, wurde des Landes verwiesen; wer der Kommunion fernblieb, musste mit Geldstrafen rechnen. Darüber hinaus bediente sich der Markgraf einer besonders üblen Taktik, um Widerstände zu brechen: der Hexenprozesse.

Damit stand er zu seiner Zeit nicht allein: Viele Landesherren, die eine Stabilisierung ihrer Herrschaft für notwendig erachteten, gingen gnadenlos gegen das „Hexenunwesen" vor. Schließlich wusste jedermann, dass die Geschöpfe, die sich mit dem Teufel einließen – meist, aber nicht immer handelte es sich um Frauen –, gefährliche Feinde der gottgegebenen Ordnung und somit auch der weltlichen Obrigkeit waren.

In der krisengeschüttelten Frühen Neuzeit fanden in fast allen (katholischen und evangelischen) Territorien des Heiligen Römischen Reiches deutscher Nation Hexenprozesse statt, doch gab es beträchtliche Unterschiede bei der Intensität der Verfolgungen und der Zahl der Verurteilungen. So wird etwa bei den Kurfürsten von der Pfalz ab 1560 eine ablehnende Haltung gegenüber Hexenprozessen deutlich, während es zeitgleich in Nachbarterritorien zu Massenverfolgungen kam. Die „modern" anmutende Haltung der kurpfälzischen Obrigkeit stieß freilich bei der eigenen Bevölkerung, in der magische Vorstellungen und Ängste vor Schadzauber durchaus lebendig waren, nicht überall auf Beifall. So forderte etwa die Bürgerschaft der damals kurpfälzischen Amtsstadt Mosbach im ausgehenden 16. Jahrhundert vehement die Ausrottung der Hexen im Lande.

In der Markgrafschaft Baden-Baden sticht der enge Zusammenhang mit der konfessionellen Entwicklung ins Auge: Bereits in der ersten Rekatholisierungsphase unter Markgraf Philipp II. hatte es 1560 bis 1580 vermehrt Hexenprozesse gegeben (man geht in dieser Phase von etwa 44 Hinrichtungen aus). Im 17. Jahrhundert brachte Markgraf Wilhelm eine noch folgenreichere Welle der Hexenverfolgungen ins Rollen. Von den rund 230 „Hexen" und „Hexenmeistern", die zwischen 1625 und 1631 in der Markgrafschaft Baden-Baden hingerichtet wurden, waren auffällig viele als Anhänger(innen) des evangelischen Glaubens bekannt.

Zum Vergleich: Aus Baden-Durlach sind im gesamten Zeitraum von 1560 bis 1631 lediglich sechs Hinrichtungen wegen Hexerei nachgewiesen. Verurteilte Hexen beendeten ihr Leben im Regelfall auf dem Scheiterhaufen. Bisweilen gewährten die Landesherren den Übeltäterinnen die „Gnade", vor der Verbrennung enthauptet oder erdrosselt zu werden.

Hexensabbat auf dem Kandel. Magische Vorstellungen gab es seit ältester Zeit, doch im 15. Jahrhundert verschmolzen verschiedene Elemente des Zauberei-Glaubens zum Superverbrechen der Hexerei. Der „elaborierte Hexen-Glaube", der europaweit bis zu 60.000 Menschen das Leben kostete, umfasste nicht nur Schadenszauber und Teufelspakt, sondern auch die Teufelsbuhlschaft, den Sex mit dem Teufel. Zudem sollen die Hexen regelmäßig zu geheimen Treffen, dem Hexensabbat, zusammengekommen sein. Größere Versammlungen dieser Art wären nicht denkbar gewesen, hätten die Hexen nicht über eine besondere Art der Fortbewegung verfügt: den Hexenflug. Vorzugsweise auf Besen, bisweilen aber auch auf Ofenrohren, Böcken oder Katzen konnten sie sich angeblich pfeilschnell durch die Luft bewegen.

Ein Treffpunkt der südwestdeutschen Hexen soll der Kandel, der Hausberg von Waldkirch am Westrand des Schwarzwaldes, gewesen sein. Entsprechend wurde der oberste Teil des Kandel-Felsens „Teufelskanzel" genannt. Diese Teufelskanzel stürzte 1981 aus ungeklärten Gründen ein. Ausgerechnet in der „Walpurgisnacht", der Nacht zum 1. Mai, lösten sich rund 2000 Kubikmeter Gestein. Hartnäckig hält sich das Gerücht, dass zwischen den Felsbrocken ein Besen gefunden worden sei.

Anna Weinhag – Eine Frau überlebt zwei Hexenprozesse

Allein in der Residenzstadt Baden-Baden und dem benachbarten Beuren (heute: Stadtteil Lichtental) wurden unter Markgraf Wilhelm mindestens 82 Frauen und zwölf Männer der Hexerei angeklagt. Zu den mutmaßlichen Teufelsweibern gehörte Anna Weinhag. Die Frau eines Gewürzhändlers hatte 1625 eine Bittschrift verfasst, in der sie den Landesherrn anflehte, beim evangelischen Glauben bleiben zu dürfen. Ein derart forsches Vorgehen war nicht wohl gelitten: Der als Hexenrichter fungierende markgräfliche Rat Matern Eschbach nahm üble Nachrede zum Anlass, ein Hexereiverfahren gegen Anna Weinhag einzuleiten.

Der Weg zur „Wahrheit" führte über die Folter. Was aus heutiger Sicht unmenschlich erscheint, war ein offizielles Rechtsmittel. Dessen Anwendung unterlag zwar strengen Regelungen, führte aber fast durchweg zu Geständnissen. Anna

Weinhag wurde im Dezember 1627 mehrere Tage lang der „peinlichen Befragung“ unterzogen. Mit zerquetschten und ausgerissenen Gelenken setzte man sie in den „Wachstuhl“, wo sie zwei Tage lang am Schlaf gehindert wurde. Trotzdem gestand die Gewürzhändlersfrau nicht. Dem Ankläger blieb schließlich nichts anderes übrig, als Anna Weinhag freizulassen. Ein halbes Jahr später wurde sie erneut denunziert und geriet ein zweites Mal in die Mühlen der Justiz. Auch diesen Prozess hat Anna Weinhag überlebt.

Die Gotter Neß – Auf glühenden Kohlen

In der Reichsstadt Offenburg gab es ebenfalls mehrere Phasen von Hexenverfolgungen. Die Welle, die 1627 losbrach, zeichnete sich durch eine zuvor nicht bekannte Rigorosität aus. Unter den Frauen, die ins Visier der Offenburger Ratsherren gerieten, waren einige, deren Mütter bereits als Hexen verbrannt worden waren. Unter der Folter bezichtigten sie weitere Menschen des Bündnisses mit dem Teufel. Solche „Besagungen“ führten dazu, dass der neu aufgeflammte Hexenwahn in Offenburg innerhalb weniger Jahre mindestens 87 Todesopfer forderte. Im Jahr 1630 brachen die Prozesse allerdings abrupt ab. Und dies, davon ist man in Offenburg überzeugt, war der Gotter Neß (1573–ca. 1654/55) zu verdanken.

Die Gotter Neß – so nannte man in Offenburg die geborene Agnes Gotter (oder Agnes Gots), die zwei Ehemänner überlebt hatte. Die mehrfache Mutter wurde als Hexe „besagt“, festgenommen und der peinlichen Befragung unterzogen. Doch die Folterknechte konnten der Witwe kein Geständnis abpressen – nicht einmal, als man sie auf den „Hacker'schen Stuhl“ setzte. Auf diesem mit Stacheln versehenen Metallstuhl, der zudem – vermutlich indem man glühende Kohlen unterlegte – zu unerträglicher Hitze gebracht werden konnte, hatte bislang noch jeder Verdächtige sein (angebliches) Verbrechen eingeräumt. Dass die Gotter Neß trotz aller Torturen standhaft

Hacker'scher Stuhl: Dass die der Hexerei verdächtige Gotter Neß selbst auf diesem Foltergerät standhaft leugnete, verunsicherte den Offenburger Rat zutiefst.

blieb, scheint den Offenburger Rat zutiefst verunsichert zu haben. Er beschloss Anfang Dezember 1629, die Angeklagte freizulassen und – zunächst bis Weihnachten – alle Hexenprozesse auszusetzen.

Zu Beginn des Jahres 1630 gab es dann erneut Verhaftungen, und unter der Folter gaben zwei Frauen erwartungsgemäß zu, sich der Hexerei schuldig gemacht zu haben. Allerdings widerriefen sie ihr Geständnis kurz vor der Hinrichtung. Die Ratsherren, denen der blamable Ausgang des Gotter-Neß-Verfahrens noch vor Augen stand, scheuten sich, die Frauen ein weiteres Mal der Folter zu unterwerfen.

Mit diesen Fällen endeten in Offenburg die systematischen Hexenverfolgungen, wiewohl es später noch einzelne Verfahren gab. Die Gotter Neß, der man zuschreibt, sie habe mit ihrer Standhaftigkeit den Offenburger Rat vom Hexenwahn geheilt, musste allerdings den Rest ihres Lebens im Hausarrest verbringen.

Geschäfte mit der Angst. Maria Salome Aschmann († 1644) überschrieb den Baden-Badener Jesuiten 1628 ein stattliches Anwesen. Völlig „ungezwungen" habe die Witwe diese Schenkung vorgenommen, heißt es in der Urkunde. Und doch scheint es sich eher um ein Geschäft mit der Angst gehandelt zu haben, denn acht Jahre später verlangte die Frau von Kenzingen aus – und somit aus sicherer Entfernung – ihr Schlösschen zurück. Sie sei ein „einfältiges Weib" und habe aus Furcht gehandelt: Mit der Schenkung habe sie ein Verfahren wegen Hexerei abwenden wollen, argumentierte die Frau jetzt.

Maria Salome Aschmann war eine „Besagte" – eine Frau, die von einer angeblichen Hexe unter der Folter als Komplizin genannt worden war. Über diese lebensgefährliche Denunziation hatte der Jesuit Wilhelm Muster die Witwe informiert und angedeutet, dass man in den nächsten Tagen mit ihr „fortfahren" werde. Seine Warnung verband der fromme Mann mit einem Angebot, das Maria Salome Aschmann nicht ablehnen konnte. Zwar waren die Jesuiten nicht als Hexenrichter tätig, doch führte Pater Muster bei den Verfahren in Baden-Baden das Protokoll. Diese Vertrauensstellung nutzte er aus, um die Namen von Besagten aus den Akten zu streichen – vorausgesetzt, die Mühe lohnte sich für seinen Orden. Dass diese erpresserische Praxis durch die Rückforderung der Witwe Aschmann dem Markgrafen bekannt wurde, war ärgerlich für die

Jesuiten, doch wussten sie ihren Besitz zu wahren: Maria Salome Aschmann drang mit ihrer Forderung, die Schenkung rückgängig zu machen, nicht durch.

Verbrannte Heimat – im Namen der Liselotte

Auf den Dreißigjährigen Krieg folgte keine lange Friedensperiode. Im Kampf um die Vorherrschaft in Europa, den sich Frankreich und Habsburg lieferten, wurde der Oberrhein wieder und wieder zum Schlachtfeld. Einer dieser Kriege brachte so katastrophale Verwüstungen mit sich, dass die Städte und Dörfer am Oberrhein nach dem Wiederaufbau ein völlig neues Gesicht bekamen. Dieser Krieg wurde im Namen einer Frau, aber gegen ihren Willen geführt.

Friedrich Magnus von Baden-Durlach (1647–1709) hoffte in jungen Jahren auf die Hand der kurpfälzischen Prinzessin Elisabeth Charlotte (1652–1722). Die im Volksmund „Liselotte von der Pfalz" genannte Dame galt zwar als nicht besonders hübsch – ihr Vater bezeichnete sie liebevoll als „Bärenkatzenaffengesicht" –, doch offenbar gefiel dem Durlacher Erbprinzen die frisch-forsche Art der Frau, die als unermüdliche Briefeschreiberin bekannt werden sollte.

Auf Gegenliebe stieß der badische Prinz nicht – Friedrich Magnus sei „affektiert und widerwärtig", urteilte Liselotte. Ihre Abneigung hätte sie vermutlich nicht vor der unerwünschten Heirat bewahrt, wäre es zwischen ihrem Vater, Kurfürst Karl Ludwig, und dem regierenden Markgrafen von Baden-Durlach, Friedrich VI., nicht zu einem folgenschweren Missverständnis gekommen. Jedenfalls wurde das Eheversprechen aufgehoben und Liselotte im Alter von 19 Jahren mit Herzog Philipp von Orléans, dem homosexuellen Bruder des französischen Sonnenkönigs, vermählt. Der Kurfürst hoffte, damit einen potenziellen Angriff Frankreichs auf sein Land zu verhindern. Doch er erreichte das genaue Gegenteil: Die vermeintlich glanzvolle Heirat der „armen, ketzerischen" Pfälzerin lieferte König Ludwig XIV. Jahre später den Vorwand, „Madames“ Heimat sowie die angrenzenden Territorien dem Erdboden gleich zu machen.

Im Herbst 1688 hielt der Sonnenkönig die politische Situation in Europa für günstig, Philippsburg, die einzige moderne deutsche Festung am Oberrhein, einzunehmen und seine „Erwerbungen“ an Rhein und Mosel dauerhaft zu sichern. Das Aussterben der in der Pfalz regierenden Linie des Hauses Wittelsbach lieferte die Rechtfertigung für den Angriff.

Angeblich ging es bei alledem um Liselottes Erbe. Zwar hatte die Prinzessin bei ihrer Heirat offiziell auf ihre Ansprüche an der Pfalz verzichtet und nach den Gepflogenheiten der Erbfolge trat ohnehin die nächstjüngere Linie von Pfalz-Neuburg die Nachfolge derer von Pfalz-Simmern an. Doch Ludwig XIV. argumentierte mit dem „privaten Besitz“ von Liselottes verstorbenem Bruder: Im Namen der Herzogin und des Herzogs von Orléans forderte der Sonnenkönig die Allodialgüter ein, also jene Ländereien und Gegenstände, die dem Kurfürsten nicht qua Amt, sondern „persönlich“ gehört hätten. Um seiner Forderung Nachdruck zu verleihen, rückten französische Truppen in die Pfalz ein.

Das Kalkül Ludwigs ging nicht auf. Eine große Allianz aus dem Heiligen Römischen Reich, England, den Niederlanden sowie Spanien fand sich gegen die Franzosen zusammen. Die Zeche zahlten die Menschen in Liselottes Heimat sowie den benachbarten Territorien. Frankreichs Taktik der „verbrannten Erde“ brachte furchtbares Leid über das Land: 1689 zerstörten französische Truppen Heidelberg und Mannheim. Im Kraichgau hinterließen sie eine Spur der Verwüstung – ohne Unterschiede zu machen zwischen damals pfälzischen Orten wie Bretten und Heidelsheim oder dem bischöflich-speyerischen Bruchsal.

Rauchwolken über Sinsheim, Pforzheim, Durlach, Ettlingen, Rastatt, Baden-Baden und Oberkirch bis nach Offenburg und Gengenbach markierten Zerstörungen, die es in dieser ausgedehnten Art im absolutistischen Europa noch nicht

„Meines Vaterlands Untergang“: Mit angeblichen Ansprüchen der Liselotte von der Pfalz rechtfertigte Ludwig XIV. von Frankreich nicht nur die Verwüstung der Heimat seiner Schwägerin – hier im Jagdkostüm im Alter von ca. 21 Jahren –, sondern auch zahlreicher anderer Territorien am Oberrhein. – Gemälde von Louis Ferdinand Elle, 1673.

gegeben hatte. Alles in allem sollen mehr als 1000 Städte und Dörfer in Schutt und Asche gesunken sein. In der kurpfälzischen Residenzstadt Heidelberg vollendeten französische Truppen 1693 ihr destruktives Werk und demolierten, was 1689 erhalten geblieben oder wieder aufgebaut worden war.

Der Herzogin von Orléans war bewusst, dass ihre angeblichen Erbansprüche dem königlichen Schwager nur als Vorwand dienten. So will Liselotte dem Dauphin, als dieser sich 1688 aufmachte, um „in ihrem Interesse" Philippsburg sowie Mannheim und Frankenthal zu erobern, geantwortet haben: „Wenn Ihr meinen Rat befolgt, werdet Ihr nicht aufbrechen, denn ich gestehe Euch, dass ich nichts anderes als Schmerz und keineswegs Freude darüber empfinden kann, dass man sich meines Namens bedient, um mein armes Vaterland zu zerstören."

So hellsichtig Liselotte von der Pfalz in mancher Beziehung war und so gallig sie in ihren Briefen die Versailler Verhältnisse kommentierte: Gegen den Sonnenkönig hat „Madame" sich nie aufgelehnt. Damit wurde sie den Erwartungen gerecht, die man an ein angeheiratetes weibliches Familienmitglied stellte.

Markgräfin Augusta Maria – Lieder für den Seelenfrieden

Nachdem sich das badisch-pfälzische Heiratsprojekt zerschlagen hatte, brauchte Friedrich Magnus eine neue Braut. Augusta Maria von Holstein-Gottorp (1649–1728) wurde für das „christliche Werk" ausgewählt. Sie war zwar nur zweite Wahl, doch ihre 39 Jahre währende Gemeinschaft mit Friedrich Magnus wurde von den Zeitgenossen als „vollkommendes Muster" einer „höchst-vergnügten Ehe" gepriesen. Wobei das Wort „vergnügt" sich auf die eheliche Harmonie bezog, nicht auf glückliche Lebensumstände. Augusta Maria brachte ihre elf Kinder in einer Zeit der Kriege zur Welt.

Friedrich Magnus, der – anders als sein Name „der Große" suggeriert – wenig Sinn fürs Militärwesen besaß, entzog sich den Kampfhandlungen am Oberrhein und ihren lebensgefährlichen Begleiterscheinungen, indem er sich mit seiner Familie ins eidgenössische Basel begab. Dort besaßen die Markgrafen seit dem Mittelalter ein Palais. In Basel hielt sich die Familie auch im Schicksalsjahr 1689 auf, als das badische Unterland in Flammen aufging.

Eine fromme Lutheranerin: Markgräfin Augusta Maria von Baden-Durlach stellte im Basler Exil ein Kirchengesangbuch zusammen. – Kupferstich von Johann Georg Seiler.

Augusta Maria nutzte das Basler Exil, um geistliche Lieder zu sammeln und einige selbst zu verfassen. Da viele Menschen in Baden-Durlach all ihr Hab und Gut verloren hatten und das bis dato übliche Kirchenliederbüchlein kaum noch aufzutreiben war, wollte sie für ein modernes Gesangbuch sorgen. 1697 erschien das „Himmlisch gesinnter Jesus Herzen Geistliche Seelenfreunde oder Neu vermehrte Christliche Gesangbuch" in erster Auflage in Basel. Es erlebte mindestens vier Auflagen und mehrere Nachdrucke.

Auch Bibeln waren in vielen Familien, ja sogar in etlichen Pfarrhäusern nicht mehr vorhanden. Augusta Maria beschloss daher, eine handliche Ausgabe des lauteren (also unkommentierten) Luthertextes herauszugeben. Das Buch der Bücher sollte für wenig Geld zu haben und auch für alte Menschen mit schlechten Augen gut lesbar sein. Weil man ein kleines Format und eine große Schrift wählte, erschien die Augusta-Maria-Bibel 1698 in vier Bänden.

Dass Augusta Maria als Landesmutter auch bereit war, ein persönliches Risiko einzugehen, zeigte sich im Spanischen Erbfolgekrieg. 1707 war dem Markgrafen der heimatliche Boden wieder einmal zu heiß unter den Füßen geworden. Als er sich diesmal in Richtung Schweiz aufmachte, blieb Augusta Maria in Durlach zurück: Man hoffte, dass die Anwesenheit der Fürstin die Residenzstadt vor neuerlicher Zerstörung bewahren würde. Später hieß es, Friedrich Magnus habe seine Gemahlin um diesen Liebesdienst gebeten. Doch manches deutet darauf hin, dass sie gegen den Willen ihres Mannes in Durlach ausharrte. Als ihm berichtet wurde, dass weder die französische noch die Reichsarmee seiner Frau den gebührenden Respekt entgegenbrachten, verlangte er, dass sie sich sofort nach Basel begebe. Der Beamte, der den Befehl überbrachte, kehrte jedoch unverrichteter Dinge zurück. Augusta Maria wollte die Stellung halten. Nicht nur das: Sie deutete zudem in zarten Worten an, dass sie die Rückkehr ihres Gemahls in seine Residenzstadt für wünschenswert hielte. Der Landesherr wollte jedoch nichts überstürzen.

Viele Durlacher schrieben es Augusta Maria zu, dass die Residenzstadt diesmal weitgehend ungeschoren davon kam. In einem Danklied feierten sie die Markgräfin als „große Heldin".

Sibylla Augusta – die Oberlandesregentin

Nicht vor dem Feind davonlaufen – das hatte sich auch Markgräfin Sibylla Augusta von Baden-Baden (1675–1733) vorgenommen. Die Witwe von Badens berühmtestem Feldherrn zog 20 Jahre als Oberlandesregentin die Fäden in der katholischen Markgrafschaft. Und sie tat dies mit einer solchen Bestimmtheit, dass ihr der Fürstbischof von Speyer bescheinigte, sie sei „eine so gescheite und penetrante Fürstin, dass nur ein paar Worte von Ihnen genug sind, so machen Sie alles besser als der penetranteste Staatsmann und Minister". Als

„penetrant“ bezeichnete man damals Menschen, die über einen alles durchdringenden Geist verfügen.

Eine „gescheite und penetrante Fürstin“: Die verwitwete Sibylla Augusta zog 20 Jahre lang als Regentin die Fäden in der Markgrafschaft Baden-Baden. – Gemälde eines unbekannten Künstlers.

Als 15-Jährige hatte Sibylla Augusta von Sachsen-Lauenburg den 20 Jahre älteren Markgrafen Ludwig Wilhelm von Baden-Baden geheiratet. Eingefädelt wurde die Verbindung von Kaiser Leopold. Der wollte dem badischen Feldherrn, den man wegen seiner Erfolge im Kampf gegen die Osmanen als „Türkenlouis“ feierte, zu einer reichen Erbin verhelfen. Die junge Markgräfin, die ihrem Helden von Herzen zugetan war und ihn – oft genug in schwangerem Zustand – auch auf Feldzügen begleitete, brachte neun Kinder zur Welt. Sechs starben bereits in jungen Jahren.

Sibylla Augustas kriegszerstörte neue Heimat war wenig einladend und ihr ehrgeiziger Gemahl notorisch frustriert. Zum einen, weil der Kaiser ihm die undankbare Aufgabe übertrug, das Land am Oberrhein gegen die Franzosen zu verteidigen; zum anderen, weil Markgraf Ludwig Wilhelm die ersehnte Standeserhöhung nicht durchzusetzen vermochte. Wenn er schon nicht Herzog oder Kurfürst werden konnte, wollte der Türkenlouis zumindest wohnen wie ein Sonnenkönig. Nach dem Vorbild von Versailles ließ er ab 1797 in Rastatt ein gewaltiges Residenzschloss errichten. In einem Seitenflügel dieser ältesten Barockresidenz am Oberrhein starb er 1707 an den Folgen einer alten Kriegsverletzung.

Der Türkenlouis hatte seine Frau testamentarisch zur Oberlandesregentin von Baden-Baden bestimmt. Sie sollte regieren, solange der älteste Sohn minderjährig war. Die 32 Jahre alte Witwe machte den Mitvormündern sowie den Herren, die ihr bei der Regierung des Landes mit Rat und Tat zur Seite stehen sollten, rasch klar, dass in den Erziehungsfragen wie bei den Staatsgeschäften sie das letzte Wort haben würde. Als die Franzosen wenige Monate nach dem Tod des Türkenlouis Rastatt besetzten, floh die Markgräfin nicht etwa auf ihre böhmischen Güter, sondern zog sich nur bis Ettlingen zurück. Sie wollte so ihre Verbundenheit mit dem Land demonstrieren.

Die prunkliebende Sibylla Augusta überraschte in Kriegszeiten durch unerwartete Sparsamkeit. Zudem führte sie mit dem selbst vor dem finanziellen Ruin stehenden Kaiser zähe Verhandlungen, bis dieser seinen Verpflichtungen gegenüber seinem verstorbenen Feldherrn zumindest teilweise nachkam. Sibylla Augusta war entschlossen, die Schuldenlast, die Baden-Baden drückte, zurückzufahren. Das hinderte sie jedoch nicht, beim Ausbau der Rastatter Residenz, dem Bau ihres Porzellanschlösschens in Rastatt-Förch sowie der Wiedererrichtung des 1689 zerstörten Ettlinger Schlosses in einer barocken Pracht zu schwelgen, die der Armut des Landes Hohn zu sprechen schien. Immerhin setzte sie beim Wiederaufbau der verwüsteten Markgrafschaft auch großzügig ihr eigenes Vermögen ein. Sie tat es ja für den Erbprinzen, ihren Sohn Ludwig Georg (1702–1761).

Der war ein Sorgenkind und konnte mit sieben Jahren noch nicht sprechen. In ihrer Not unternahm die besorgte Mutter mit dem Kind eine Wallfahrt zum Schweizer Benediktinerstift Einsiedeln. Dort geschah das Wunder – der Erbprinz begann sich zu artikulieren.

Sibylla Augustas Frömmigkeit hatte auch ihre Schattenseiten: Was die Religionspolitik anging, drehte sie das Rad zurück. Der Türkenlouis hatte sich – einem Trend der Zeit folgend – in konfessionellen Fragen liberal gezeigt: Um seine kriegszerstörte Markgrafschaft rasch wieder zu bevölkern, hatte er auch Protestanten ins Land gelockt. Seine Witwe aber, deren Katholizismus mit zunehmendem Alter bigotte Züge annahm, schränkte ab 1717 die Freiheiten ihrer evangelischen Untertanen drastisch ein. Etliche kluge Köpfe verließen daraufhin das Land, andere ließ Sibylla Augusta ausweisen, weil sie nicht an katholischen Riten teilnehmen wollten.

Bildersturm im Rastatter Schloss. Der Reiseschriftsteller Johann Georg Keyßler machte es 1729 öffentlich: Aus dem Rastatter Schloss seien viele kostbare Gemälde verschwunden. Der Mann wusste auch warum: Der Beichtvater der „verwitweten Frau Markgräfin von Baden", ein gewisser Pater Meyer, habe Gemälde im Wert von über 50.000 Gulden verbrennen lassen. Und zwar, weil die darauf gezeigten Frauen „zu nackend oder verführerisch" gewesen seien. Zu den Bildern, die vermutlich zwischen 1717 und 1720 zerstört wurden, soll auch eine „Schlafende Venus" von Cranach gehört haben.

Als ihr Sohn 25 Jahre alt war, gab Sibylla Augusta die Regierung ab. Sie zog sich auf ihren Witwensitz nach Ettlingen zurück. Dort starb sie 1733 qualvoll, aber „selig" an Brustkrebs. Ihre letzte Ruhestätte fand sie in einer Gruft unter dem Eingang der Rastatter Schlosskirche. Eine Inschrift fordert die Betrachter auf: „Betet für die große Sünderin Augusta."

Die Frauen um den Gründer Karlsruhes

Magdalene Wilhelmine – die verschmähte Gemahlin

Als streng gläubig – freilich nach lutherischer Art – galt auch die Dame, mit der Erbprinz Karl Wilhelm von Baden-Durlach (1679–1738) vermählt wurde. Magdalene Wilhelmine von Württemberg (1677–1742) besaß alle Eigenschaften, die man damals an einer Fürstin schätzte: Man rühmte ihre Tugend, ihre Frömmigkeit, ihren Familiensinn und ihre Wohltätigkeit, zudem war die Prinzessin gebildet und musisch begabt. Ihren Ehemann beeindruckte dies wenig. Karl Wilhelm benahm sich Magdalene Wilhelmine gegenüber zeitweise so schlecht, dass ihm sein Vater Friedrich Magnus unter Strafandrohung befahl, seiner Gemahlin pflichtgemäß beizuwohnen, sie zu ehren und in keinerlei Weise zu beleidigen.

Die Intervention ihres Schwiegervaters führte dazu, dass Magdalene Wilhelmine zwei Söhne und ein Töchterlein zur Welt brachte. Das Mädchen starb allerdings schon als Kleinkind, der ältere Junge kurz vor seinem elften Geburtstag. Mit dem zarten Prinzen Friedrich (1703–1732) stand die Erbfolge auf recht schwachen Füßen. Trotzdem teilte Karl Wilhelm nach seinem Regierungsantritt im Jahr 1709 offenbar nicht mehr das Bett mit seiner Gemahlin. Stattdessen vertraute er auf die Zeugungskraft seines jüngeren Bruders, den er in eine standesgemäße, aber ebenfalls unerwünschte Ehe zwang.

Dass der regierende Markgraf und die Markgräfin von Baden-Durlach sich nichts zu sagen hatten, wurde überdeutlich, als Karl Wilhelm 1715 Karlsruhe gründete. Er zog allein in das

Schloss im Zentrum der neuen Fächerstadt, während Magdalene Wilhelmine in der nach der Zerstörung von 1689 nur teilweise wiederaufgebauten Durlacher Karlsburg blieb. Badische Historiker des 19. Jahrhunderts gaben der Ehefrau die Schuld am Scheitern der Ehe und prägten das Bild Magdalene Wilhelmines bis in die Gegenwart hinein: Die hässliche Württembergerin habe den lebenslustigen Badener mit ihrem Gezänk und ihrer Frömmelei aus Durlach vertrieben und so indirekt Anlass zur Gründung Karlsruhes gegeben.

Eine Württembergerin in Baden: Magdalene Wilhelmine war unglücklich mit dem Gründer Karlsruhes verheiratet. – Gemälde von Philipp Heinrich Kisling, Schloss Ludwigsburg.

Dabei hat die verschmähte Gemahlin ihr Los offenbar mit Würde getragen. Wenn das Zeremoniell die Gegenwart der Fürstin erforderte, begab sich Magdalene Wilhelmine ohne zu Lamentieren nach Karlsruhe. Dass sie – ähnlich wie einst ihre Schwiegermutter – während des Polnischen Thronfolgekrieges (1733–1738) in Durlach ausharrte, während der gealterte Markgraf sich nach guter Väter Sitte nach Basel zurückzog, brachte ihr den Beifall ihrer Zeitgenossen ein. Es war wohl ein spätes Dankeschön, dass Karl Wilhelm seine Frau nebst seinem Neffen Karl August testamentarisch als Regentin und Mitvormundin für seine minderjährigen Enkel einsetzte.

Magdalene Wilhelmine war allerdings keine Sibylla Augusta. Die Verwaltung des Landes überließ sie weitgehend dem Markgrafen Karl August. In den vier Jahren, die der Witwe nach Karl Wilhelms Tod noch blieben, widmete sie sich vor allem der religiösen Erziehung ihrer Enkel.

Eberhardine Luise von Massenbach – des Markgrafen große Liebe

Eine Dame gab es, mit der Karl Wilhelm gern das Leben geteilt hätte: Eberhardine Luise von und zu Massenbach (1690–1741) war eine Nichte des Philippsburger Festungsgouverneurs. Nun war es an barocken Höfen keineswegs ungewöhnlich, dass Fürsten offiziell mit ihren Mätressen zusammenlebten: Schöne und gebildete Geliebte galten als Statussymbole und hatten nicht selten Einfluss auf die Regierungsgeschäfte. In Baden-Durlach standen die Zeichen jedoch ungünstig für die Etablierung einer „Maîtresse en titre".

Das lag an den Verhältnissen im benachbarten Württemberg, wohin Karl Wilhelms Schwester Johanna Elisabeth (1680–1757) verheiratet worden war. Der Herzog von Württemberg, der seine badische Gemahlin ebenfalls verabscheute, hatte sich nicht nur eine Geliebte genommen, sondern die „Person" auch noch geheiratet – zwar nur „zur linken Hand", doch handelte es sich zweifelsfrei um Bigamie. Der Fall wurde im ganzen Reich diskutiert und versetzte vor allem Fürstinnen, die befürchteten, dass das Württemberger Beispiel Schule machen könnte, in Aufregung. Für die von ihrer Rivalin in den Hintergrund gedrängte Herzogin Johanna Elisabeth und ihre badische Familie bedeutete die Affäre einen üblen Reputationsverlust.

Markgraf Friedrich Magnus setzte das ganze badische Patronage-System in Gang, um den Kaiser zum Einschreiten zu bewegen und den unbotmäßigen Schwiegersohn zur Räson zu bringen. In dieser Situation wäre es ein unentschuldbarer Affront gegen den eigenen Vater gewesen, hätte der mit einer Württembergerin verheiratete Erbprinz Karl Wilhelm seinerseits eine Mätresse an den Hof geholt. Nach dem Tod seines Vaters 1709 verbot es die politische Klugheit dem nunmehr regierenden Karl Wilhelm erst recht, seiner Geliebten eine offizielle Stellung einzuräumen. Er brachte sie in einem Haus unweit des Schlosses unter. Um sie abzusichern, überschrieb Karl Wilhelm ihr das ehemalige Wasserschloss und Hofgut Wangen bei Tiengen im Breisgau, die er wenige Jahre zuvor erworben hatte. Fortan nannte sich Eberhardine Luise „Freifrau von Wangen".

Eberhardine Luise gebar 1710 ein Töchterlein, das nach seinen Eltern Karoline Luise genannt wurde. Im Jahr darauf begab sich der Markgraf auf Reisen – und erhielt bei seiner Rückkehr den Wink, dass Eberhardine Luise sich einem anderen hingegeben habe. Karl Wilhelm gab der Frau gar nicht erst Gelegenheit, sich zu rechtfertigen. Doch wollte er der Mutter seiner „natürlichen" Tochter immerhin einen ehrenwerten Abgang ermöglichen: Er verheiratete sie mit einem Offizier seiner Garde.

Das Leben mit diesem Mann wurde für Eberhardine Luise zum Martyrium. Nachdem sie den Markgrafen mehrfach angefleht hatte, schenkte er ihr endlich Gehör. Vermutlich war Karl Wilhelm inzwischen der Gedanke gekommen, dass er einer Intrige aufgesessen sein könnte – jedenfalls setzte er ein Scheidungsverfahren in Gang. Dem Offizier wurde die Trennung von seiner Frau mit einer fetten Pension versüßt.

Eberhardine Luise stand nach der Scheidung wieder in der Gunst Karl Wilhelms – doch ihr Vertrauen war dahin. Wenige Wochen, bevor ihr einstiger Geliebter 1715 den Grundstein für Karlsruhe legte, heiratete sie – diesmal offenbar auf eigenen Wunsch – einen Kammerherrn. Mit ihrem Gemahl verließ sie Durlach.

Karoline Luise von Wangen – das unglückliche Töchterlein

Karl Wilhelm scherte sich wenig um das weitere Schicksal der Frau, mit der er einst das Leben hatte teilen wollen. Viel Aufmerksamkeit widmete er hingegen seiner „mit der wohlgeborenen Frau Eberhardine Luise von Wangen, geborener von Massenbach erzeugten Tochter". Er verheiratete Karoline Luise von Wangen (1710–1758) mit Wilhelm Friedrich Schilling von Canstatt, einem seiner engsten Vertrauten.

Für Schilling von Canstatt war die Heirat ein gutes Geschäft. Denn Karoline Luise brachte nicht nur Wangen mit in die Ehe, sondern auch das Gut Hohenwettersbach, das ihr der Vater als Weiberlehen überschrieben hatte. Die „priesterliche Kopulation" fand 1725 in der Öffentlichkeit der Hofkapelle statt: Sie wurde von den Bürgern als erste „fürstliche Vermählung" in Karlsruhe gefeiert. Barockfürsten wie Karl Wilhelm hatten – anders als ihre Untertanen – keinen Grund, sich ihrer unehelichen Kinder zu schämen. Im Gegenteil: Bei Fürsten wertete man ein reges Sexualleben als Hinweis auf einen kraftvollen Regierungsstil.

Karoline Luise fühlte sich in der Familie ihres Mannes alles andere als geborgen. Doch sie fügte sich. Erst als Schilling von Canstatt einige Jahre nach seinem markgräflichen Schwiegervater starb, beschloss die siebenfache Mutter, künftig selbst über ihr Leben zu entscheiden. Die Witwe heiratete einen mittellosen Dorfpfarrer, der unweit von Freiburg in der Nähe von Schloss Wangen lebte. Die Ehe galt als Skandal – zum einen wegen des Standesunterschieds, zum anderen, weil Pfarrer Wenkebach zeitweilig die Söhne Karoline Luises unterrichtet hatte. Klatschsüchtige mutmaßten, dass die Freifrau schon zu Lebzeiten ihres Gemahls eine unerlaubte Neigung zu dem Pastor gehegt habe.

Mit ihrem skandalösen Verhalten brachte Karoline Luise nicht nur die Familie Schilling von Canstatt gegen sich auf, sondern auch ihren Neffen, den Markgrafen Karl Friedrich. Obwohl der Gründer Karlsruhes festgelegt hatte, dass seine natürliche Tochter ihr Leben lang in den Genuss von Wangen und Hohenwettersbach kommen sollte, sprach sein Enkel die Güter den Schilling von Canstatt zu. Karoline Luise von Wangen bezahlte ihren Bruch mit den gesellschaftlichen Gepflogenheiten mit bitterer Armut.

Der lächerliche Harem – die Karlsruher Hofsängerinnen

Nach der Trennung von der „Liebe seines Lebens" ging der Gründer Karlsruhes keine auf Dauer angelegte Beziehung zu einer Frau mehr ein. Er pflegte ein abwechslungsreiches Sexualleben und wählte seine Partnerinnen vorzugsweise unter den Hofsängerinnen aus. Etliche dieser Frauen brachten Kinder zur Welt, deren Erzeuger in den Kirchenbüchern nicht genannt wurden, wenngleich die Vornamen der Täuflinge keinen Zweifel an der Vaterschaft des Markgrafen ließen: Die Söhne hießen sämtlich Karl, die Töchter Karlina oder Karoline. Mindestens 20 Kinder wurden auf Kosten des Fürsten erzogen. Für die Söhne der Hofsängerinnen peilte Karl Wilhelm eine Berufsausbildung, ein Studium oder eine militärische Karriere an; die Zukunft der Töchter sicherte er durch bürgerliche Heiraten.

Die Lebensgewohnheiten Karl Wilhelms waren weit über Baden-Durlach hinaus Gegenstand des Klatsches. Selbst die in Frankreich lebende Liselotte von der Pfalz hatte von dem „ridikülen Serail" des Markgrafen von Durlach gehört. Sie dürfte über „den lächerlichen Harem" vor allem deswegen die Nase gerümpft haben, weil die Gespielinnen Karl Wilhelms dem „geringsten Pöbel" entstammten und kaum den gängigen Vorstellungen von fürstlichen Mätressen entsprachen: Viele der Karlsruher Hofsängerinnen waren Töchter von Soldaten oder Lakaien, andere hatten zunächst als Mägde bei Hof gedient.

Sich einen Harem zuzulegen, dürfte allerdings kein vorrangiges Ziel gewesen sein, als der Markgraf von Baden-Durlach die Hofmusik aufbaute. Ursprünglich hatte Karl Wilhelm Sängerinnen aus Italien beschäftigt, doch die verlangten hohe Gagen. Daher ließ er Mädchen aus einfachen Verhältnissen in der Kunst des Gesanges und des Tanzes ausbilden. Über 60 „Singerinnen" gehörten in Spitzenzeiten zum Ensemble. Da die Frauen nicht über Fremdsprachenkenntnisse verfügten, kam in Karlsruhe die deutsche Oper zu einer frühen Blüte.

Die Stellung einer Hofsängerin galt offenbar als attraktiv, auch wenn zumindest einige Frauen damit rechnen mussten, zu sexuellen Dienstleistungen herangezogen zu werden. Immerhin mussten die Geliebten Karl Wilhelms keinen Reputationsverlust befürchten – im Gegenteil: Der Dienst im Bett des Markgrafen eröffnete ihnen, die als unverheiratete und berufstätige Frauen auf der untersten Stufe der sozialen Leiter standen, die Möglichkeit zu einem bescheidenen gesellschaftlichen Aufstieg. Extrazuwendungen des Fürsten machten die Sängerinnen zu guten Partien auf dem Heiratsmarkt. Etliche von Karl Wilhelms abgelegten Geliebten heirateten später Handwerker oder kleine Beamte.

Die Legende von den Tulpenmädchen. Die Sängerinnen am Hofe Karl Wilhelms beschäftigten die Fantasie der Zeitgenossen wie der Nachwelt. In der Literatur schnellte die Zahl seiner „Liebesdienerinnen“ auf bis zu 160 hoch. Diese Zahl findet sich noch in Herrmann Mostars mit leichter Feder geschriebenem Buch „Weltgeschichte höchst privat“, das in den 1950er-Jahren zahlreiche Auflagen erlebte. Mostar berichtet zudem, dass es in Karl Wilhelms Schlafzimmer 160 mit Namen versehene Klingelzüge gegeben habe, die in 160 Boudoirs führten. Demnach musste der Fürst nur klingeln – „und die Gewünschte kam“.

Bei Mostar ist nicht von Hofsängerinnen, sondern von „Gartenmädchen“ die Rede. Offenbar ist das Wissen um die eigentlichen Aufgaben der Hofsängerinnen schon bald nach dem Tod des Markgrafen verloren gegangen. Bereits in den 1780er-Jahren berichtete ein in Karlsruhe tätiger Hauslehrer, es sei die Bestimmung der Mädchen gewesen, „die prächtigen und kostbaren Tulipanen des fürstlichen Gartens“ zu malen. Offenbar flossen in der Überlieferung zwei Leidenschaften des Markgrafen – die für Frauen und die für Blumen – ineinander. In den 1920er-Jahren kam die Bezeichnung „Tulpenmädchen“ für die berühmtesten Karlsruherinnen der Stadtgründungszeit auf.

Frauen vor Gericht

Dirnen und Kindsmörderinnen

Während die „Beischläferinnen" des Karlsruher Stadtgründers an dessen standesspezifischen Sonderrechten partizipierten, riskierten andere Frauen aus einfachen Verhältnissen empfindliche Sanktionen, wenn sie der Unzucht überführt wurden. Dass das Delikt mit Geld-, Gefängnis- und Ehrenstrafen geahndet wurde, war in allen Territorien des Reiches üblich. In den beiden badischen Markgrafschaften pflegte man „liederliche Frauenzimmer" zu demütigen, indem man sie öffentlich vor einen „Hurenkarren" spannte.

Trotzdem war außerehelicher Sex in einer Gesellschaft, die das Recht zu Heiraten nur denjenigen zugestand, die eine Familie ernähren konnten, weit verbreitet. Voreheliche oder eheähnliche Beziehungen, die die Obrigkeit mit „Hurerei" gleichsetzte, fanden in den Unterschichten durchaus Akzeptanz. Empfängnisverhütung war verboten, wurde aber trotzdem fleißig praktiziert. Verlässlichen Schutz boten die damals gängigen Methoden freilich nicht.

Immer wieder wurden Mägde hochschwanger davongejagt; ledige „Ausländerinnen" mussten zudem mit dem Landesverweis rechnen, weil man die örtlichen Armenkassen schonen wollte. Von ihren Sexualpartnern konnten betroffene Frauen meist weder Hilfe noch Verständnis erwarten. Da auch Männer wegen Unzucht belangt werden konnten, drängten sie die Schwangeren oft unter Gewaltandrohung zur Abtreibung oder leugneten die Vaterschaft. So reagierten manche Frauen auf die ausweglose Situation, indem sie ihren Zustand einfach nicht wahrhaben wollten. Andere verbargen ihre Schwangerschaft so lange wie möglich. Zur Katastrophe kam es dann bei der Geburt. Der Kindsmord war im Römisch-Deutschen Reich der Frühen Neuzeit kein marginales Problem, sondern das am häufigsten von Frauen begangene Kapitalverbrechen. Geahndet wurde es mit der Todesstrafe.

Maria Salome Münch – „zum abscheulichen Exempel"

Eine Babyleiche war am 20. März 1759 in einem See nahe Wertheim (damals zur Grafschaft Löwenstein-Wertheim gehörig) entdeckt worden. Es dauerte nicht lange, bis die Ermittler die Mutter ausfindig gemacht hatten: Maria Salome Münch war Magd bei einem Müller, der in seinem Hause auch den ortsfremden Sohn eines Kollegen beschäftigte. Die jungen Leute waren sich näher gekommen. Doch als Maria Salome ihrem Freund gestanden hatte, dass sie „in der Hoffnung" war, hatte er sie bedroht. Die junge Frau tat alles, um ihre Schwangerschaft zu verbergen. Das Kind brachte sie offenbar ohne jede Hilfe unter freiem Himmel zur Welt – und tötete es.

Die „Münchin" gab den Kindsmord gleich beim ersten Verhör zu und wiederholte ihr Geständnis bei weiteren Befragungen. Es bedurfte keiner Folter. Die Wertheimer Richter legten Wert auf die Feststellung, dass Maria Salome Münch das Leben ihres Kindes „sowohl vor und in als auch nach der Geburt gespürt" habe. Dem schreienden Neugeborenen habe sie den Hals zugedrückt und das Kind „wissentlicher Weise" erwürgt. In den See geworfen habe sie den Körper, um die Tat zu verbergen. Sie sei des eingestandenen Kindsmords wegen mit dem Schwert zu Tode zu bringen, hieß es im Urteil vom 7. April 1759 – „ihr zur wohlverdienten Strafe und andern zu abscheulichem Exempel".

Der Kindsvater konnte für sein unzüchtiges Verhalten nicht belangt werden. Ihm war trotz Bewachung die Flucht gelungen.

Catharina Würbs – die Soldatenbraut

Auch Catharina Würbs (1750–1772) stammte aus bescheidenen Verhältnissen. Sie arbeitete als Taglöhnerin auf den Äckern von Gottesaue. Als anständiges Mädchen wohnte sie bei ihren Eltern in Klein-Karlsruhe, dem „Dörfle". Das war der Vorort der badischen Residenzstadt, in dem die kleinen Leute ihr Zuhause hatten. Vater Würbs war Stallknecht, die Mutter verdingte sich ebenfalls im Taglohn. Zudem nahm die Familie Kostgänger auf.

Der fesche Soldat, der neuerdings zum Essen in die Würb'sche Wohnung kam, gefiel der jungen Catharina. Simon Wehringer fühlte sich ebenfalls angezogen von der 19-Jährigen. An Weihnachten 1769 holte er sie von der Christmette ab – und verbrachte die Nacht in ihrer Kammer. Den Eltern der jungen Frau blieb das nicht verborgen. Er wolle Catharina heiraten, versicherte der Soldat treuherzig. Vater Würbs spendierte seinem Schwiegersohn in spe darauf ein Gläschen Branntwein. Später hatten Catharinas Eltern Mühe, einer Anklage wegen Kuppelei zu entgehen.

Simon Wehringers Heiratsversprechen war nicht viel wert. Als Soldat durfte er ohne Erlaubnis gar keine Ehe eingehen. Und Wehringers Vorgesetzter war aus Prinzip dagegen, dass seine Leute heirateten. Wie viele andere Soldatenbräute musste Catharina damit rechnen, irgendwann wegen Hurerei vor Gericht zu landen.

Catharina Würbs bekam 1770 ein Kind. Das entlarvte sie als liederliches Frauenzimmer. Das Urteil lautete auf eine Geldstrafe von acht Gulden – eine Summe, für die sie nahezu sieben Wochen auf den Gottesauer Äckern hätte arbeiten müssen. Doch Catharina hatte Glück: Sie wurde zu einer achttägigen Turmstrafe mit Baumwollspinnen begnadigt.

Der Säugling starb bald nach der Geburt eines natürlichen Todes. Mit Simon Wehringer traf sich die junge Frau weiterhin. Allerdings stand der Soldat unter Druck – „der Herr Major" hatte weiteren Kindersegen ausdrücklich untersagt.

Doch Catharinas Bauch begann erneut zu schwellen. Simon drohte, ihr ein Messer in den Leib zu stechen. Schließlich gab er ihr Geld für Arzneien, damit sie ihren „dicken Ranzen" loswerde. Catharina wiederholte gebetsmühlenhaft, es sei nur eine „Stockung des Geblüts", die ihr den Leib auftrieb.

Catharina holte im Keller Kartoffeln, als im November 1771 ihr zweites Kind zur Welt kam. Mit einer Rübe schlug sie auf das Neugeborene ein und warf es im Garten auf einen Misthaufen. Sie häufte Kraut über den Körper und fügte dem Kind dabei wohl eine Stichverletzung mit der Mistgabel zu.

Catharina arbeitete weiter, als ob nichts geschehen sei. Sie ging in die Küche und wusch ab. Die Blutflecken auf dem Küchenboden? Sie habe ihr Geblüt wieder bekommen, sagte sie. Doch Mutter Würbs war nicht überzeugt und entdeckte das Kind auf dem Misthaufen. Der Säugling lebte noch und Catharinas Mutter tat alles, um ihn zu retten. Eine Hebamme wurde gerufen und kümmerte sich um das Kind, das angeblich bei der Geburt verletzt worden war. Es war die Stichverletzung, die Catharina zum Verhängnis wurde: Sie deutete allzu offensichtlich auf einen versuchten Kindsmord hin.

Das Neugeborene war nicht zu retten – und die Räder der Justiz begannen zu mahlen. Catharina Würbs wurde 1772 enthauptet. Sie war die letzte Badenerin, die wegen Kindsmords unter dem Richtschwert starb.

Gynäkologische Zwangsuntersuchungen angeregt. Bis ins letzte Viertel des 18. Jahrhunderts hinein wurden Schandstrafen für außerehelichen Sex und Hinrichtungen von Kindsmörderinnen im ganzen Reich öffentlichkeitswirksam inszeniert. Man hoffte, durch den „Abschreckungseffekt" das Problem der Unzucht in den Griff zu bekommen. Erreicht hat die Obrigkeit mit den „abscheulichen Exempeln" jedoch wenig: Die Zahl der unehelich Geborenen stieg weiter an. Im Zuge der Aufklärung und der „Humanisierung" des Strafrechts suchte man nach neuen Möglichkeiten, die Sittsamkeit der armen Bevölkerung zu heben.

Johann August Schlettwein, der von 1763 bis 1773 in Karlsruhe als Kammer- und Polizeirat wirkte und später zeitweise in Freiburg lebte, erkannte, dass strenge Unzuchtstrafen den Kindsmord eher förderten als verhinderten. Er plädierte dafür, ledige Schwangere finanziell und moralisch so zu unterstützen, dass sie die Geburt nicht als existenzielle Notlage erlebten. Weil gefallene Mädchen aber gar nicht erst auf die Idee kommen sollten, eine Schwangerschaft zu verheimlichen, schlug Schlettwein regelmäßige gynäkologische Zwangsuntersuchungen aller ledigen Frauen vor.

Das Wichtigste war in Schlettweins Augen die Prävention. Um Unverheirateten jede Chance aufs Anbandeln mit dem anderen Geschlecht zu nehmen, sollte ihnen seiner Meinung nach die Teilnahme an Geselligkeiten gänzlich verboten werden.

Nägel mit Köpfen wurden in Baden erst Anfang des 19. Jahrhunderts gemacht: 1803 richtete man in Heidelberg eine Entbindungsanstalt für ledige Mütter ein. Badenerinnen, die dort niederkamen, wurde die Unzuchtstrafe entlassen.

Jaunerinnen – Leben auf der Straße

Eine Bevölkerungsgruppe, die den Behörden sehr zu schaffen machte, waren die „Vaganten“: Menschen, die nie etwas besessen oder durch die Kriege der Frühen Neuzeit alles verloren hatten. Frauen, Männer und Kinder zogen bettelnd und hausierend durchs Land. Die sesshafte Bevölkerung beäugte die Vaganten mit Misstrauen, weil sie es mit Mein und Dein angeblich nicht so genau nahmen. In der Behördensprache wurden „Jauner und Vaganten“ denn auch in einem Atemzug genannt. Auf fünf bis zehn Prozent schätzt man ihren Anteil an der Gesamtbevölkerung.

Manchen Vaganten blieb tatsächlich nur der Weg in die Kriminalität, wenn sie nicht des Hungers sterben wollten –

und einige taten sich zu jenen Räuberbanden zusammen, für die das 18. Jahrhundert berühmt ist. Der deutsche Südwesten war für Jauner ein ideales Pflaster. Die Vielzahl kleiner und kleinster Territorien machte es ihnen leicht, sich der strafenden Obrigkeit zu entziehen, indem sie eine der zahlreichen Grenzen passierten. Nicht selten wurden Diebesbanden von Frauen angeführt.

Die Alte Lisel – „an der Nasen gestümmelt"

Der 27. Januar 1732 war ein Sonntag. Doch die Fremden, die sich bei einem Bauer in Lausbach eingenistet hatten, gingen nicht zur Messe. Das machte die Leute verdächtig. Eine 15-köpfige Streife rückte an und nahm vier Frauen sowie vier Männer fest. Die mutmaßlichen Jauner, bei denen die Häscher mehrere Pakete mit Textilien und Stoffen fanden, wurden auf Karren gesetzt und nach Bachhaupten transportiert. Dort befand sich ein Amtssitz der damaligen Salemer Herrschaft.

Die Verhöre zogen sich wochenlang hin. Die Beamten des Reichsstifts Salem holten in benachbarten Territorien Auskünfte ein, denn es schien, als ob die Bande, derer man da habhaft geworden war, im ganzen Bodenseeraum und am Hochrhein ihr Unwesen getrieben hatte. Besondere Mühe hatten die Ermittler, einer etwa 40-jährigen Frau ihre Geheimnisse zu entlocken. Elisabetha Frommerin, genannt die „Alte Lisel", war erfahren im Umgang mit Behörden. Sie hatte durch die Hand des Henkers bereits ihre Mutter, mehrere Stiefbrüder sowie drei Lebensgefährten verloren. Das Gesicht der Jaunerin war entstellt. Das hatte der Scharfrichter von Chur besorgt. Als die Lisel bei einem Diebstahlversuch erwischt worden war, hatte man sie an den Pranger gestellt und „an der Nasen gestümmelt".

Innerhalb der Bande waren die Aufgaben verteilt. Die Lisel war die Anführerin und konzentrierte sich mit den anderen

Frauen auf Diebstähle. Sie agierten gerne im Getümmel von Märkten, griffen aber auch in Kirchen oder Herbergen zu. Einbrüche hingegen galten als „Männersache“.

Die Bande der Alten Lisel formierte sich immer wieder neu – oft notgedrungen, weil einige Jauner gefangen gesetzt oder hingerichtet wurden. Mit der Alten Lisel war zuletzt ihre 15-jährige Tochter Columbina unterwegs, außerdem eine Verwandte, die als Kindsmagd diente, denn die Alte Lisel hatte kürzlich wieder entbunden. Ihr „Neuer“, mit dem sie sich nach dem Tod ihres dritten Mannes zusammengetan hatte, war ebenfalls mit von der Partie. Thomas Schidenhalm war 14 Jahre jünger als die Anführerin. Was das Leben auf der Straße anging, konnte er von der Lisel noch einiges lernen.

Ehe sie in Lausbach festgenommen wurden, hatten die Männer der Bande eine Einbruchstour in der Schweiz unternommen. In Gailingen wollten sie ihre Beute an einen Hehler loswerden, doch der stand wohl unter Beobachtung. Die Alte Lisel und ihre Gefährten entkamen nur knapp. Um die Häscher zu verwirren, teilte sich die Bande – in Radolfzell wollten sie sich wiedertreffen. Die Gruppe, mit der die Lisel unterwegs war, hatte Pech. Später sollte sie erfahren, dass auch ihre Tochter Columbina es nicht geschafft hatte. Sie war nach Stockach ins Gefängnis geschafft worden.

Columbina und die junge Kindsmagd hielten dem Druck bei den Verhören nicht lange stand. Die Alte Lisel hingegen leugnete hartnäckig, ihren Lebensunterhalt mit Diebstählen und Einbrüchen verdient zu haben. Sie brach erst zusammen, als man sie mit ihrem Lebensgefährten konfrontierte. In der Hoffnung, die Richter milde zu stimmen, hatte Thomas Schidenhalm freimütig über die „Missetaten“ seiner Geliebten berichtet. Das rettete sein Leben jedoch nicht: Wenige Wochen nach der Hinrichtung der Alten Lisel wurde auch an ihrem „Hurenbub“ die Todesstrafe vollzogen.

Die Schleiferbärbel – der „Abschaum ihres Geschlechts“

Gezeichnete waren auch Barbara Reinhardt (1744–1793) und ihr Freund Antoni Krämer, ein wandernder Scherenschleifer: Dem Paar wurden 1764 in Offenburg Marktdiebstähle zur Last gelegt. Man verurteilte beide zu zwei Jahren Schanzarbeit – und zur Einbrennung des Stadtzeichens auf dem linken Schulterblatt. Obwohl sie nachts „an die Stein" geschlossen wurden, konnten Bärbel und Toni nach vier Wochen fliehen. Die Brandzeichen auf ihren Rücken sollten sie freilich ein Leben lang als „gefährliche Vaganten" kennzeichnen.

Barbara Reinhardt hatte als junge Frau versucht, ihre Familie mit Strick- und Näharbeiten durchzubringen. Eine Stelle in einem Wirtshaus bei Straßburg hatte sie aufgegeben, weil sie ihre kranke Mutter pflegen musste. Wenn das Geld nicht reichte, ging sie betteln.

Beim Kirchweihtanz in Schutterwald lernte Barbara den „Schleifertoni" kennen. Die beiden fanden Gefallen aneinander und die junge Frau brachte bald ihren ersten Sohn zur Welt. Im Jahr 1770 gelang es dem Paar, einen Priester aufzutreiben, der sich über das Verbot, arme Leute zu trauen, hinwegsetzte. Die beiden heirateten und Barbara Krämer, eine gläubige Katholikin, wurde nunmehr meist die „Schleiferbärbel" genannt.

Die Scherenschleiferei brachte nicht genug ein, um die junge Familie, zu der sich bald weitere Kinder gesellten, zu ernähren. Während Toni auf der Suche nach Aufträgen übers Land zog – oder mit anderen Männern Einbrüche verübte –, verkaufte Bärbel wieder Handarbeiten und bettelte. Bald verlegte sie sich darauf, das Familieneinkommen durch Diebstähle aufzubessern. Eine besondere Meisterschaft soll sie im Hühnerfangen entwickelt haben. Für ihre Beutezüge zwischen dem Odenwald und Zürcher Gebiet tat sich die Schleiferbärbel mit wechselnden „Kameradinnen" zusammen. Wie andere Jauner machten sich die Frauen die territoriale Zersplitterung zunutze, die die Strafverfolgung erschwerte. Die Ortenau, den mittlere Schwarzwald, die Baar, den Klettgau, den Hochrhein und den Bodenseeraum schätzte die Schleiferbärbel besonders. Sie wurde zwar mehrfach verhaftet, doch gelang es ihr stets, sich bei den Verhören „hinauszulügen" oder nach kurzer Haftzeit zu entkommen. Dafür brachte man ihr in ihrem Milieu Respekt entgegen. Dass die Schleiferbärbel angeblich stets ein Messer bei sich trug und dieses bei Bedarf auch gegen Männer zückte, tat ein Übriges.

Einen Weg aus der Armut eröffneten die Diebstähle der Schleiferbärbel nicht, die Beute ermöglichte lediglich das Überleben. Während ihre Kinder sie schon früh durch Taschendiebstähle „unterstützen", wurde ihr der Ehemann bald zur Last. Was die Bärbel besorgte, versoff der Toni. Zudem neigte er dazu, im Rausch über ihre Diebstähle zu plaudern. Zehn Jahre nach der Hochzeit verließ die Schleiferbärbel ihren Mann.

Sie ließ sich bald wieder auf eine feste Partnerschaft ein. Ihr Neuer, der 1759 in Oppenau geborene Johann Baptist Herrenberger, war 15 Jahre jünger als sie selbst. Er sollte unter dem Namen „Konstanzer Hans" zweifelhafte Berühmtheit erringen.

Dass der Schleiferbärbel als „Teufelsweib" und „Abschaum ihres Geschlechts" ein literarisches Nachleben zuteil wurde, ist auf den Konstanzer Hans zurückzuführen. Der Jauner wurde 1783 verhaftet und zur Untersuchung ins württembergische Sulz gebracht. Dort verriet er seine sämtlichen Komplizen. Besonders interessiert war der Herr, der die Verhöre führte, an Berichten über die Schleiferbärbel. Denn gegen diese Frau hatte der Oberamtmann Georg Jacob Schäffer einst monatelang ermittelt. Nachdem sie in Alpirsbach verhaftet worden war, hatte er ihr etliche Diebstähle nachweisen können – doch die Schleiferbärbel nutzte einen unbeachteten Moment auf dem Abtritt und entkam. Jetzt bestätigte der Konstanzer Hans bereitwillig, dass die „Maria Barbara Reinhardin, vulgo Schleiferbärbel" die „allerärgste Erzjaunerin" war.

Die Aussagen des Konstanzer Hans verhalfen dem Sulzer Oberamtmann zu großartigen Ermittlungserfolgen. Quasi im

Gegenzug sorgte Schäffer dafür, dass sein „Kronzeuge“ nicht hingerichtet wurde.

Der Konstanzer Hans kam ins Ludwigsburger Zuchthaus, wo der Anstaltspfarrer Johann Ulrich Schöll viele Gespräche mit ihm führte. Dieser Geistliche war von der aufklärerischen Einsicht beseelt, dass Verbrechen nicht auf angeborener Schlechtigkeit beruhen, sondern eine Folge widriger Umstände seien. Er veröffentlichte 1789 eine Lebensgeschichte des Konstanzer Hans. Doch während der Pfarrer seinen Protagonisten als „jung, schöngebildet und anderen Gaunern an Verstand und Mut überlegen“ schilderte, kam die Schleiferbärbel denkbar schlecht weg: Sie war ein „buhlerisches Weib“, das sich an einen weitaus jüngeren Mann klammerte. Selbst wenn der Konstanzer Hans sie schlug, gab die wollüstige Frau keine Ruhe.

In späteren Bearbeitungen des Themas wurde der Kontrast der Figuren noch verschärft. Während der Konstanzer Hans mehr und mehr in die Rolle des „edlen Räubers“ rutschte, wurde die Bärbel zum weiblichen Dämon, der Männer ins Unglück stürzt. Die historische Schleiferbärbel ist vermutlich 1793 im Zucht- und Arbeitshaus Pforzheim gestorben. Sie soll sich an einer Türangel erhängt haben.

Frauen im Aufruhr

Frauen, die aus der Rolle fielen, war Aufmerksamkeit gewiss. Vor allem Geschichten von Weibern, die Anliegen der Bürgerschaft mit Gewalt durchzusetzen versuchten, wurden gerne – wenn auch nicht immer wahrheitsgetreu – weitergetragen. Für die Obrigkeit war der Umgang mit solchen „Canaillen" schwierig: Griffen sie hart durch, ernteten sie Empörung – wichen sie vor dem Zorn der Frauen zurück, gaben sie sich der Lächerlichkeit preis.

Die Frauen von Pforzheim – „mit entsetzlichem Geschrei"

Zwischen Markgraf Karl Wilhelm von Baden-Durlach und der Stadt Pforzheim schwelte seit Jahren ein Streit: Der Landesherr brauchte Geld, doch die Pforzheimer pochten auf Privilegien aus dem Jahr 1491, die ihnen weitgehende Steuerfreiheiten zugestanden. Mehrfach kam es zu Tumulten, wenn die Obrigkeit versuchte, die Abgaben zwangsweise einzuziehen. Zeitweise wurde Pforzheim militärisch besetzt. Die Bürger erhoben Klage gegen ihren absolutistisch agierenden Landesherrn – zunächst vor dem Reichskammergericht in Wetzlar, dann vor dem Reichshofrat in Wien. Sie drangen mit ihrem Anliegen aber nicht durch.

Als im Februar 1726 der Obervogt die Niederlage der Pforzheimer bekannt gab, wollten die Mitglieder des Magistrats mit gutem Beispiel vorangehen und die geforderten Gelder entrichten. Doch längst nicht alle Bürger waren bereit, sich zu „submittieren". Erregt diskutierten die Männer auf dem Marktplatz und in den Wirtshäusern. Vor allem der Sattler Michael Mitschdörfer und der Barbier Jérôme Lacoste beharrten darauf, dass die Pforzheimer Privilegien weiter Gültigkeit hätten.

Alles andere als erfreut über das „Geschwätz" des Mitschdörfer und des Lacoste waren die Herren im Oberamt. Die „Rädelsführer" wurden ins Rathaus beordert und unter Arrest gestellt. Mitschdörfer gelang es noch, aus einem Fenster zu rufen: „Ihr Buben, holt eure Väter und Mütter mit Gewehren und Prügeln und helft uns, sie wollen uns einsperren."

Die Nachricht ging wie ein Lauffeuer durch die Stadt, eine empörte Menge versammelte sich vor dem Rathaus. Lacostes Frau, Anna Maria, forderte andere Bürgerinnen auf, sie zum Rathaus zu begleiten, wo sie die Freilassung ihres Mannes erbitten wollte.

Über das, was dort geschah, gibt es höchst unterschiedliche Aussagen: Glaubt man den Vertretern der Obrigkeit, waren die Frauen außer Rand und Band. „50 bis 60 Weiber" seien „mit entsetzlichem Geschrei" aufs Rathaus „geloffen", sie hätten Knüppel geschwungen und Beamte „fast zu Boden getreten". Dabei sollen sie gebrüllt haben: „Ihr tausend Sakrament, gebt uns unsere Männer."

Die Frauen hingegen beteuerten, dass sie als Bittstellerinnen gekommen seien, man ihnen aber bedeutet habe, dass sie die Männer nicht mehr sehen würden. Die Lacostin, die lieber ihr Leben als ihren „unschuldigen Mann" lassen wollte, gab zu, dass sie sich am Bürgermeister vorbeigedrängt habe, um zu den Arretierten zu gelangen. Als sie ihn versehentlich rempelte, habe er sie am Hals gepackt. Die Handgreiflichkeiten des Bürgermeisters gegen die Lacostin, so berichteten die Frauen, hätten die eigentlichen Tumulte ausgelöst. Dabei seien die Beamten sehr rabiat – mit Tritten und Schlägen – gegen die Bittstellerinnen vorgegangen. Etliche Frauen seien niedergeprügelt worden. Von draußen drängten derweil weitere Menschen in die Stuben.

Im Getümmel konnten der Lacoste und der Mitschdörfer entkommen. Das Wachpersonal behauptete, gewaltsam von einem „Haufen Weiber" weggedrängt worden zu sein. Nach der Flucht der zwei „Aufrührer" kam Pforzheim nicht zur Ruhe. Was im Rathaus begonnen hatte, setzte sich in den Straßen fort. „Gehorsame Bürger" und Widersetzliche droschen aufeinander ein. Erst ein Regenguss brachte die Leute dazu, sich in ihre Wohnungen zurückzuziehen.

Sie habe „einen teuren Eid" geleistet, „ihren Mann in Lieb und Leid nicht zu verlassen", und zudem „geglaubt, dass er unschuldig sei", sagte Anna Maria Lacoste, als die Pforzheimer Vorfälle juristisch aufgearbeitet wurden. Obgleich sie sich geschickt verteidigte, wurde die Lacostin – wie etliche andere Frauen – zeitweise eingetürmt. Die Mitschdörferin, die an der Fallsucht litt und zudem hochschwanger war, kam ohne Haft davon. Die angeblichen Rädelsführer selbst, der Mitschdörfer und der Lacoste, stellten sich den Behörden freiwillig. Vier Jahre nach den Rangeleien im Rathaus wurde der „Pforzheimer Privilegienstreit" durch einen Vergleich beigelegt.

Maria Theresia – Erbtochter und Landesfürstin. Ganz andere Dimensionen als das kleine Baden-Durlach hatten die Erblande Maria Theresias von Österreich (1717–1780). Als „Schwanzfeder des Kaiseradlers" ragte Vorderösterreich mit Konstanz und Freiburg weit in den Süden des späteren Baden hinein.

Maria Theresia zählte zu den wenigen Fürstinnen, die aus eigenem Recht (und nicht in Stellvertretung eines Ehemannes oder minderjährigen Sohnes) regierten: Der Vater der Erzherzogin, Kaiser Karl VI., hatte mit der „Pragmatischen Sanktion" von 1713 dafür gesorgt, dass für den Fall fehlender männlicher Nachkommen die Erblande an seine älteste Tochter gingen. In Ungarn und Böhmen firmierte die Habsburgerin ausdrücklich nicht als „regina" (Königin), sondern als „rex" (König).

„Weiberherrschaft" war heikel. Nach dem Tod Karls VI. versuchten andere Potentaten – vor allem der Preußenkönig Friedrich der Große und Kurfürst Karl Albrecht von Bayern –, sich auf Kosten der Habsburgerin zu bereichern. Der Österreichische Erbfolgekrieg (1740–1748) brach los. Doch es gelang Maria Theresia, ihr Erbe im Wesentlichen zu verteidigen. Was sie selbst nicht erringen konnte, war die römisch-deutsche Kaiserwürde. Eine Frau als Reichsoberhaupt war undenkbar. So trug Maria Theresia ihren höchsten Titel, „Kaiserin", nur als Ehefrau: 1745 hatten die Kurfürsten ihren Gemahl, Franz I. Stephan von Lothringen, zum Kaiser gewählt.

Der Weiberkrieg zu Freiburg – „Wir brauchen unsere Männer"

In Freiburg schätzte man den seit 1754 amtierenden Kreishauptmann Christoph Anton Graf von Schauenburg nicht sonderlich – vor allem, weil der Mann die unpopuläre Aufgabe hatte, Reformideen der Landesfürstin Maria Theresia umzusetzen. Was die Habsburgerin ihren österreichischen Vorlanden verordnet hatte, lief darauf hinaus, die Privilegien der Stände zugunsten der Zentralgewalt zu schmälern.

Als ob das nicht schon genug Konfliktpotenzial geborgen hätte, zündelte der Graf noch an anderer Stelle: Er untersagte den Bürgern die Jagd im Freiburger Stadtwald, zu der sie traditionell berechtigt waren. Was das Fass aber zum Überlaufen brachte und im Jahr 1757 den „Weiberkrieg zu Freiburg" auslöste, war die Absicht der vorderösterreichischen Behörden, zwei der Wilderei verdächtigte Freiburger an die Markgrafschaft Baden-Durlach auszuliefern.

Bei den Männern, die an das markgräfliche Oberamt in Emmendingen überstellt werden sollten, handelte es sich um die Getreidehändler Peter Jehle und Martin Imberi. Die „Mehlkrempler" hatten einen Besuch in Heuweiler geplant. Der Ort gehörte damals zu Vorderösterreich, während das benachbarte Gundelfingen im Herrschaftsgebiet der Markgrafen von Baden-Durlach lag. Nun „verirrten" sich die zwei Freiburger auf badisches Gebiet – offenbar, um einen Hasen zu schießen.

Ihr Jagdausflug nahm jedoch einen unerwarteten Verlauf, weil Gundelfinger Bauern Verdacht schöpften. Peter Jehle bekam eine Ladung Schrot ins Bein. Trotzdem gelang es den mutmaßlichen Wilderern, nach Freiburg zurückzukehren.

Monarchin aus eigenem Recht: Die Erblande der Maria Theresia von Österreich ragten in den Süden des späteren Baden hinein. – Kupferstich, um 1745.

Dem Vorfall folgte ein intensiver Briefwechsel zwischen Würdenträgern der Stadt Freiburg, der vorderösterreichischen Regierungsstelle in Konstanz und dem markgräflichen Oberamt Emmendingen. Baden-Durlach verlangte, dass sich Jehle und Imberi der markgräflichen Gerichtsbarkeit unterwarfen, sagte den Verdächtigen seltsamerweise aber zugleich Straffreiheit zu. Die habsburgischen Behörden waren geneigt, der Forderung nachzugeben, weil der Landesherrin Maria Theresia an der „freundnachbarlichen" Beziehung zu Baden lag.

Jehle und Imberi trauten der Sache nicht – sie wussten wohl, dass in Baden-Durlach auch wegen anderer Wilderei-Delikte nach ihnen gefahndet wurde. Die Mehrheit der gut katholischen Freiburger hielt es für skandalös, dass zwei der ihren an die Lutheraner in Emmendingen ausgeliefert werden sollten. In den Straßen erzählte man sich schauerliche Geschichten über angeblich unmenschliche Verhörmethoden der Baden-Durlacher.

Mehr als ein Jahr nach dem Grenzzwischenfall wurden Jehle und Imberi 1757 festgenommen. Die Kunde von ihrer Verhaftung sprach sich schnell herum. Weinend und schreiend soll Brigitta Jehlin durch die Straßen gelaufen sein und andere Freiburgerinnen um Beistand gebeten haben.

Über mangelnde Unterstützung konnten sich die Ehefrauen Jehle und Imberi nicht beklagen: Vor dem Rathaus versammelte sich eine so große Menschenmenge, dass die Herren im Magistrat um ihr Leben fürchteten. Der unbeliebte Kreishauptmann von Schauenburg ließ die Zunftmeister rufen. Die sahen sich jedoch außerstande, mäßigend auf die Menge einzuwirken. Und der Oberbefehlshaber der in Freiburg stationierten Soldaten schreckte vor einem militärischen Eingreifen zurück.

Am Abend versuchte eine größere Zahl von Frauen, beim Pfarrer und beim Bürgermeister die Freilassung der mutmaßlichen Wilderer zu erwirken. Zumindest eine Auslieferung an Baden-Durlach müsse verhindert werden, forderten sie. Wenn es sein musste, sollten Jehle und Imberi in Freiburg „abgestraft" werden. Das lehnten die Honoratioren mit Verweis auf den Befehl der Landesfürstin ab. Darauf brauch der Tumult erst richtig los.

Mit Beilen und anderen Werkzeugen sollen sich einige Frauen bewaffnet haben. Zahlreiche Freiburger schlossen sich ihnen an. Der Eingang des Gefängnisturmes wurde mit einem großen Holzbalken aufgerammt. Die Menge drängte in den Turm. Dabei sollen die Frauen den Soldaten zugerufen haben: „Ihr Herren, es ist jetzt Nacht, wir brauchen unsere Männer." Jehle und Imberi wurden aus ihren Zellen befreit und in Sicherheit gebracht. Die siegestrunkene Menge zog lärmend durch die Gassen Freiburgs. Auch am folgenden Tag kehrte keine Ruhe ein – die Bürger riefen vielmehr zu einer illegalen Jagd auf, an der sich auch Frauen beteiligten. Im Magistratsbericht hieß es später, dass viele der Weiber, die mit „greulichem Geschrei" durch die Stadt zogen, betrunken gewesen seien.

Närrische Erinnerung – die Turmsträßlerinnen. In der Breisgauer Fastnacht wird die Erinnerung an den Weiberkrieg zu Freiburg bis heute gepflegt: Eine 1990 gegründete Frauenzunft, die „Turmsträßlerinnen", bezieht sich ausdrücklich auf die Ereignisse aus dem Jahr 1757. Die Närrinnen, die (nicht ganz stilecht) spätmittelalterliche Gewänder tragen, haben am Gürtel einen großen Schlüsselbund. Das soll ein Zeichen für die häusliche Gewalt der Frauen sein, aber auch den Schlüssel symbolisieren, den die Freiburger Weiber den Gefängniswärtern gewaltsam entrissen haben.

Die Amazonen von Oberkirch – still und leise

Einen vor allem von Frauen getragenen Aufstand gab es im Jahr 1777 auch im Amt Oberkirch, das damals unter bischöflich-straßburgischer Herrschaft stand. Im Gerichtsbezirk Kappelrodeck kam es – wiederum wegen der Einschränkung angestammter Jagdrechte – zu Unstimmigkeiten zwischen dem Landesherrn und seinen Untertanen. Kappler- und Waldulmertal-Bauern trotzten dem Verbot und gingen auf die Jagd. Daraufhin wurden ein angesehener Kappelrodecker Zwölferrat namens Krumholz und weitere Männer verhaftet.

In der Nacht vom 5. auf den 6. März 1777 rotteten sich nach der Schilderung eines anonymen Chronisten 300 bis 400 „Weiber und Mägde" zusammen. Sie sollen mit Äxten sowie Eisengabeln, zum Teil auch mit Säbeln und Pistolen bewaffnet gewesen sein. Vom Muster her ähneln die Vorkommnisse denen in Pforzheim und Freiburg. Anders als in jenen Städten soll sich dieser Weiberaufstand in Oberkirch jedoch völlig geräuschlos abgespielt haben: „In aller Stille", so heißt es, „zogen die Amazonen bis vor das Obertor zur Oberkirch".

Im Gefängnis haben die Frauen demnach „saubere Arbeit" geleistet. Ein besonders starkes Weib, so erzählt der Chronist, habe den Krumholz auf den Rücken genommen und die Stiege heruntergetragen. Die Bürgerschaft in Oberkirch soll begeistert gewesen sein von „dieser Weiber Herzhaftigkeit". Strafrechtliche Folgen hatte die Aktion für die Frauen offenbar nicht. Der Krumholz hingegen soll doch noch zu einer dreimonatigen Zuchthausstrafe verurteilt worden sein. Sein Ansehen, so heißt es, habe darunter aber nicht gelitten: Als die Strafe verbüßt war, kam er wieder in Amt und Würden.

Im Zeichen der Aufklärung

Markgräfin Karoline Luise – die „Vielwisserin" von Baden

Karlsruhe erwarb sich im 18. Jahrhundert den Ruf, einen „Musenhof" zu haben. Das war vor allem das Verdienst der Markgräfin Karoline Luise von Baden-Durlach (1723–1783), einer geborenen Prinzessin von Hessen-Darmstadt. „Alle Künste sind in Karlsruhe zu Hause und die Frau Markgräfin ist eine Minerva. Sie denkt, spricht, zeichnet, spielt den Flügel, man kann es nicht besser", schrieb 1757 der hessische Hofrat Johann Joachim Ewald an einen Freund.

Tatsächlich war Karoline Luise, getrieben vom enzyklopädischen Wissenshunger der Aufklärung, eine vielseitig interessierte und unermüdlich tätige Fürstenpersönlichkeit. Sie war nicht nur den Künsten zugetan, sondern betrieb auch naturwissenschaftliche Studien, interessierte sich für Mathematik und Medizin und korrespondierte mit namhaften Gelehrten ihrer Zeit. Voltaire schwärmte nach einem Besuch 1758 in Karlsruhe: „Keine Französin gibt es, die so viel Geist, Kenntnisse und Höflichkeit besäße wie sie. Ihre Konversation hat mich entzückt …"

Für den Philosophen Johann Caspar Lavater war Karoline Luise die „Vielwisserin und Vielfragerin von Baden". Und der Botaniker Carl von Linné benannte nach der Markgräfin eine neu entdeckte Pflanze „Carolinea Louisa". Dabei war Karoline Luise stets bestrebt, praktischen Nutzen aus ihrem Wissen zu ziehen. Als Mineralogin ließ sie alte Bergbaugebiete bei Sulzburg und Badenweiler untersuchen, ihr Wissen als Botanikerin und Zoologin floss in ihre Arbeit als Gutsherrin und

Unternehmerin ein. Hilfreich waren ihre Forschungen auch für ihren Gemahl, den Markgrafen Karl Friedrich (1728–1811), der sich als Reformabsolutist bemühte, der Landwirtschaft in seinem kleinen Land zu höheren Erträgen zu verhelfen.

1751 hatte Karl Friedrich, der Enkel des Karlsruher Stadtgründers, die „hessische Minerva" geheiratet – natürlich aus Gründen der Staatsraison. In ihren ersten badischen Jahren musste die junge Frau manche Kränkung von ihm hinnehmen, doch gelang es ihr schließlich, den fünf Jahre jüngeren Markgrafen von ihren Qualitäten zu überzeugen. Sie mache ihn zum „Glücklichsten aller Sterblichen", schrieb Karl Friedrich in einem Liebesbrief an seine Frau.

Karoline Luises Wissensdurst und ihre Sammelleidenschaft prägen noch heute das kulturelle Gesicht Karlsruhes: Aus ihrem Naturalienkabinett erwuchs das Staatliche Naturkundemuseum und ihr schließlich mehr als 200 Gemälde umfassendes Malereikabinett bildete den Grundbestand der Staatlichen Kunsthalle Karlsruhe.

Maria Viktoria – Kämpferin für die katholische Sache

Noch zu Karoline Luises Lebzeiten trat ein Ereignis ein, das für Badens Zukunft von großer Bedeutung sein sollte: Da 1771 die katholischen Markgrafen von Baden-Baden im Mannesstamm ausstarben, wurden die seit bald 250 Jahren getrennten badischen Markgrafschaften unter ihrem Gemahl wiedervereinigt. Durch die einzige staatliche Wiedervereinigung in der deutschen Geschichte der Frühen Neuzeit verdoppelte Karl Friedrich sein Territorium – er besaß nun in etwa 200.000 Untertanen. Mit dieser Vergrößerung wurde – ohne, dass dies damals jemand wissen konnte – das Fundament für den Aufstieg Badens zu einem Mittelstaat im frühen 19. Jahrhundert gelegt. Gar nicht anfreunden mit dem Leben in dem nunmehr gemischt konfessionellen Land konnte sich freilich Maria

Victoria (1714–1793), die Witwe des letzten Markgrafen von Baden-Baden. Um sie scharte sich der katholische Widerstand.

Ihre Schwiegermutter, die streng gläubige Markgräfin Sibylla Augusta von Baden-Baden, hatte ihren jüngeren Sohn August Georg Simpert für eine geistliche Laufbahn bestimmt. Was die Fortführung der Dynastie anging, vertraute die Markgräfin auf den Erbprinzen Ludwig Georg Simpert, der mit Maria Anna von Schwarzenberg (1706–1755) verheiratet wurde. Doch nur eine (nicht erbberechtigte) Tochter des Paares überlebte. Nach dem Tod seiner Gemahlin ging Markgraf Ludwig Georg daher alsbald eine neue Ehe ein. Die Verbindung mit Maria Josefa von Bayern (1734–1776), der Tochter Kaiser Karls VII., war prestigeträchtig, blieb aber kinderlos.

Der jüngere Bruder August Georg Simpert schied kurz nach dem Tod seiner frommen Mutter aus dem geistlichen Stand aus – da sich katholische Kreise um die „Fortpflanzung des baden-badischen Stammes" sorgten, hatte er dazu einen päpstlichen Dispens erhalten. August Georg vermählte sich 1735 mit Maria Victoria von Arenberg. Da auch dieser Verbindung kein Nachwuchs vergönnt war, zeichnete sich ein Erlöschen der Linie Baden-Baden ab.

Bald nachdem August Georg 1761 seinem Bruder als letzter Markgraf von Baden-Baden in der Regierung gefolgt war, begannen die Verhandlungen mit Baden-Durlach über einen Erbvertrag. In diesem wurden auch Vereinbarungen zu den komplizierten Fragen der Konfessionsverhältnisse getroffen, an die sich Markgraf Karl Friedrich nach August Georgs Tod (1771) peinlich hielt. Trotzdem kam es zum offenen Konflikt mit der frommen Witwe Maria Viktoria.

Maria Viktoria war als großzügige Wohltäterin in Baden-Baden sehr populär. Unter anderem hatte sie in Rastatt ein Augustiner-Chorfrauen-Stift gegründet, das mit einer Erziehungsanstalt für Mädchen verbunden war. Als Witwe investierte die Markgräfin eine Menge Geld in eine Stiftung, die der Stärkung der katholischen Religion im vereinigten Baden dienen sollte. Zum Konflikt mit dem regierenden Markgrafen aus der evangelischen Linie kam es, als dieser die von Maria Viktoria geplante Ausgestaltung der Stiftung ablehnte. Sie sah eine maßgebliche Mitwirkung des Fürstbischofs von Speyer – und somit eines fremden Souveräns – in Stiftungsangelegenheiten vor, was Karl Friedrich als badischer Landesherr nicht akzeptieren konnte.

Um die Markgräfin-Witwe scharten sich all diejenigen, die sich mit der neuen Herrschaft im baden-badischen Landesteil nicht anfreunden konnten. Schließlich brachte die „katholische Partei" mehrere Gemeinden – darunter die Städte Baden-Baden und Rastatt – dazu, Klage gegen Karl Friedrich vor dem Reichshofrat zu erheben. Sie pochten auf das Recht, von Behörden ihrer eigenen Konfession regiert zu werden. Maria Viktora reiste 1778 persönlich nach Wien, um die katholische Sache zu verfechten.

Der sogenannte Syndikatsprozess zog sich über fast 20 Jahre hin, und je länger er dauerte, desto mehr bröckelte die Front der Karl-Friedrich-Gegner. Kaiser Joseph II., der aufgeklärte Absolutist, der in seinen Erblanden die Autonomie der Kirche massiv beschnitten hatte, zeigte ohnehin kein Verständnis für ihr Ansinnen. Im April 1789 hatten die Vertreter des Baden-Badener Magistrats bei ihm ihre letzte Audienz, um anschließend kleinlaut nach Hause zu reisen.

Markgräfin Maria Viktoria hatte 1774 ihren Wohnsitz nach Ottersweier verlegt, das nach dem Tod ihres Gemahls an Habsburg gefallen war. Dort stiftete die Witwe in einer aufgehobenen Jesuitenniederlassung eine weitere Klosterschule für Mädchen. 1784 siedelte Maria Viktoria nach Straßburg über. Dort erlebte die fromme Fürstin, dass neben dem Adel die katholische Kirche zur großen Verliererin der Französischen Revolution wurde.

Frauen und Männer – „von Natur aus" verschieden. „Aufklärung ist der Ausgang des Menschen aus seiner selbstverschuldeten Unmündigkeit. Unmündigkeit ist das Unvermögen, sich seines Verstandes ohne Leitung eines anderen zu bedienen … Dass der bei weitem größte Teil der Menschen (darunter das ganze schöne Geschlecht) den Schritt zur Mündigkeit außer dem, dass er beschwerlich ist, auch für sehr gefährlich halte: dafür sorgen schon jene Vormünder, die die Oberaufsicht über sie gütigst auf sich genommen haben …" Diese Einschätzung des Philosophen Immanuel Kant aus dem Jahr 1784 mag uns heute hellsichtig erscheinen. Doch zu seiner Zeit war die Idee, dass auch Frauen in der Lage sein könnten, sich aus dem Status der Unmündigkeit zu befreien, nicht mehrheitsfähig. Die bürgerliche Gesellschaft Europas hielt es eher mit dem Pädagogen Jean-Jacques Rousseau (1721–1778), der die Meinung vertrat, dass die Menschen zwar von Natur aus gut, Frauen und Männer aber grundsätzlich verschieden seien. Demnach stand der Mann für Vernunft und Tatkraft und war folglich für die öffentlichen Belange zuständig. Die Domäne der gefühlsbetonten Frau konnte hingegen nur die Familie sein.

Margarethe Dell – eine „alte Matrone" aus Durlach

Als der badische Beamte Siegmund Friedrich Gehres in den 1820er-Jahren eine „Kleine Chronik von Durlach" verfasste, durften darin „Biographische Nachrichten von Durlachs denkwürdigen Männern" nicht fehlen. Frauen finden in dem Werk allenfalls als Ehegattinnen oder liebende Mütter Erwähnung. Etwa wenn sie als Witwen unter Entbehrungen ihren später „berühmten" Söhnen Zugang zu Bildung und Erziehung ermöglichten.

Eine Ausnahme bildet Margarethe Dell (1688–1789), die Gehres unter der Überschrift „Kurze Lebensbeschreibung einer alten Matrone zu Durlach" vorstellte. Alt war Margarethe Dell tatsächlich: Sie brachte es auf 101 Lebensjahre – und war, wie Gehres bewundernd feststellt, „niemals, im eigentlichen Sinne des Wortes, krank". „Kleine Anfälle von Rheumatism" habe sie „durch schweißtreibende Hausmittel" selbst in den Griff bekommen.

Ihr Lebenslauf ist derjenige einer Bauerntochter aus Grötzingen, die „von Jugend an, stets nur an harte ländliche Arbeit sowie an raue Kost gewöhnt“ war. Als 20-Jährige heiratete Margarethe Arheit den aus Kandern stammenden Wilhelm Dell. Durch „die sieben Kinder, die ihr Ehemann mit ihr erzeugt hatte“, durfte sie der Durlacher Chronik zufolge 66 Enkel, 160 Urenkel und 44 Ururenkel erleben. Was Gehres außerdem rühmt, sind das Pflichtbewusstsein, mit dem sich Margarethe Dell ihren weiblichen Arbeiten widmete („sie spann sogar 14 Tage vor ihrem Ende noch am Rädchen“), sowie ihre beispielgebende Frömmigkeit.

Kinder, Küche, Kirche: In diesem Rahmen spielte sich nach bürgerlicher Einschätzung das „normale“ Leben einer anständigen Frau dieser Zeit ab – aber dass man ein solches Leben der Erinnerung für würdig befand, war ausschließlich dessen ungewöhnlicher Länge geschuldet. Zu ihrem 100. Geburtstag hatte die Jubilarin sogar das seltene Vergnügen, beschenkt zu werden: In der Stadtkirche zu Durlach verehrte man der Jubilarin ein „neues Kleid, auf Kosten der Stadt verfertigt“. Der badische Erbprinz übersandte ein Geldgeschenk.

IM GROSSHERZOGTUM

Die Damen des Hauses Baden

Durch die Französische Revolution wurde ein Mann groß, der die politische Landkarte Europas neu zeichnen sollte. Er versetzte dem Heiligen Römischen Reich deutscher Nation den Todesstoß und machte der Kleinstaaterei, die über Jahrhunderte den deutschen Südwesten geprägt hatte, ein Ende: Napoleon Bonaparte (1769–1821), Revolutionsgeneral, Erster Konsul und schließlich Kaiser der Franzosen. Dem militärisch nahezu ungeschützten Baden blieb nach anfänglichem Widerstand nichts anderes übrig, als sich mit dem großen Nachbarn zu verbünden. Es profitierte davon kräftig und konnte sein Territorium verfünffachen. Im Gefolge Napoleons stieg es 1803 zunächst zum Kurfürstentum und 1806 zum Großherzogtum auf – das Land Baden, wie es bis zum Ende des Zweiten Weltkrieges bestand, wurde in diesen Jahren geschaffen. Den Damen des Hauses Baden kam in dem Länderschacher eine bedeutende Rolle zu.

Stéphanie Napoleon – die kaiserliche Hoheit

1804 hatte sich Napoleon in Paris die Krone aufgesetzt, doch dem frisch gebackenen Kaiser fehlte eine vornehme Verwandtschaft. Um seine Herrschaft abzusichern begann er – ganz im Stile des Ancien Régime –, Heiratspolitik zu betreiben und seine Familienmitglieder mit Angehörigen alter Dynastien zu vermählen. Für Karl, den Erbprinzen von Baden, hatte er Stéphanie de Beauharnais (1789–1860) bestimmt. Die junge Frau war eine angeheiratete Nichte von Napoleons Frau Joséphine – ein Grafentöchterlein, dessen Vater keinen Kontakt zu seinem Nachwuchs pflegte. Stéphanie hatte ihre Mutter früh verloren. Napoleon ließ die Halbwaise als 13-Jährige nach Paris holen. Zweieinhalb Jahre verbrachte sie zur Ausbildung in einem vornehmen Töchterinstitut. Danach verfügte Stéphanie zwar über einen gewissen gesellschaftlichen Schliff – aber auf das glatte Parkett an einem Fürstenhof alten Stils war sie nicht vorbereitet.

„Ich war so unglücklich, wie man mit 16 Jahren nur sein kann", schrieb Stéphanie später über ihre Hochzeit im Jahr 1806. Das badische Erbprinzenpaar lebte zunächst wie Katz und Maus miteinander. Während Stéphanie sich im Mannheimer Schloss, der offiziellen Residenz des Thronfolgerpaares, einrichtete, verbrachte Karl – Staatsgeschäfte vorschiebend – die meiste Zeit in Karlsruhe und suchte Trost in fremden Betten.

Die badische Fürstenfamilie ließ die junge Französin mit einer in Jahrhunderten erworbenen subtilen Arroganz spüren, dass man sie als unerwünschten Eindringling betrachtete. Zwar hatte Napoleon Stéphanie adoptiert und sie damit zur „kaiserlichen Hoheit" befördert, doch die neue Verwandtschaft war keineswegs bereit, die Tochter des Emporkömmlings als ihresgleichen zu akzeptieren. Die daraus entstehenden Zwistigkeiten wurden Napoleon zugetragen. Der ließ manches Donnerwetter auf den badischen Hof niedergehen, was in Karlsruhe aus gutem Grund sehr ernst genommen wurde. Denn so, wie der Kaiser der Franzosen Badens Aufstieg zum Mittelstaat gefördert hatte, wäre es ihm ein Leichtes gewesen, das Großherzogtum wieder von der Landkarte zu radieren. Auf Geheiß Napoleons verbannte der greise Großherzog Karl Friedrich sogar einen seiner Söhne nach Salem: Weil dem Prinzen Ludwig ein schlechter Einfluss auf Stéphanies Gemahl nachgesagt wurde, musste er aus der Residenzstadt verschwinden.

Napoleon befiehlt: „Lieben Sie Ihren Mann“. Napoleon las dem Prinzen Karl wiederholt die Leviten, weil er seine Frau vernachlässigte. Aber auch von seiner „lieben Tochter" Stéphanie verlangte er, sich in die Rolle zu fügen, die er ihr zugewiesen hatte. So mahnt er sie in einem Brief vom 13. Juli 1806: „Lieben Sie Ihren Mann ... Seien Sie gegen den Kurfürsten liebenswürdig. Das ist Ihre Pflicht ... Gewöhnen Sie sich an das Land und finden Sie alles gut ... Karlsruhe ist eine schöne Stadt. Man wird Sie um so mehr lieben und achten, je mehr Sie das Land lieben und achten, in dem Sie leben. Dafür sind die Menschen am meisten empfänglich."

Zu einer Annäherung des Erbgroßherzogspaares kam es trotzdem erst um 1810. Das war die Zeit, als sich Napoleon von Stéphanies Tante Joséphine scheiden ließ und Marie Louise von Österreich, eine Habsburgerin, heiratete. Offenbar führten diese Ereignisse der badischen Erbprinzessin vor Augen, wie unsicher ihre eigene Position war – die Position einer Fürstengemahlin, die weder einer alten Dynastie entstammte noch einen Erben geboren hatte. Stéphanie gab sich wohl einige Mühe, damit ihr das Schicksal ihrer Tante erspart blieb. Die spät entdeckte Zuneigung des Paares sollte sich als erstaunlich belastbar erweisen: Sie überdauerte den frühen Tod der beiden Söhne (die drei Töchter erreichten das Erwachsenenalter) und den Sturz Napoleons: Zwar forderten die Alliierten, dass Karl – inzwischen Großherzog von Baden – seine französischen Gemahlin verstoßen solle. Doch der ansonsten ziemlich entscheidungsschwache Fürst wies dieses Ansinnen empört zurück. Eine lange gemeinsame Zeit war den beiden allerdings nicht vergönnt: Karl starb bereits 1818, kurz nachdem er seine Unterschrift unter die liberale badische Verfassung gesetzt hatte. Der neue Großherzog, Karls Onkel Ludwig (1763–1830), einst auf Verlangen Napoleons aus Karlsruhe verbannt, verhielt sich äußerst korrekt gegenüber der erst 29-jährigen Witwe. Sie zog wieder ins Mannheimer Schloss. Als Sommerresidenz sprach man ihr das Neue Schloss in Baden-Baden zu.

Markgräfin Amalie – die „Schwiegermutter Europas"

Heftig gegen die Vermählung von Stéphanie und Kurprinz Karl opponiert hatte die Mutter des Bräutigams: Amalie von Baden (1754–1832) war die Schwiegertochter des Markgrafen, Kurfürsten und ersten Großherzogs Karl Friedrich. Die aus Hessen-Darmstadt stammende Witwe des 1801 verstorbenen Erbprinzen von Baden war eine Meisterin der tradierten Form weiblicher Einflussnahme auf fürstlicher Ebene: Sie galt als „Schwiegermutter Europas". Bestens vernetzt mit führenden Familien des Ancien Régime suchte sie durch geschicktes Verheiraten ihrer Kinder die eigene Position zu stärken und für das Haus Baden vielversprechende Allianzen zu schaffen. Besonders glanzvolle Verbindungen waren ihr bei ihren Töchtern Luise, Friederike und Karoline gelungen.

Eine Kaiserin und zwei Königinnen. Luise von Baden (1779–1826) wurde unter dem Namen Elisabeth Alexiewna Zarin von Russland. Ihre Schwester Friederike (1781–1826) ehelichte den König von Schweden, der seinen Thron allerdings 1809 verlor. Die Ehe ging wenige Jahre später in die Brüche und Friederike verbrachte ihren Lebensabend in Karlsruhe. Weniger glanzvoll erschien zunächst die Heirat der Karoline von Baden (1776–1841). 1797 hatte sie den verwitweten Herzog Maximilian Joseph von Pfalz-Zweibrücken geheiratet. Als dessen Gemahlin wurde sie 1799 bayerische Kurfürstin und 1806 die erste Königin von Bayern.

Für ihren einzigen Sohn Karl hatte die „Schwiegermutter Europas" eine bayerische Prinzessin als Braut ausgesucht. Dass dieser Plan von Napoleon durchkreuzt wurde, war ein Ärgernis. Eine Katastrophe aber war in Amalies Augen, dass ihr Sohn die völlig unbedeutende Stéphanie de Beauharnais heiraten sollte. Die Markgräfin lehnte diese Verbindung so vehement ab, dass Napoleon beschloss, die zickige Dame persönlich in Augenschein zu nehmen. Bei einem Aufenthalt in

Karlsruhe führte der Kaiser im Januar 1806 ein Vier-Augen-Gespräch mit Amalie.

Ihrer eigenen Schilderung nach schlug sich Amalie tapfer. Doch ihr höchster Trumpf – die Unebenbürtigkeit Stéphanies – stach nicht. Als Amalie sagte: „Ich bin eine alte Frau und neige zu Vorurteilen. Wenn das Mädchen doch wenigstens von Ihrem Blut wäre, aus Ihrer Familie", antwortete Napoleon ohne zu zögern: „Nun gut, ich adoptiere das Kind." Durch die Adoption wurde Stéphanie das Mitglied eines regierenden Hauses. Dieses Haus mochte in den Augen Amalies zwar alles andere als vornehm sein – doch das sagte man dem damals mächtigsten Mann Europas besser nicht ins Gesicht.

Amalie hatte die Partie verloren – und trotzdem Eindruck bei Napoleon hinterlassen. Er bezeichnete sie später als den „einzigen Mann am badischen Hof".

Elisabeth Alexiewna – die Zarin aus Baden

Dass Baden, das Großherzogtum von Napoleons Gnaden, den Sturz des Franzosen-Kaisers ohne territoriale Einbußen überstand, war vor allem Amalies „russischer Tochter" und deren Gemahl, Zar Alexander I., zu verdanken.

Als Katharina die Große eine Braut für ihren Enkel Alexander suchte, hatte die damalige badische Erbprinzessin Amalie ihre Töchter Friederike und Luise zur Ansicht nach Sankt Petersburg gesandt. Die 14-jährige Luise gefiel besser. Sie musste zum orthodoxen Glauben konvertieren und wurde auf den Namen Elisabeth umgetauft. 1793 fand die Hochzeit statt, 1801 wurde Alexander Zar von Russland.

Elisabeth Alexiewna ließ den Kontakt zu Markgräfin Amalie nie abreißen. Selbst als badische Soldaten mit Napoleons Großer Armee in Russland einmarschierten, schüttete die Zarin in Briefen an ihre Mutter ihr Herz aus. Elisabeth wusste, dass ihr Heimatland keine andere Wahl hatte, als seinem mächtigen Verbündeten zu folgen. Aber sie zeigte sich überzeugt davon, dass Napoleon scheitern würde: „Jeder weitere Schritt, den er in dieses ungeheure Russland vorwagt, bringt ihn näher an den Abgrund heran. Wir werden ja sehen, wie er den Winter hier übersteht", schrieb die Zarin an ihre „gute Mama".

Als „Badens Schutzengel" gefeiert: Elisabeth Alexiewna mit ihrem Gemahl, Zar Alexander I. – Kupferstich von 1814/15.

Es waren prophetische Worte: Der Russlandfeldzug 1812/13 wurde für Napoleon zur Katastrophe. Badische Truppen deckten den Rückzug der Großen Armee aus Moskau an der Beresina, viele Soldaten fanden den Tod im eisigen Wasser. Von 7000 Badenern kehrten nur ein paar Hundert in ihre Heimat zurück.

Baden stand am Abgrund – das junge Großherzogtum drohte mit dem Kaiser der Franzosen unterzugehen. In dieser schwierigen Situation ermöglichte der Wiener Kongress der Zarin ausgedehnte Besuche in ihrer Heimat. Ob sie in Karlsruhe weilte, in Baden-Baden oder in Bruchsal, wo ihre Mutter inzwischen residierte: Elisabeth wurde gefeiert – und bald als „Schutzengel Badens" gerühmt. Denn Alexander, ihr Gemahl, legte bei seinen Verbündeten mehr als nur ein gutes Wort für den Erhalt des Großherzogtums ein.

Diese Baden-Freundlichkeit schrieb man, obwohl es um die Ehe des Zarenpaares nicht zum Besten stand, dem Einfluss Elisabeths zu. Dass der Gedanke des Mächteausgleichs ebenfalls eine wichtige Rolle spielte – in Europa hielt man solide Puffer zwischen Österreich und Frankreich weiter für wünschenswert –, erschloss sich zumindest einfachen Leuten nicht. Als der Zar 1818 in die Heimat seiner Gemahlin reiste, grüßte ihn an einem Wirtshaus im kleinen Städtchen Mühlburg ein Plakat: „Hoch lebe Kaiser Alexander. Er ist unser bester Verwandter."

Luise Karoline von Hochberg – die viel Geschmähte

Die schwierige Lage, in die das Großherzogtum durch den Sturz Napoleons kam, wurde durch eine heikle dynastische Situation verschärft: Das Haus Baden drohte im Mannesstamm auszusterben. Großherzog Karl war schwer krank, die Söhne, die ihm Stéphanie geboren hatte, tot. Zwar gab es noch den Prinzen Ludwig, doch der stand bereits in den Fünfzigern und war unverheiratet.

In dieser Situation fiel der Blick auf die Kinder der Gräfin Hochberg (1767–1820), der zweiten Ehefrau des verstorbenen Großherzogs Karl Friedrich. Die „Hochberger" litten allerdings an einen schweren Makel: Ihre Mutter stammte aus dem Kleinadel, was eine Thronfolge dem Grunde nach ausschloss.

Es war ein Angebot gewesen, das man nicht ablehnen kann: 1787 hatte Karl Friedrich, damals Markgraf von Baden, dem Hoffräulein Luise Karoline Geyer von Geyersberg einen Heiratsantrag gemacht. Die „Triebe nach dem weiblichen Geschlecht" ließen ihm nach dem Tod seiner ersten Gemahlin, Markgräfin Karoline Luise, keine Ruhe. Er wollte das hübsche Fräulein „zur linken Hand" ehelichen. Das Fräulein Geyer von Geyersberg war mittellos, ihre Familie von der Gunst des Landesherrn abhängig – sie hatte keine Wahl. Die Braut war 20, der Bräutigam knapp 60 Jahre alt.

„Von Hochberg" sollte sie heißen – der Markgraf hatte seiner zweiten Frau den Namen nach der Hochburg bei Emmendingen zugedacht. Das signalisierte, dass die Gräfin ordnungsgemäß mit ihm vermählt war, in der badischen Fürstenfamilie aber eine untergeordnete Rolle spielte. Als Kosename legte Karl Friedrich seiner Auserwählten bald „Madame Sanssouci" – „Frau Sorglos" – bei.

Ehefrau zur linken Hand: Luise Karoline von Hochberg war die unebenbürtige zweite Gemahlin von Großherzog Karl Friedrich. – Pastell von Johann Heinrich Schroeder, um 1811.

Doch Madame Sanssouci, die später zur Reichsgräfin erhoben wurde, machte sich zunehmend Sorgen: Sie verfügte nur über eine kleine Apanage und häufte trotz einiger Schenkungen Karl Friedrichs enorme Schulden an. Was würde nach dem Tod des alten Fürsten aus ihr werden? Die hochadelige Verwandtschaft zeigte der Hochberg die kalte Schulter, bei Hof stieß sie auf Misstrauen. Dass sie darauf hinarbeitete, den Status ihrer Sprösslinge zu verbessern und ihnen wie ihren Halbbrüdern aus der ersten Ehe Karl Friedrichs das Nachfolgerecht zu verschaffen, hat man der Hochberg nie verziehen.

Großherzog Karl Friedrich baute in seinen letzten Jahren geistig schwer ab. Luise Karoline von Hochberg wollte ihren senilen Gemahl nötigen, Dokumente zu unterzeichnen, die das Machtgefüge bei Hof völlig verändert hätten. Doch die Minister, die die Hochberg nicht aus den Augen ließen, schalteten den Erbprinzen Karl ein. Er hinderte seinen Großvater an diesem Schritt. Selbst Luise Karolines zweitältester Sohn Wilhelm beurteilte die Aktion seiner Mutter als versuchten „Staatsstreich".

Initiatorin des Kaspar-Hauser-Verbrechens? Der Ruf der Reichsgräfin Hochberg war schließlich so miserabel, dass man sie problemlos zur Initiatorin des „Kaspar-Hauser-Verbrechens" stilisieren konnte. Viele Leute glaubten (und glauben) nur zu gerne, dass die verwitwete Reichsgräfin den 1812 geborenen ersten Sohn der Großherzogin Stéphanie auf dem Gewissen hatte: Sie soll das gesunde, noch namenlose Neugeborene gegen einen sterbenden Säugling ausgetauscht haben, um ihren eigenen Söhnen den Weg zur Macht zu ebnen. Der „wahre Erbe Badens" sei jahrelang in einem dunklen Raum gefangenengehalten worden und 1828 als der rätselhafte Kaspar Hauser in Nürnberg aufgetaucht.

Luise Karoline von Hochberg hatte nach dem Tod ihres Gemahls im Jahr 1811 nicht mehr viel zu lachen. Ihrer Schulden wegen wurde sie entmündigt, das einstmals liebevolle Verhältnis zu ihren Kindern kühlte ab. So dürfte es ihr allenfalls eine bittere Genugtuung verschafft haben, dass ihre Söhne, die Grafen Hochberg, unter dem Druck der Ereignisse doch noch zu Markgrafen von Baden und großherzoglichen Prinzen ernannt wurden. Die mit der Nachfolgeberechtigung verbundene Rangerhöhung fand auf Betreiben von Zar Alexander internationale Anerkennung.

Karrieren bürgerlicher Frauen

Katharina Werner – die Bescheidene

Nach dem Tod Großherzog Karls kam zunächst dessen unverheirateter Onkel Ludwig (1763–1830) auf den Thron. Als Ludwig jung war, schien keine Notwendigkeit zu einer Vermählung zu bestehen – die Chance, dass der nachgeborene Prinz an die Regierung gelangen würde, war minimal. Später erklärte Ludwig sich zwar bereit, dem „Staatswohl dieses Opfer" zu bringen – doch das Heiratsprojekt kam nicht recht in die Gänge. Als Ludwig mit 55 Jahren Großherzog wurde, hatte er an einer Heirat kein Interesse mehr. Zum einen, weil inzwischen seine Halbbrüder aus der Hochberg-Linie zur Nachfolge berechtigt waren, zum anderen, weil er sich an eine Lebensgefährtin aus dem Bürgerstand gebunden fühlte.

Ludwig hatte ein Faible für Schauspielerinnen und zahlreiche Affären. Am Karlsruher Theater lernte er 1816 auch die 17-jährige Statistin Katharina Werner (1799–1850) kennen. Die Beziehung, die aus dieser Begegnung erwuchs, war innig und sollte erst mit Ludwigs Tod enden. 1823 erhob der Großherzog seine Geliebte und den gemeinsamen Sohn unter dem Namen „von Gondelsheim" in den erblichen Adelsstand, vier Jahre später fügte er noch den Titel der Grafen von Langenstein und die zugehörige Herrschaft im Hegau dazu. Katharina und ihre Kinder waren damit über Ludwigs Tod hinaus versorgt.

Bei Hofe ist Ludwigs Lebensgefährtin nicht aufgetreten. Diese Zurückhaltung wurde im biedermeierlichen Karlsruhe goutiert und versöhnte das Bürgertum sowie Beobachter aus anderen Ländern mit dem eigentlich skandalösen Verhältnis.

Schloss Langenstein: Großherzog Ludwig stattete seine Lebensgefährtin Katharina Werner und den gemeinsamen Sohn mit Adelstiteln und der Herrschaft im Hegau aus.

So vermeldete der preußische Gesandte 1828, dass „Madame Werner durch Bescheidenheit, große Anspruchslosigkeit und durch eine sehr eingezogene Lebensweise sich eine allgemeine Achtung erworben hat".

Auch auf Schloss Langenstein, wo der Großherzog mit Katharina den Sommer zu verbringen pflegte, achtete man darauf, die Standesgrenzen nicht zu verwischen. Wenn Ludwig „Honoratioren" an seine Tafel lud, speisten die Gräfin und die Kinder in ihren Zimmern. Katharina Werner, die Gräfin von Langenstein, hatte den sozialen Aufstieg geschafft, das Korsett bürgerlicher Wohlanständigkeit aber nicht gesprengt. Das verschaffte ihr Achtung in einer Gesellschaft, die Frauen mehr und mehr auf den häuslichen Wirkungskreis beschränkte und der adeligen Lebensweise zunehmend kritisch gegenüber stand.

Die Löfflerin – eine Kochbuch-Autorin

Die Domäne der bürgerlichen Frau war der Haushalt – und eine unverdächtige Lektüre das Kochbuch. Dabei handelte es sich meist um dicke Wälzer, denn im 18./19. Jahrhundert war ein Kochbuch eine Anschaffung fürs Leben. Sein Inhalt sollte alles abdecken, was die Hausfrau wissen musste. So brachte es ein frühes badisches Kochbuch, das „Neue lehrreiche und vollständige Magazin vor junges Frauenzimmer", auf sagenhafte 4500 Rezepte auf 1542 Seiten: Das zweibändige Werk, 1769 und 1770 in Karlsruhe erschienen, versprach, „die ganze Kochkunst und Zuckerbäckerei samt allem, was damit verknüpft ist", darzustellen. Das Werk einer anonymen Verfasserin, die sich noch stark an der höfischen Etikette orientierte (und bei andernorts erschienenen Kochbüchern kräftig abkupferte), erfuhr bis 1812 drei Nachauflagen.

Kochbücher für den Massenmarkt wurden meist von Frauen geschrieben. Die Hausfrauen legten Wert auf Rezepte, die von einer erfahrenen Geschlechtsgenossin erprobt waren. Eine Berühmtheit in dieser Hinsicht war Friederike Luise Löffler (1744–1805). Sie stammte aus Kürnbach bei Bretten, das damals allerdings noch nicht badisch, sondern württembergisch-hessisch war. Die Apothekertochter aus dem Kraichgau machte als Köchin für die Vertreter der württembergischen Landschaften Karriere. Ihr 1791 veröffentlichtes „Neues Kochbuch" war als eines der ersten ganz auf die bürgerliche Küche abgestimmt. Die Resteverwertung legte die Löfflerin den sparsamen Hausfrauen ebenfalls ans Herz. Der Bestseller erschien in 38 Auflagen bis zum Jahr 1930.

Auch in Baden kochten viele Frauen nach den Rezepten der Löfflerin. Diese bekamen allerdings bald Konkurrenz durch die in Wengern an der Ruhr geborene Henriette Davidis (1801–1876), deren Kochbuch zur populärsten Rezeptesammlung Deutschlands avancierte (61 Auflagen bis 1940). Im Jahr 1911 erschien zudem das Buch, das bis nach dem Zweiten Weltkrieg als Standardwerk der badischen Küche galt: Verfasst hatte es Emma Wundt (1871–1950), die Leiterin der Kochschule des Badischen Frauenvereins. Das ursprünglich als Lehrkochbuch konzipierte Werk sollte sich bis nach dem Zweiten Weltkrieg als Standardwerk der badischen Küche halten. Es wurde inhaltlich mehrfach überarbeitet und mit neuen Erkenntnissen aus der Ernährungslehre angereichert.

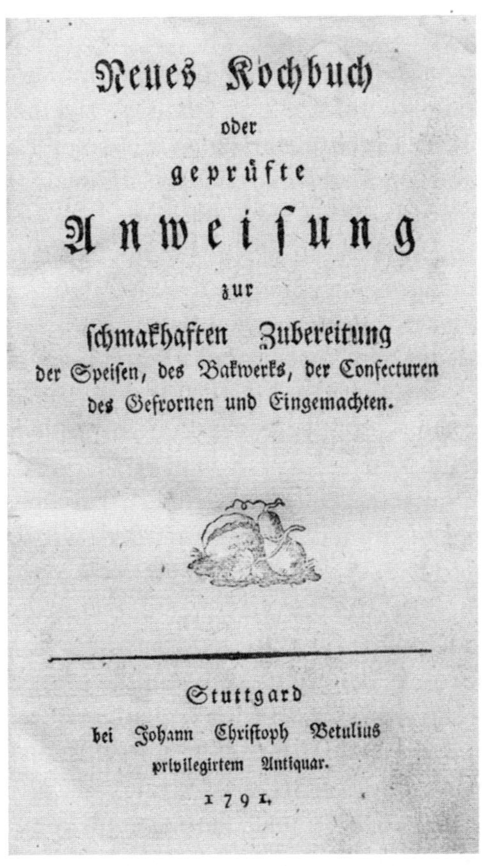

Neues Kochbuch

oder

geprüfte

Anweisung

zur

schmakhaften Zubereitung

der Speisen, des Bakwerks, der Confecturen

des Gefrornen und Eingemachten.

Stuttgard

bei Johann Christoph Betulius

privilegirtem Antiquar.

1791.

Ein Bestseller: das 1791 erstmals veröffentlichte „Neue Kochbuch“ der Friederike Luise Löffler aus Kürnbach bei Bretten.

Revolution in Baden

Großherzogin Sophie – die Skandalumwitterte

Badens Grenzen waren in napoleonischer Zeit am grünen Tisch ausgehandelt worden – die im Großherzogtum zusammengeschmiedeten Territorien hatten nie zuvor eine politische Einheit gebildet. Die Integration der verschiedenen Landesteile sollte das ganze 19. Jahrhundert hindurch ein beherrschendes Thema der Landespolitik bleiben. Vor diesem Hintergrund war der Übergang von der alten Linie des Hauses Baden auf die Hochberger Linie problematisch: Die Monarchie, die sich auf das Recht der Geburt berief, geriet in Erklärungsnot, wenn ein Herrscher keinen makellosen Stammbaum vorweisen konnte.

Im Fall des Leopold von Hochberg, seit 1818 Prinz von Baden, versuchte man, diesen Makel durch eine Heirat zu übertünchen. Der Thronanwärter sollte Sophie von Schweden (1801–1865) ehelichen. Deren Vater, König Gustav IV. Adolf, hatte seinen Thron zwar verloren, aber das Haus Wasa zählte zu den vornehmsten europäischen Familien. Zudem war Sophies Mutter Friederike eine geborene Prinzessin von Baden. So konnte man diese Ehe als Aussöhnung der alten, im Mannesstamm erlöschenden badischen Linie mit der neuen Linie der Hochberger inszenieren. Mit Sophie heiratete Leopold eine Urenkelin seines Vaters. Altersmäßig lagen Braut und Bräutigam trotzdem nur elf Jahre auseinander.

Die Ehe ließ sich erfreulich an und Sophie schenkte ihrem „lieben Mutzerle", das 1830 Großherzog wurde, acht Kinder. Auch die Bevölkerung war dem Fürstenpaar zunächst wohlgesonnen: Leopold galt als modern und liberal, und die eloquente Sophie schien alle Eigenschaften mitzubringen, die man sich von einer Landesmutter wünschte.

Doch die Harmonie war nicht von Dauer. Während sich im Land Enttäuschung darüber breit machte, dass Leopold vor dem Deutschen Bund kuschte und der Geist der Restauration seinen Reformwillen besiegte, kühlte das Verhältnis zwischen dem Großherzog und der Großherzogin ab. Gerüchte machten die Runde, wonach die 1839 geborene Prinzessin Cäcilie die Frucht eines Fehltritts sei.

Der Schatten Kaspar Hausers fiel erneut auf das Haus Baden. Man munkelte, Sophie habe die Ermordung des merkwürdigen Findlings 1833 in Ansbach in Auftrag gegeben. Die Großherzogin habe den Gedanken nicht ertragen können, dass der „wahre Erbe Badens" ihrem Gemahl den Thron streitig machen könnte, hieß es. Von Leopold sagte man, er habe zwar den Mantel des Schweigens über das Verbrechen gelegt, doch nicht länger das Bett mit einer Mörderin teilen wollen.

Wenn nicht der Großherzog der Vater der kleinen Cäcilie war, wer dann? Auf diese Frage hin fiel unweigerlich ein Name: Moritz von Haber. Der Bankier aus einer geadelten jüdischen Familie genoss das Vertrauen der Großherzogin – er hatte sogar „unangemeldeten Zugang" zu ihren Räumen. Rasch kamen Gerüchte auf, er sei Sophies Geliebter.

Dem Hofbankier traute man jede Gemeinheit zu. In der eleganten Gesellschaft und in Offizierskreisen galt Moritz von Haber seiner Herkunft wegen als eine Art Paria. Man ließ ihn seine Außenseiterrolle geflissentlich spüren. Schließlich wurde von Haber gezielt in einen Ehrenhändel verwickelt, der nach den Anschauungen seiner Zeit nur durch ein Duell zu bereinigen war. Beim Zweikampf um die Ehre musste sich Moritz von Haber jedoch von einem befreundeten russischen Offizier vertreten lassen, denn der Beleidiger, ein badischer Oberleutnant, stufte seinen Kontrahenten als „nicht satisfaktionsfähig" ein. Der Zweikampf kostete beide Duellanten das Leben – was man dem verhassten Bankier anlastete. In Karlsruhe kam es zu Ausschreitungen; der Mob brüllte „Hep Hep" und „Jud heraus".

Das Bankhaus Haber wurde geplündert.

Das Ansehen der Großherzogin nahm durch den Haber-Skandal massiv Schaden, denn, so merkte ein Zeitgenosse an: „Eine Frau sollte nicht allein tugendhaft sein, sie muss auch tugendhaft scheinen." Doch die Kaspar-Hauser-Affäre und der Haber-Skandal rückten sowohl Sophie als auch ihren Gemahl, die „fürstliche Schlafmütze", in ein düsteres Licht. Das spielte radikal-demokratischen Kräften in die Karten, die die „sittliche Verkommenheit" des Fürstenhauses für ihre Zwecke propagandistisch ausschlachteten. Ein trauriger Höhepunkt im Leben der Großherzogin Sophie war das Revolutionsjahr 1849, in dem sie mit ihrer Familie aus der Residenzstadt Karlsruhe flüchten musste: Baden war als einziges deutsches Land einige Wochen lang faktisch Republik.

Großherzogin Sophie im Kreise ihrer Kinder. – Zeichnung der badischen Hofmalerin Marie Ellenrieder aus Konstanz, 1834.

Amalie Struve – die doppelt Radikale

Mitleid mit der großherzoglichen Familie? So etwas kannte Amalie Struve (1824–1862) nicht. Ihr Freiheitskampf ging weiter, selbst als die Preußen dem badischen Großherzog seinen Thron zurückerobert hatten. Im Exil wurde die Feder ihre wichtigste Waffe. Amalie Struve schrieb, um die republikanischen Ideen zu verteidigen – und um ihre Vorstellungen von der Frauenemanzipation unters Volk zu bringen.

Als Amalie Siegrist war die doppelt Radikale in Mannheim zur Welt gekommen – ein uneheliches Kind, das im kleinbürgerlichen Umfeld unter dem Gerede der Leute litt. Dieses Gerede verstummte auch nicht, als Amalie später ihres Stiefvaters Namen „Düsar" trug. Die Eltern, wiewohl nicht auf Rosen gebettet, finanzierten ihr eine sorgfältige Ausbildung. Das ermöglichte es der jungen Frau, als Lehrerin zu arbeiten.

Die Begegnung mit einem 20 Jahre älteren Mann sollte Amalie Düsars Leben in neue Bahnen lenken: 1845 heiratete sie den Anwalt und Journalisten Gustav von Struve, dessen „Mannheimer Journal" ein Sprachrohr der entschiedenen Opposition war. Struve, der aus politischer Überzeugung den Adelstitel ablegte, entschied sich entgegen der Warnungen vieler Freude für diese Ehe. Auch sein politischer Weggefährte Friedrich Hecker riet mit Blick auf die fragwürdige Geburt der Braut und die Armut ihrer Familie von der Heirat ab.

Amalie empfand es als das „größte Glück", teilnehmen zu dürfen an den Kämpfen ihres Mannes, der wegen seiner regimekritischen Schriften mehrfach im Gefängnis saß. Struve zielte nicht auf eine Modernisierung der Monarchie ab, sondern auf eine neue politische Ordnung: die Republik. Amalie machte sich seine Ideen zu eigen. Sie musste allerdings bald feststellen, dass ihrem Tatendrang enge Grenzen gesetzt waren: Nicht nur in konservativen Kreisen, auch im liberalen Bürgertum und selbst unter radikalen Demokraten galten die Geschlechterrollen als gesetzt. Politik war Männersache. Wenn Frauen die freiheitlichen Bestrebungen ihrer Männer unterstützen wollten, so sollten sie dies auf „weibliche" Weise tun – im Hintergrund.

So blieb Amalie Struve Zuschauerin, als badische Radikale 1847 im Gasthaus „Salmen" in Offenburg das erste demokratische Programm Deutschlands formulierten, als sie Volkssouveränität sowie Glaubens-, Presse- und Versammlungsfreiheit forderten. Auch nach Frankfurt, wo im Frühjahr 1848 in der Paulskirche das Vorparlament tagte, ging sie nur als Begleiterin ihres Mannes. Sie tröstete Gustav, als seine

Forderung, die erbliche Monarchie abzuschaffen, zur Seite gewischt wurde.

Eine Freiheitskämpferin, die auch vielen Revolutionären als zu radikal galt: Amalie Struve. – Porträt von unbekanntem Künstler.

Wenige Wochen später hielten Friedrich Hecker und Gustav Struve die Zeit für reif, in Baden den bewaffneten Kampf für die Republik aufzunehmen. Da sie die Erfolgsaussichten im Süden höher einschätzten als in den Metropolen des Nordens, sollte der „Heckerzug" in Konstanz starten. Von dort wollten sie mit ihren – wie sie (vergeblich) hofften – rasch anwachsenden Truppen über Freiburg und Offenburg nach Karlsruhe marschieren. Auf die Unterstützung von Frauen legten die Revolutionäre keinen Wert – was ihnen einige Konstanzerinnen sehr verübelten. In den radikalen „Seeblättern" protestierten sie im April 1848 dagegen, dass sie bei der entscheidenden Versammlung ausgeschlossen blieben – wie die Kinder.

Amalie Struve wollte die Männer trotzdem begleiten. Die führenden Köpfe lehnten es jedoch rundweg ab, sie an den Beratungen teilnehmen zu lassen. Zu Amalies Entsetzen beugte sich Gustav diesem Veto. Nicht einmal ein Pferd wollte man ihr zugestehen – wenn sie mitkommen wollte, sollte sie den Freischärlern auf einem Leiterwagen folgen. Allenfalls für Kurierdienste oder Waffentransporte griff man auf ihre Hilfe zurück. In ihren Erinnerungen gab Amalie ihrer Enttäuschung Ausdruck: „Niemals empfand ich so tief die unwürdige Stellung, in welcher sich bis zum heutigen Tage das weibliche Geschlecht gegenüber dem männlichen befindet."

Um nicht ganz auf die Rolle der Beifall klatschenden Zuschauerin reduziert zu werden, verlegte sich Amalie Struve auf die Agitation: Sie versuchte, Soldaten von der Sache der Revolution zu überzeugen, hielt Reden vor Frauen und forderte die Freischärler zum Durchhalten auf.

Wie man(n) seinen Ruf ruiniert. Wenn die Männer der Revolution forsche „Mitstreiterinnen" ausbremsten, hatte das nicht zuletzt mit Selbstschutz zu tun: Sie wollten sich nicht dem Gelächter ihrer Gegner aussetzen. Nach gängiger Meinung konnten Männer, die auf die Hilfe von Frauen angewiesen waren, ja nur Schwächlinge sein.
Von Emma Herwegh (1817–1904) hatte ihr Mann, der Dichter Georg Herwegh, einst stolz gesagt: „Das Mädchen ist noch rabiater als ich und ein Republikaner der ersten Sorte." Als Herwegh in Paris eine „Deutsche Demokratische Legion" aufstellte, die den Heckerzug unterstützen sollte, war Emma als Vermittlerin zu den badischen Aufständischen aktiv. Die Legion wurde allerdings bei Dossenheim geschlagen. Herwegh konnte entkommen – angeblich, weil ihn seine Frau auf einem Pferdewagen versteckt hatte. Das brandmarkte Herwegh als Feigling, der unter einem Frauenrock Schutz sucht. Sein Ruf war ruiniert. Im weiteren Verlauf der 1848/49er-Revolution spielte er keine Rolle mehr.

Während Friedrich Hecker nach dem Scheitern des ersten badischen Aufstandes emigrierte, hofften Amalie und Gustav Struve auf einen Triumph im zweiten Anlauf. Von Basel aus schlugen sie im September 1848 zu. Struve und ein paar Getreue besetzten das Lörracher Rathaus, riefen die Republik aus und zogen weiter nach Müllheim. Erneut hofften die Revolutionäre darauf, dass sich massenweise Freiwillige ihrem Zug anschließen würden. Doch auch diesmal blieb der Zustrom verhalten. Amalie liebäugelte mit der Idee, ein weibliches Korps zu bilden. Die Frauen sollten das nur einige Hundert

„Die Unruhen in Baden im April 1848": Der bewaffnete Kampf war Männersache (Mitte: Sturm der deutschen Bundestruppen auf das von Aufständischen besetzte Freiburg). Dass Georg Herwegh nach der Niederlage bei Dossenheim angeblich von seiner Frau Emma auf einem Pferdewagen versteckt wurde (unten Mitte), machte diesen Freiheitskämpfer zur Lachnummer. – Kolorierte Lithographie, Nürnberg (P. C. Geißler), 1848.

Männer zählenden Freiheitsheer verstärken – und die Freischärler zu Höchstleistungen anfeuern.

Doch für die Bildung einer Frauen-Einheit blieb keine Zeit: Der Struve-Putsch endete nach wenigen Tagen in einem Fiasko. Bei Staufen, das sie am 25. September besetzt hatten, stießen die Aufständischen auf reguläres badisches Militär. Nach zwei Stunden war alles vorbei. Gustav und Amalie Struve wurden verhaftet: Er wurde nach Rastatt abtransportiert, sie in den Freiburger Turm gesperrt.

Dirnen und Flintenweiber. Im „Schönen neuen Lied von dem weltberühmten Struwwel-Putsch" machte sich Karl

Gottfried Nadler (1809–1849) über die Ereignisse im September 1848 lustig. Der Heidelberger Mundartdichter richtete in der Spott-Ballade den Fokus auf Amalie Struve. Er lässt sie vom Lörracher Rathausbalkon schreien:

„Hört, ihr Jungfern und ihr Frauen,
Ihr dürft auch nicht müßig sein;
Geht an's Barrikadenbauen,
Macht Patronen drauf und drein;
Helfet uns die Freiheit retten,
Bringt mir Hemden und Servietten,
Ich verschmähe so was nie,
Das gibt treffliche Charpie."

Mussten solche Sätze den Zeitgenossen ebenso lächerlich wie ungehörig erscheinen, toppt Nadler das Ganze noch, wenn er – die Zahl der Aufständischen grotesk überzeichnend – den Einzug in Staufen beschreibt:

„Rumbumbum, die Trommeln gehen,
Und in Staufen zieht man ein.
Züge, kaum zu übersehen,
Zehentausend mögen's sein! -
Um den Hals die goldne Kette,
Vor den Augen die Lorgnette,
Liegt zur angenehmen Schau
Breit im Wagen Struwwels Frau."

Mit diesen sorgfältig gesetzten Worten raubte der Dichter Amalie Struve alle Würde: Er setzte die „breit" im Wagen liegende Frau mit den Prostituierten gleich, die traditionell Heereszüge begleiteten.

Solche Ehrabschneidereien waren üblich im Umgang mit Frauen, die sich nicht darauf beschränken wollten, Fahnen zu sticken, Verwundete zu pflegen oder Gräber zu schmücken. Persönlichkeiten wie Emma Herwegh, Elise Blenker oder Mathilde Franziska Anneke, die für ihre Überzeugungen auf die Barrikaden gingen, wurden in Flugblättern und Zeitschriften als „Flintenweiber“ und „Banditenbräute“ geschmäht. Oder als „Dirnen“ und „Alkoholikerinnen“ vorgeführt.

Die wegen hochverräterischer Unternehmen angeklagte Amalie Struve schlug der Justiz ein Schnippchen: Sie zog sich ganz auf die Rolle der naiven und unpolitischen Ehefrau zurückzog, die gar nicht verstand, was sie angerichtet hatte. Die öffentliche Aufmerksamkeit gehörte aber ohnehin dem Schwurgerichtsprozess gegen ihren Mann, der im März 1849 begann.

Das Urteil fiel – zum Ärger von Regierungskreisen, die auf den Abschreckungseffekt gehofft hatten – mit acht Jahren Zuchthaus milde aus. Einen Prozess gegen Amalie Struve wollte man danach gar nicht erst riskieren. Sie wurde freigelassen – nach 205 Tagen im Turm, wie sie selbst angab. Amalie agitierte danach unter den Soldaten der Rastatter Garnison. Den dritten und erfolgreichsten Aufstand in Baden, in dessen Folge die Großherzogliche Familie zeitweise aus Karlsruhe fliehen musste, erlebte sie freilich erneut aus der Perspektive einer Beobachterin.

Mit ihrem Gustav, der im Mai 1849 von einen „Volkshaufen“ aus dem Bruchsaler Zuchthaus befreit wurde, verließ Amalie das Land, noch ehe die Revolution in Baden von preußischen Truppen endgültig niedergeschlagen wurde. In den USA verfasste Amalie Struve die „Erinnerungen aus den badischen Freiheitskämpfen“, in denen sie die Kraft des weiblichen Vorbilds beschwor. Das Werk erschien 1850 in Hamburg. Im Großherzogtum Baden wurde es noch im selben Jahr verboten.

Maria Josephine Hecker – Hauptsache unauffällig

An den Ruhm Friedrich Heckers (1811–1881), dessen Mythos bis heute fortlebt, reichte der spröde Gustav Struve nie heran. Während aber Struves Frau Amalie in den vergangenen Jahren „wiederentdeckt“ und gewürdigt wurde, ist von Heckers Gattin kaum je die Rede. Kein Wunder: Die Mannheimer Kaufmannstochter Maria Josephine Eisenhardt, die Hecker 1839 ehelichte, verhielt sich so, wie der charismatische Politiker es von einer guten Frau erwartete: unauffällig.

Als Hecker sich in den USA niederließ, folgte ihm Maria Josephine mit den Kindern. In ihrer neuen Heimat scheint sie sich – wie zuvor in Baden – ganz auf ihre Pflichten als Hausfrau und Mutter konzentriert zu haben. Ihr Gatte setzte sich derweil für die Emanzipation der Sklaven ein. Den sich in Nordamerika formierenden Frauenrechtlerinnen brachte er hingegen nur Verachtung entgegen: „Weiberrechtelei" war ihm zuwider.

Augusta Bender – Eine Frau kratzt an Heckers Denkmal

Friedrich Heckers Rückwärtsgewandtheit in Frauenfragen hat das ehrende Gedächtnis, das man ihm in Baden bewahrt, nie beschwert. Die Schriftstellerin Augusta Bender (1846–1924) war eine der wenigen, die sein ultrakonservatives Verhältnis zu Frauen überhaupt thematisierten.

Die Frau, die an dem Denkmal kratzte, war eine „Freiheitskämpferin" in eigener Sache: Zutiefst unglücklich über die Perspektiven, die sich einer Erbbauerntochter aus dem Odenwald boten, war Augusta Bender Lehrerin geworden, zeitweise arbeitete sie in den USA. Durch die Veröffentlichung einer Sammlung von Volksliedern aus ihren Heimatort Oberschefflenz wurde sie in Baden schließlich so populär, dass ihr ein Dasein als freie Autorin möglich war.

„Begegnung mit Friedrich Hecker bei einem Vortrag in Philadelphia" – so war ein Artikel überschrieben, den Augusta Bender 1912 im „Heidelberger Tagblatt" veröffentlichte. Sie fand darin klare Worte über den alternden Revolutionär: „Die Frauen hätte Hecker am liebsten mit einem umgestülpten Kochtopf auf dem Kopf herumlaufen sehen, und zwar ohne Ausnahme. Nicht die geringsten Kultureigenschaften des 19. Jahrhunderts wollte er ihnen zugestehen".

Im Musterländle

Großherzogin Luise – Protektorin des Badischen Frauenvereins

Nach der Niederschlagung der Revolution befand sich Baden im Würgegriff der Reaktion. Doch während der 55 Jahre währenden Regierungszeit Friedrichs I. (1826–1907), dem Sohn Großherzog Leopolds, sollte es sich zu einem „liberalen Musterländle" entwickeln. Dass Baden schließlich auch der deutschen Frauenbewegung – wenngleich nur dem bürgerlich-gemäßigten Zweig derselben – als Musterland galt, geht zuvörderst auf das Konto von Friedrichs Gemahlin, der Großherzogin Luise (1838–1923).

Viele Badener begegneten der Fürstin zunächst mit Vorbehalten, denn Luise war Preußin. Ihr Vater, der spätere Kaiser Wilhelm I., war im Großherzogtum als „Kartätschenprinz" in unguter Erinnerung: Er hatte die Revolution 1849 niederschießen und -knüppeln lassen. Noch waren die vielen Standgerichte und die demonstrative Härte der Preußen unvergessen. Luise selbst hatte aus der Revolution, die ihre Kindheit überschattet hatte, eine Lehre gezogen: Sie wusste, dass die Monarchie verwundbar war. Gemeinsam mit ihrem Mann sollte sie sich ein Leben lang für die Versöhnung von Volk und Herrscherhaus einsetzen.

In der Gesundheits- und Sozialpolitik fand die Großherzogin ihr Element. Diese betrieb sie nicht von oben herab – vielmehr suchte sie Verbündete unter Frauen des Adels und des gehobenen Bürgertums. 1859 gründete sie mit Blick auf den Österreichisch-Italienischen Krieg den Badischen Frauenverein, dessen Statuten neben Luise 18 Damen der Karlsruher Oberschicht unterzeichneten.

„Frauen und Jungfrauen des ganzen Landes" waren aufgerufen, dem interkonfessionellen Verein beizutreten. Er sollte die Pflege von verwundeten oder erkrankten Militärpersonen sicherstellen und für die Unterstützung bedürftiger Soldatenfamilien sorgen. Als der Krieg endete, ohne Baden zu erreichen, schwenkte das Komitee auf allgemeine Kranken- und Wohlfahrtspflege um.

So richtig in Fahrt kam der Badische Frauenverein durch die Reichseinigungskriege 1866 und 1870/71. Der nationale Überschwang schlug sich im verstärkten sozialen Engagement von Frauen nieder: Sie wollten auf diesem Weg „ihren" Beitrag zum historischen Geschehen leisten. Bald zog sich der Verein wie ein Netz über das Großherzogtum. Dank Großherzogin Luise, die als Schirmherrin nicht nur ihren Namen gab, sondern im Zentralkomitee mitarbeitete, konnten die Damen jederzeit auf die Unterstützung der Behörden rechnen. Die

Der Frauenverein förderte Aktivitäten, die der „weiblichen Natur" entsprachen: Hier die Küche in einem seiner Häuser in Karlsruhe, 1892.

staatsnahe Frauen-Organisation wuchs zum größten badischen Verein der Kaiserzeit heran und unterhielt im ganzen Land Krankenhäuser sowie Bildungs- und Fürsorgeeinrichtungen. Für das Jahr 1910 weist die Vereinsstatistik über 82.000 Mitglieder in 416 Zweigniederlassungen aus. Damit gehörte etwa jede sechste erwachsene Badenerin dem Frauenverein oder einer seiner Unterorganisationen an.

„Wie du willst, Luise“. Oft, sehr oft soll Friedrich I. in den 51 Jahren seiner Ehe den Satz gesagt haben: „Wie du willst, Luise.“ Am Karlsruher Hof munkelte man, dass der Großherzog unter dem Pantoffel stehe. Von Anfang an erlaubte er Luise, an seinen Gesprächen mit den Ministern teilzunehmen. Während viele Herren mit dem ungebührlich großen Einfluss der Großherzogin auf politische Fragen haderten, war diese von Selbstzweifeln geplagt: „Eine klare, durchblickende, scharfe Einsicht und Erkenntnis ist mir versagt worden“, notierte sie: „Ich bedarf Zeit und viel Zeit zum Erkennen und viel Geduld seitens des teuren Mannes, dem ich es oft so sehnlich wünschte, dass ihm eine wirklich tätig mithelfende, mitratende und erkennende Kraft zur Seite stünde ...“

Die Frau als Helferin des Mannes: Diese Vorstellung prägte das Lebenswerk der Luise von Baden. Sie hielt – wie ein Großteil der Öffentlichkeit – als natürlichen Beruf des weiblichen Geschlechts denjenigen der Hausfrau und Mutter hoch. Aber sie wollte auch brachliegende Kräfte nützen, um die sozialen Spannungen der sich wandelnden Gesellschaft abzufedern. „Neue“ Frauenberufe wie Kranken- oder Kinderwärterin schienen mit der weiblichen Natur vereinbar. Sie standen im Fokus, als sich der Badische Frauenverein der „Förderung der Bildung und Erwerbsfähigkeit des weiblichen Geschlechts“ verschrieb.

Die erste deutsche Haushaltungsschule, die der Verein 1873 gründete, passte in diese bürgerlich geprägte Weltsicht. Missstände, wie sie in vielen Unterschicht-Familien herrsch-

Großherzogin Luise mit ihrem Gemahl, Großherzog Friedrich I.: In der Gesundheits- und Sozialpolitik fand die geborene Prinzessin von Preußen ihr Element. – Fotografie, 1902.

ten, schrieben Luise und ihre Vereinsdamen weniger den Lebensumständen der Betroffenen zu als den mangelnden hausfraulichen Kenntnissen der Arbeiterinnen. Man bot ihnen spezielle Koch-, Näh- und Flickkurse an. Das schlimmste Elend suchten die Vereinsdamen mit Volksküchen zu lindern.

Ein großes Anliegen war es den Damen zudem, junge Mädchen vor sittlicher Verwahrlosung oder gar einem Abgleiten in die Prostitution zu behüten. Die Mädchenfürsorge des Frauenvereins bemühte sich, schulentlassene Töchter armer Familien in Lohn und Brot zu bringen – etwa als Näherinnen oder Dienstmädchen. Mit der Verleihung von Dienstbotenkreuzen ab 1876 oder der Ehrung von Arbeiterinnen ab 1896 würdigte man Frauen, die ihren Arbeitgebern über Jahre hinweg die Treue hielten – und suggerierte zugleich der heranwachsenden Generation, dass sich ein ehrbares Leben trotz bescheidener Löhne „auszahlte“.

Durch die Aktivitäten des Frauenvereins wuchs im ausgehenden 19. Jahrhundert die Anerkennung weiblicher Arbeit. Weil die „natürlichen" Geschlechterrollen nicht hinterfragt wurden, blieben die Handlungsspielräume von Frauen jedoch begrenzt. Im Gesundheits- und Sozialsystem Badens hatten sie sich freilich eine ungewöhnlich starke Position erobert. Ab 1910 schrieb das badische Gemeindegesetz zwingend vor, dass Frauen in bestimmten Ausschüssen vertreten sein mussten.

Badische Schwesternschaft vom Roten Kreuz – Luisenschwestern

Die Gründung des Frauenvereins 1859 gilt auch als Geburtsstunde der Badischen Schwesternschaft vom Roten Kreuz. Die „Luisenschwestern", wie sie sich in Erinnerung an die fürstliche Gründerin nennen, gelten als älteste Rotkreuz-Schwesternschaft überhaupt.

Auf Luises Betreiben hin unterzeichnete Baden im Dezember 1864 als erster Staat die Genfer Konvention: Dieser völkerrechtliche Vertrag hatte den Schutz von Verwundeten und des Sanitätspersonals im Kriegsfall zum Gegenstand. Das Rote Kreuz sollte dabei als Schutzzeichen fungieren. Zwei Jahre später wurde die Krankenpflegeabteilung des Badischen Frauenvereins auf Wunsch der Großherzogin unter die Statuten des Roten Kreuzes gestellt.

Nur unverheiratete Frauen, junge Witwen oder Geschiedene ohne Kinder konnten als Schwesternschülerinnen aufgenommen werden. Denn die Krankenwärterinnen sollten sich mit ganzer Kraft ihrem Beruf widmen und nach Bedarf flexibel einsetzbar sein. Die Bewerberinnen mussten nachweisen, dass sie über die notwendigen „körperlichen und geistigen Kräfte" verfügten. Für viele war neben der Ausbildung, dem sicheren Arbeitsplatz und der Altersversorgung auch das Leben in der Geborgenheit einer Frauengemeinschaft attraktiv. Manche Frau wurde dadurch vor dem Dasein einer „alten Jungfer" bewahrt, die vom Wohlwollen der Verwandtschaft abhing. Andererseits verpflichteten sich die Schwestern zum strikten Gehorsam gegenüber der Oberin.

Nie nach eig'nen Wünschen fragen … Selbstlos dienende Mütterlichkeit war das Ideal, dem die Rotkreuz-Schwestern nacheifern sollten. Besungen wird es in dem Gedicht „An eine Krankenpflegerin". Es findet sich in einem Gebet- und Liederbüchlein, das Großherzogin Luise 1873 zusammenstellte und zum Gebrauch von „Frauen und Jungfrauen aller Konfessionen" bestimmte. Neulingen wurde es bei der Aufnahme in die Schwesternschaft zusammen mit der „Rotkreuz-Brosche" überreicht. Noch im Ersten Weltkrieg gehörte das Büchlein zum Kriegskoffer jeder badischen Rotkreuz-Schwester:

Schmerzen lindern, Kranke pflegen.
Mattem Haupt die Hand auflegen,
Müde Herzen sanft erquicken.
Freundlich stets und friedlich blicken,
Nie nach eig'nen Wünschen fragen,
Fremde Lasten willig tragen,
Trock'ne Lippen hilfreich laben,
Gar nichts und doch Alles haben, –
Schwester in dem schlichten Kleide,
Friedensbot' im Erdenleide,
Leuchtend sei's dein Lebensstern:
„Ich darf dienen meinem Herrn."

Barmherzige Schwestern und Diakonissen

Seine ersten Krankenwärterinnen ließ der Badische Frauenverein im Karlsruher Vincentiushaus sowie der Diakonissenanstalt ausbilden. Was die professionelle Krankenpflege durch Frauen anging, hatten konfessionelle Einrichtungen die Nase vorn. Die beiden Krankenhäuser, das katholische wie das

Krankenpflegeschülerinnen des Badischen Frauenvereins: Die Luisenschwestern, 1859 von Großherzogin Luise von Baden gegründet, gelten als älteste deutsche Rotkreuz-Schwesternschaft. – Fotografie, um 1900.

evangelische, waren bereits 1851 in der Residenzstadt gegründet worden.

Zu den treibenden Kräften auf katholischer Seite hatte die aus Wertheim stammende Beamtengattin Amalie Baader (1806–1877) gehört. Die Mitglieder des Vincentius-Vereins besuchten Arme und Kranke, zudem sammelten sie Geld-, Kleider- und Sachspenden. Noch im Gründungsjahr erhielt der Verein die Genehmigung zur Errichtung eines Krankenhauses. Barmherzige Schwestern des Ordens des heiligen Vinzenz von Paul Freiburg übernahmen die Pflege.

An der Gründung der Evangelischen Diakonissenanstalt Karlsruhe waren ebenfalls zahlreiche Frauen beteiligt. Als Anhängerinnen der badischen Erweckungsbewegung fühlten sie sich verpflichtet, zur Überwindung geistlicher und sozialer Nöte beizutragen. Das schloss die Sorge für Kranke ein.

Die Diakonissenbewegung war erst wenige Jahre zuvor von Pfarrer Theodor Fliedner und seiner Frau Friederike

(1800–1842) in Kaiserswerth (heute ein Stadtteil von Düsseldorf) ins Leben gerufen worden. Seit 1836 gab es dort eine Ausbildungsstätte für evangelische Pflegerinnen. Im Mutterhaus waren die Schwestern in einer Lebens-, Glaubens- und Dienstgemeinschaft vereint. Obwohl die Diakonissen ledig waren, trugen sie eine Haube – das signalisierte, dass die frommen Schwestern in ihrer Würde verheirateten Bürgersfrauen nicht nachstanden.

Heute ist der Anblick von Diakonissen in Häubchen und Tracht selten geworden. Die Diakonissen, die noch im Mutterhaus in Karlsruhe-Rüppurr leben, sind im „Feierabend" (also im Ruhestand), Nachwuchs gibt es praktisch nicht. Besser in die Zeit zu passen scheint eine Diakoniegemeinschaft, die für alle Mitarbeiter offen ist – für Ledige und Verheiratete, Frauen und Männer.

Unvorstellbar gewesen wäre für die Frauen, die sich Mitte des 19. Jahrhunderts für die konfessionellen Krankenhäuser in der Residenzstadt stark machten, was 2016 geschah: Die St. Vincentius-Kliniken und das Diakonissenkrankenhaus haben sich zusammengeschlossen – zu den „ViDia – Christlichen Kliniken Karlsruhe". Damit soll der Dienst an den Kranken im christlichen Geist zukunftsfähig gemacht werden.

Mutter Jolberg – Erzieherinnen braucht das Land

Eine „Erweckte", also dem Pietismus nahestehend, war auch Regine Jolberg (1800–1870). Sie stammte aus der wohlhabenden jüdischen Familie Zimmern in Heidelberg, hatte sich 1826 taufen lassen, zwei Männer und zwei Kinder begraben, zwei weitere Töchter und eine Pflegetochter großzogen. In Heidelberg hatte sie sich zudem im Armen- und Frauenverein engagiert, der 1835 eine Kleinkinderschule auf den Weg gebracht hatte – die dritte in Baden nach Rastatt und Mannheim. Doch als sich die Witwe dem 40. Lebensjahr näherte, wurde ihre „Sehnsucht nach etwas Besserem" übermächtig.

Regine Jolberg fand ihre neue Aufgabe in Leutesheim unweit von Kehl. Dort hatte sie bei einer Reise die Pfarrersfrau Friederike Fink kennengelernt. Diese betrieb eine Strickschule für Dorfkinder. In der kleinen Privatanstalt waren die Mädchen und Jungen, während ihre Eltern arbeiteten, nicht nur nutzbringend beschäftigt – durch Geschichten, gemeinsames Singen und Spiel wurde zudem ihr Horizont erweitert. Als Regine Jolberg hörte, dass es Friederike Fink aufgrund einer Schwangerschaft unmöglich sei, die Strickschule fortzuführen, beschloss sie, in die Bresche zu springen: Sie zog mit ihren Töchtern nach Leutesheim.

Aus der Strickschule der Regine Jolberg wurde ab 1843 mit Genehmigung der Oberschulkonferenz eine „Kleinkinderbewahranstalt". Die Einrichtung, in der Kleinkinder ganztags und Schulkinder an den Nachmittagen betreut wurden, weckte Begehrlichkeiten in den Nachbardörfern. Doch Neugründungen scheiterten daran, dass es an Wärterinnen mit pädagogischer Erfahrung fehlte.

Das brachte Regine Jolberg auf die Idee, eine „Pflanzschule" für Kinderpflegerinnen aufzubauen. In der Zeitung „Reich Gottes" lancierte sie Artikel, um auf das Projekt aufmerksam zu machen. Das Echo bei der evangelischen Geistlichkeit war geteilt. Während einige Pfarrer Jolberg unterstellten, mit Hilfe der Bildungsstätte den Pietismus in Baden verbreiten zu wollen, starteten andere Theologen spontan Spendensammlungen.

Zur Unterstützung des „Instituts der Witwe Jolberg von Leutesheim" konstituierte sich 1846 ein Komitee. Die Bildungsanstalt, die später nach Nonnenweier verlegt wurde, war sehr gefragt. Im siebten Jahresbericht von 1852 hieß es, dass bereits 75 neue Kinderpflegen entstanden seien.

25 Jahre lang leitete Regine Jolberg das „Mutterhaus für Kinderpflege in Nonnenweier". Dann gab sie ihr Amt aus gesundheitlichen Gründen auf – nicht ohne zuvor im Komitee ihre Wunsch-Nachfolgerin durchgesetzt zu haben. Als Diakonissenanstalt hatte die fromme Regine Jolberg das Mutterhaus

bewusst nicht konzipiert: Ihr missfiel die strenge Hierarchie mit einem männlichen Vorsteher in den Diakonissenhäusern. Außerdem sollten sich „ihre" Kinderpflegerinnen jederzeit ohne Gewissensbisse für eine Ehe entscheiden können.

Knapp 50 Jahre nach dem Tod von „Mutter Jolberg" trat die Bildungsanstalt in Nonnenweier dann aber doch dem Kaiserswerther Verband bei: Man sah keine andere Möglichkeit, die Versorgung der Pflegerinnen bei Krankheit und im Alter sicherzustellen. Damit verbunden war ab 1919 eine gravierende Änderung der Leitungsstruktur: Die Vorsteherin wurde zur Oberin degradiert, Vorsteher des neuen Diakonissenhauses Nonnenweier wurde der Anstaltspfarrer.

Industrialisierung

Das Eisenbahnzeitalter begann in Baden 1840 mit den Lokomotiven „Greif" und „Loewe", die zwischen Mannheim und Heidelberg pendelten. 1851 gab es bereits eine durchgehende Schienenverbindung über Karlsruhe bis Haltingen (heute ein Stadtteil von Weil am Rhein). Die „Dampfrösser" bescherten dem agrarisch geprägten Land einen Industrialisierungsschub und takteten das Leben der Badener neu.

Typisch für den deutschen Südwesten war eine hohe Zahl von Pendlern und Nebenerwerbslandwirten: Weil die Landwirtschaft ihre Existenz nicht mehr sicherte, suchten „Industriebauern" ihr Auskommen in den Städten. Wo sich Männer und Mädchen als Fabrikarbeiter verdingten, oblag es den Ehefrauen und Müttern, sich um die Felder und die Nutztiere zu kümmern. In bäuerlichen Kleinbetrieben des Schwarzwalds und des Odenwalds war es zudem üblich, dass Frauen und Kinder das Haushaltsbudget durch Heimarbeit aufbesserten – etwa indem sie Stroh flochten, Kunstblumen oder „Schächtele" fertigten.

Industriezweige, die bevorzugt Frauen beschäftigten, waren die Textil- sowie die Tabakindustrie. Baden zählte zu den bedeutendsten Tabakanbaugebieten Deutschlands. Da Frauen als besonders fingerfertig galten und niedrigere Löhne erhielten als Männer, lag ihr Anteil unter den Beschäftigten zeitweise bei 80 Prozent.

„Abgeschafft" mit 40 Jahren. Viele Unternehmen der Tabakverarbeitung hatten sich im ländlichen Bereich angesiedelt. Dort wurden in der Regel jüngere Frauen beschäftigt. Diejenigen, die mehr als 40 Jahre zählten, waren durch die

Dreifachbelastung in der Familie, in der Fabrik und auf dem Feld dermaßen „abgeschafft", dass die Arbeitgeber ihre Beschäftigung nicht mehr als lohnend betrachteten.

Ein Auge auf die Arbeitsbedingungen in den Betrieben hatte die Großherzogliche Fabrikinspektion. Deren Leiter, Friedrich Wörishoffer, konstatierte 1891, dass die Arbeiterinnen ihre soziale Situation zwar oft als demütigend betrachteten, aber wenig Bereitschaft zeigten, sich gewerkschaftlich zu organisieren. Doch es gab Ausnahmen.

Die Näherinnen von Stockach – Frauen im Streik

In der Weihnachtsausgabe der „Freien Stimme" in Radolfszell war 1891 eine Notiz zu lesen: „Stockach, 21. Dezbr. In der Schiesser'schen Fabrik haben eine größere Zahl von Mädchen wegen geringem Lohn die Arbeit eingestellt." Mehr Informationen gab es nicht. Dabei wirbelte der Vorfall einigen Staub auf: Das Bezirksamt Stockach ließ den Fall durch die Gendarmerie untersuchen. Auch die Fabrikinspektion in Karlsruhe wurde eingeschaltet.

Was war geschehen? In der Stockacher Filiale der Radolfzeller Trikotfabrik Schiesser war am 15. Dezember 1891 eine Lohntabelle ausgehängt worden, wonach die Näherinnen vom kommenden Tag an drei Pfennig weniger für ein Dutzend fertiggestellter „Kittel" erhalten sollten. Damit würden ihnen, so rechneten die Textilarbeiterinnen aus, bei einer Tagesleistung von sechs bis sieben Dutzend Jäckchen 18 bis 21 Pfennig entgehen. Das war ein Betrag, der ins Gewicht fiel, denn die Akkordlöhne, die die Mädchen pro Tag erzielten, beliefen sich je nach Fingerfertigkeit und Tempo auf 1,50 bis maximal 1,90 Mark. Die jungen Frauen waren empört. 55 von ihnen legten die Arbeit nieder.

Das Unternehmen reagierte prompt. Es bot den Streikenden an, mit 14-tägiger Frist zu kündigen – sie würden dann nach den alten Lohnsätzen ausbezahlt. Die jungen Frauen standen damit vor der Entscheidung: Nachgeben und zu den neuen, schlechteren Bedingungen weiterarbeiten – oder 14 Tage auf dem höheren Lohnniveau schaffen und danach auf der Straße stehen.

Die Rechnung der Werksleitung ging auf: Nur 22 Arbeiterinnen blieben „ausständig“. Sie wurden zur Auszahlung in die Fabrik einbestellt. Eine Mark von ihrem hart verdienten Lohn behielt die Werksleitung jeweils ein – als Strafe für das „unanständige Benehmen“. Das Geld erhielt die Stadt Stockach für wohltätige Zwecke.

Firmengründer Jacques Schiesser hatte kein schlechtes Gewissen wegen seines Vorgehens. Er argumentierte, dass verbesserte Maschinen es den Arbeiterinnen ermöglichten, mehr Jäckchen pro Tag anzufertigen. Die im Akkord arbeitenden Frauen müssten daher bei entsprechender Leistung keine finanziellen Einbußen befürchten.

Nachdem die Gendarmerie festgestellt hatte, dass der „Tumult“ bei Schiesser nicht auf sozialdemokratische Agitation zurückzuführen sei, sank das Interesse am Streik der Näherinnen rapide. Für die Firma blieb der Zwischenfall folgenlos, sieht man einmal davon ab, dass die Großherzogliche Fabrikinspektion die Stockacher Filiale im Auge behielt – und auf eine der steigenden Beschäftigtenzahl angemessene Toilettenanlage pochte, die sich der Unternehmer gerne erspart hätte.

Elisabeth von Richthofen – die erste deutsche Fabrikinspektorin

Sie war Lehrerin, aber sie wollte mehr: studieren. Tatsächlich gelang es Elisabeth von Richthofen (1874–1973), Professoren aus Heidelberg und Berlin von ihren Fähigkeiten zu überzeugen. Der in Heidelberg lehrende Soziologe und Nationalökonom Max Weber erklärte sich sogar bereit, als ihr Doktorvater zu fungieren. Er war es auch, der Friedrich Wörishoffer, den

Vorstand der Großherzoglich Badischen Fabrikinspektion, auf die talentierte junge Frau aufmerksam machte. So wurde Elisabeth von Richthofen im Jahr 1900 in Karlsruhe zur ersten deutschen Fabrikinspektorin berufen. Schwerpunkt ihrer Tätigkeit sollte die badische Zigarrenindustrie sein, in der damals 23.000 Frauen arbeiteten.

Elisabeth von Richthofen wurde zur ersten badischen Fabrikinspektorin berufen – und musste wegen ihrer Heirat schon zwei Jahre später wieder den Dienst quittieren. – Fotografie von Th. Schuhmann & Sohn, Hofphotographen in Karlsruhe, 1902.

Elisabeth von Richthofen, die als „Aristokratin" in den Fabriken mit Vorbehalten zu kämpfen hatte, beschränkte sich nicht auf Inspektionsfahrten und Berichte. Sie unternahm auch Vortragsreisen, um etwa in Leipzig oder Dresden für den Einsatz weiblicher Fabrikinspektoren zu werben. Was ihr weniger gefiel, waren der Bürokratismus im Inspektionsalltag und kleinliche Kollegen. Vielleicht machten es ihr solche Widrigkeiten leicht, sich schon nach zwei Jahren im Amt für eine Heirat mit dem Nationalökonomen Edgar Jaffé zu entscheiden. Wegen der für Beamtinnen geltenden Zölibatsklausel war ihr eine weitere Berufsausübung unmöglich.

Marie Baum – das „rote Bäumchen"

Nachfolgerin von Elisabeth von Richthofen wurde Marie Baum (1874–1964). Die Chemikerin, die in der Schweiz promoviert worden war, hatte zunächst in der Patentabteilung von Agfa in Berlin gearbeitet, sich aber von den Rücksichtslosigkeiten des Wirtschaftslebens abgestoßen gefühlt. Die Stelle als „wissenschaftlich gebildete Hilfsarbeiterin" in der badischen Fabrikinspektion passte gut zu der sozialpolitisch ambitionierten Marie Baum, zumal sie auch Studien über die Lebensverhältnisse der Arbeiterinnen erstellen sollte. Als Fabrikinspektorin lernte Marie Baum nahezu alle 1600 Gemeinden Badens kennen – sie war mit der Bahn unterwegs, im Wagen, mit dem Fahrrad oder zu Fuß. 1904 bürdete man ihr zudem noch die Sorge um die Kinder in der Hausindustrie auf.

Aufsehen erregte Marie Baums 1906 veröffentlichte Studie „Drei Klassen von Lohnarbeiterinnen in Industrie und Handel der Stadt Karlsruhe". Sie ging darin nicht nur auf die Arbeitsbedingungen von Fabrikarbeiterinnen, Näherinnen und Geschäftsgehilfinnen ein, sondern beleuchtete auch den Gesundheitszustand und das Familienleben der Frauen. Ein besonderes Augenmerk richtete sie auf die Folgen von mageren Frauenlöhnen im Zusammenspiel mit langen Arbeitszeiten (erst 1907 wurde in Baden der Zehn-Stunden-Tag eingeführt): Mangelnde Ernährung, unzureichende Pflege und ungenügende Beaufsichtigung kosteten viele Babys das Leben. Baums Bericht zufolge lag zu Beginn des 20. Jahrhunderts die allgemeine Säulingssterblichkeit in der Stadt Karlsruhe bei 20,5 Prozent; von den unehelich Geborenen starben sogar 30,6 Prozent in ihrem ersten Lebensjahr. Noch krasser waren die Verhältnisse in den „industrialisierten Gemeinden" des Karlsruher Umlands: Dort gibt Marie Baum die allgemeine Säuglingssterblichkeit mit 25,5 Prozent an – bei den unehelich Geborenen lag sie bei 40,4 Prozent.

Marie Baum folgerte, dass eine Arbeitszeitverkürzung und Tarifverträge dringend erforderlich seien. Ihrer für die damalige Zeit radikal anmutenden Anschauungen wegen hatte die zierliche Frau bald den Spitznamen „das rote Bäumchen" weg.

Als sie ihre Stelle in der Fabrikinspektion angetreten hatte, fühlte sie sich im Kollegenkreis geachtet und geschätzt. Das

Fabrikinspektorin Marie Baum, eine promovierte Chemikerin, erstellte auch Studien über die berufliche, soziale und gesundheitliche Situation von Lohnarbeiterinnen in Baden. – Fotografie, 1952.

änderte sich mit einem neuen Vorgesetzten, der Marie Baum einen weit weniger qualifizierten Herrn vor die Nase setzte: Der Mann sollte ihre Arbeit „kontrollieren und korrigieren". Das standhafte Bäumchen ließ sich das nicht lange gefallen. 1907 kündigte sie und wechselte nach Düsseldorf, wo man ihr eine Stelle als Geschäftsführerin des Vereins für Säuglingsfürsorge angeboten hatte.

In der Weimarer Zeit kehrte Marie Baum, die inzwischen als Sozialpolitikerin für die liberale DDP Reichstagsluft geschnuppert hatte, für sechs Jahre nach Karlsruhe zurück, um den Aufbau des staatlichen Fürsorgewesens in Baden zu leiten. Ihrer jüdischen Abstammung wegen wurde ihr 1933 ein Lehrauftrag für Sozial- und Staatswissenschaften an der Universität Heidelberg entzogen. Marie Baum musste zwölf Jahre warten, bis sie wieder Vorlesungen halten durfte.

Bertha Benz – Die erste Autofahrerin

Politische oder wissenschaftliche Ambitionen lagen Bertha Benz (1849–1944) fern. Bekannt wurde sie als Ehefrau von Carl Benz, dem Erfinder des Automobils. Doch hätte Benz ohne seine in Pforzheim unter dem Mädchennamen Ringer geborene Gattin den Traum von der pferdelosen Kutsche kaum verwirklichen können. Die Familie Benz, die in einem Werkstattgebäude in Mannheim lebte, stand wiederholt vor dem Ruin. Auch als der Familienvater 1886 das Patent auf das erste Fahrzeug mit Verbrennungsmotor erhielt, waren ihm Ruhm und Ehre längst nicht sicher: Niemand wollte das Automobil kaufen.

Bertha Benz sorgte mit einer „Fernfahrt" dafür, dass die Öffentlichkeit Notiz von der Erfindung ihres Mannes nahm. – Fotografie, 1886.

Dafür, dass die Erfindung ihres Mannes die gebührende Aufmerksamkeit erhielt, sorgte Bertha Benz mit einer Aufsehen erregenden Aktion: Ohne ihren Mann zu informieren, fuhr sie im August 1888 mit ihren 13 und 15 Jahre alten Söhnen auf dem Benz-Patent-Motorwagen „Modell 3" von Mannheim über Ladenburg, Wiesloch und Bruchsal nach Pforzheim. Diese „Fernfahrt" verlief nicht ganz reibungslos – unter anderem musste Bertha den Benzinzufluss einmal mit ihrer Hutnadel reinigen. Trotzdem: Dass eine Frau eine solche Reise am Steuer eines Automobils bewältigen konnte, rief ein gewaltiges Presseecho hervor und weckte in aller Welt das Interesse an dem Motorwagen.

Bildungsemanzipation in Baden

Rahel Straus – eine Gymnasiastin

Höhere Bildung für junge Mädchen – dieses Anliegen der bürgerlichen Frauenbewegung hatte sich der Badische Frauenverein nicht auf die Fahnen geschrieben. Trotzdem dürfte das frauenfreundliche Klima im Großherzogtum dazu beigetragen haben, dass man in Karlsruhe „Ja“ sagte, als der 1888 von Hedwig Johanna Kettler in Weimar gegründete Frauenverein „Reform“ wegen der Einrichtung eines Mädchengymnasiums anfragte. Dieses Ansinnen war in anderen deutschen Ländern zuvor reihenweise abgeschmettert worden.

Im September 1893 wurde das erste deutsche Mädchengymnasium eröffnet. Unter den 28 Schülerinnen, die die Eingangsklasse besuchten, war Rahel Goitein, ein schüchternes Karlsruher Mädel aus einer bildungsbeflissenen jüdischen Familie. Ihr graute davor, einmal – wie vorgesehen – Kindergärtnerin zu werden. Viel lieber wollte sie wie ihr Bruder Latein und Griechisch büffeln, das Abitur machen und Ärztin werden.

Es blieb über Jahre hinweg eine Zitterpartie, ob die Schülerinnen tatsächlich zur Abiturprüfung zugelassen würden. Das Gymnasium, das der Frauenverein „Reform“ zunächst in Eigenregie betrieb, hatte immense finanzielle Probleme. Um ein Scheitern des Experiments zu verhindern, rief etwa in Freiburg die Frauenrechtlerin Emma Fromherz (1832–1923) einen Unterstützerkreis ins Leben. Gerettet wurde das Projekt nicht zuletzt aufgrund der Berichte des Oberschulrats, wonach die Gymnasiastinnen „fleißig und wohlgesittet“ waren und „keinerlei Anwandlungen zur Emanzipationslust“ zeigten. Das überzeugte den Karlsruher Bürgerausschuss. Er beschloss 1898, das Mädchengymnasium der Höheren Mädchenschule anzugliedern und zu einer öffentlichen Schule zu machen. Ein Jahr später legte Rahel Goitein das Abitur ab – als eine von nur vier Schülerinnen, die bis zur Reifeprüfung durchgehalten hatten.

Eine Premiere: Rahel Goitein gehörte zu den vier Schülerinnen, die 1899 am ersten deutschen Mädchengymnasium das Abitur ablegten. – Fotografie, um 1900.

Rahel hielt die Abiturrede: „Ich glaube, diesen Augenblick nicht zu überschätzen, wenn ich sage, er ist auch bedeutungsvoll für diese Anstalt, für viel weitere Kreise noch, er ist auch bedeutungsvoll für ganz Deutschland. Ist es doch das erste Mal, dass Schülerinnen eines regelrechten Gymnasiums in unserem Vaterland das Abitur machen durften."

Ihr „Vaterland" hat Rahel Goitein, die in Heidelberg Medizin studierte, nach ihrer Heirat Straus hieß und in München als Frauenärztin praktizierte, 34 Jahre später verlassen. Die fünffache Mutter starb 1933 in Jerusalem.

Luise Lenz – ein unmoralisches Angebot

Eine Frau, die in Deutschland studieren wollte, musste bis zur Wende zum 20. Jahrhundert vor allem eine Kunst beherrschen: Männer von ihrer Intelligenz und ihrer sittlichen Integrität zu überzeugen. Da Frauen als ordentlich Studierende nicht vorgesehen waren, konnten sie nur den Status einer „Hörerin" erringen – und dafür benötigen sie die Einwilligung des jeweiligen Professors. Auch an den Universitäten Heidelberg und Freiburg duldete man vereinzelt Vorlesungsbesucherinnen. Ein Recht darauf, staatlich anerkannte Prüfungen abzulegen, hatten die Frauen nicht.

Luise Lenz (1825–1899) wollte das ändern. Anfang der 1880er-Jahre stellte die Unternehmerwitwe der Universität Heidelberg eine Stiftung von 100.000 Mark in Aussicht. Daran knüpfte sie die Bedingung, dass die Zinsen für Stipendien verwandt wurden: Jedes Jahr sollten drei unbemittelte, aber begabte Fräulein die Möglichkeit erhalten, Medizin, Pharmazie oder Chemie zu studieren.

Eigene akademische Ambitionen hatte Luise Lenz nicht. Die aus einem evangelischen Pfarrhaus in St. Georgen stammende Dame wollte mit der Stiftung die Wünsche ihres verstorbenen Mannes erfüllen, der ein entschiedener Befürworter des Frauenstudiums gewesen war.

Die geborene Luise Heymann hatte Ferdinand Lenz, der in Zell am Harmersbach eine Fayence-Manufaktur besaß, jahrelang als Gesellschafterin und Haushälterin gedient – und sich von seiner Begeisterung für gesellschaftspolitische Fragen anstecken lassen. Dann verkaufte Lenz seine Fabrik, zog in die Schweiz und nahm seine inzwischen 50-jährige Hausdame zur Frau. Er starb schon vier Jahre später – nicht ohne Luise beauftragt zu haben, sein Vermögen in „bewegende Ideen" zu investieren.

In den Augen der Heidelberger Professorenschaft war die angebotene Stiftung geradezu unmoralisch – man lehnte dankend ab. Die Mäzenin wandte sich daraufhin an die Universität Freiburg. Dort kam eine Plenarversammlung des Senats 1884 zu dem Schluss, dass „die Universität Freiburg dem Frauenstudium überhaupt nicht geöffnet werden solle". Nach der zweiten Absage stellte Luise Lenz den für die Studienstiftung vorgesehenen Betrag dem Allgemeinen Deutschen Frauenverein zur Verfügung, der das Geld mit Freuden annahm.

Die Furcht, dass durch eine reguläre Zulassung von Frauen der wissenschaftliche Nimbus ihrer Hochschule leiden könnte, trieb die Freiburger Professoren noch um, als in Karlsruhe bereits das Experiment Mädchengymnasium lief. Die Hochschullehrer ahnten zwar, dass sie sich auf Dauer der Frauen-Immatrikulation nicht würden verschließen können – sie warnten jedoch dringend vor einem badischen Alleingang. Man möge „mit den übrigen Bundesregierungen Vereinbarungen über eine gleichmäßige Behandlung der Frage" schließen, appellierten sie Ende 1899 ans zuständige Ministerium.

Zu dieser Zeit befand sich Johanna Kappes (1873–1933) bereits in der Breisgaumetropole. Sie war eine der vier Frauen, die 1899 am Karlsruher Mädchengymnasium das Abitur gemacht hatten. Johanna wollte Medizin studieren und hatte – wie vier weitere Frauen – zum Wintersemester 1899/1900 als „Hörerin" Gnade vor den Augen der Professoren gefunden. Nun trat die Freiburger Ortsgruppe des Vereins „Frauenbildung – Frauenstudium" an die fünf Hörerinnen heran: Sie sollten beim Senat eine Petition einreichen, um ihre Immatrikulation durchzusetzen. Johanna Kappes verfasste ein solches Schreiben. Die anderen hatten Angst, dass man ihnen ihrer Undankbarkeit wegen den Hörerinnenstatus entziehen könnte, und hielten still.

Wie zu erwarten war, lehnte der Senat die Petition ab. Doch Prorektor Gustav Steinmann, dessen Gattin Adelheid im Verein „Frauenbildung – Frauenstudium" aktiv war, leitete das Ersuchen der Johanna Kappes nach Karlsruhe ans Kultusministerium weiter. Dort erging am 28. Februar 1900 ein Erlass, wonach die badischen Landesuniversitäten Frauen mit deutschem Reifezeugnis zum Studium zuzulassen hätten – „versuchs- und probeweise". Die Freiburger Hochschule wurde zudem angewiesen, Johanna Kappes rückwirkend zum Wintersemester 1899/1900 die Einschreibung zu ermöglichen.

Dank Johanna Kappes, die nunmehr als „Fräulein stud. med.“ firmierte, rang man sich in Freiburg dazu durch, auch den vier anderen Hörerinnen mit deutschen Abitur die nachträgliche Immatrikulation zu gestatten: Die Albert-Ludwigs-Universität war damit die erste in Deutschland, die Frauen ein reguläres Studium ermöglichte. Aufgegeben hat keine der fünf Pionierinnen: Sie alle promovierten und waren schließlich als Ärztinnen tätig.

Im Reich der Mode

Emmy Schoch – Avantgarde aus dem Katalog

Brust raus, Bauch rein: Das S-Korsett kannte keine Gnade. Es zwang modebewusste Frauen um 1900 zu einer sehr gekünstelten Haltung. Und das in einer Zeit, die das „natürliche Leben" als Quelle von körperlicher und seelischer Gesundheit entdeckte. War Schönheit wirklich nur durch Leid zu erkaufen? Emmy Schoch (1881–1968) glaubte nicht daran. Die in Lichtenau geborene Tochter eines Landtagsabgeordneten hatte in Berlin das Schneidern gelernt. Als Mitglied des „Deutschen Verbandes für Verbesserung der Frauenkleidung" setzte die Badenerin auf bewegungsfreundliche Reformkleider. Selbst böswillige Kritiker konnten die Modelle, die Emmy Schoch unter anderem in Stuttgart und Freiburg bei Ausstellungen und Modeschauen präsentierte, schwerlich als „Säcke" oder „Bußgewänder" verhöhnen. 1906 eröffnete sie in Karlsruhe eine „Werkstätte für neue Frauentracht und künstlerische Stickerei".

„Geschmack ist die Reinigung von allem Überflüssigen": die Modeschöpferin Emmy Schoch. – Fotografie, um 1912.

Handwerk und Kunst – für Emmy Schoch gehörte das zusammen. In ihrem Atelier entstand etwa ein weit schwingender Abendmantel aus blaugelb-changierender Seide, der mit fernöstlich anmutenden Blumenmotiven bestickt war: Ein solches Gewand brachte nicht nur die Damen in der badischen Residenzstadt, die damals ein südwestdeutsches Zentrum des Jugendstils war, zum Schwärmen. Das edle Stück wurde unter anderem 1911 bei der Internationalen Hygiene-Ausstellung in Dresden gezeigt – und entzückte den französischen Couturier Paul Poiret, der zu den ganz Großen in der Welt der Mode zählte.

Die Nachfrage nach Emmy Schochs Modellen war enorm: Um 1912 hatte ihr Betrieb etwa 50 Angestellte. Der Name der Modeschöpferin – sie behielt ihn auch nach ihrer Heirat bei – hatte weit über Südwestdeutschland hinaus einen guten Klang. Die Zeitungen berichteten wohlwollend über ihre Modeschauen und Vortragsreisen. Das ermunterte sie, ihre Modelle reichsweit anzubieten: Avantgarde aus dem Katalog. „Deutsche Typenkleider" heißt das Buch von 1913, dem sie das Motto „Geschmack ist die Reinigung von allem Überflüssigen" voranstellte. Die Kundinnen konnten unter 56 Modellen ihre Wahl treffen. Gefertigt wurden die Kleider auf der Grundlange von Maßtabellen. Emmy Schochs Atelier bestand bis 1953.

Erster Weltkrieg

Mathilde von Horn – unter Spionageverdacht

Sie arbeitete nicht gern als Zweite: Mathilde Gräfin von Horn (1875–1943) galt als ehrgeizig. Mit ihrer Kompromisslosigkeit stieß die aus Bayern stammende Rotkreuz-Schwester manche sanftere Weggefährtin vor den Kopf. Und doch hatte für Mathilde von Horn, die als Oberin der Inneren Abteilung des Städtischen Klinikums Karlsruhe vorstand, das Wohl der ihr anvertrauten Pflegerinnen und Patienten höchste Priorität. Ihre in Buchen geborene Freundin Pia Bauer (1871–1954), die Oberin der Karlsruher Chirurgie, war aus ähnlichem Holz geschnitzt. 1908 stellten die beiden Schwestern ihre Tätigkeit ein, um gegen unzumutbare Arbeitsbedingungen zu protestieren.

Diese Aufmüpfigkeit sollte ihre Karriere jedoch nicht beenden. Die verwitwete Großherzogin Luise, die Protektorin des Roten Kreuzes, hielt große Stücke auf Mathilde von Horn, ihre Durchsetzungsfähigkeit und ihr Organisationstalent. Daran änderten auch die Scharmützel nichts, die sich die Schwester, nachdem sie 1909 Oberin im Allgemeinen Krankenhaus Mannheim geworden war, mit dem dortigen Klinikchef lieferte.

1913 schuf der Badische Frauenverein das Amt einer Generaloberin, die den Vorstand bei der Organisation und Verwaltung der Rotkreuz-Schwesternschaft unterstützen sollte. Großherzogin Luise sah Mathilde von Horn für den Posten des „großen Kettenhundes" vor. Die Generaloberin hatte vor allem Kontrollaufgaben: Die Verwaltung im Mutterhaus sollte sie überwachen, die „Erziehung" und Weiterbildung der Schwestern, die Arbeit der Oberinnen und das Funktionieren sämtlicher Stationen im Land. Dass Mathilde von Horn den Laden im Griff hatte, zeigte sich beim Ausbruch des Ersten Weltkrieges. Die von der Heeressanitätsverwaltung angeforderten 245 Rot-Kreuz-Schwestern standen sofort zur Verfügung.

Die Arbeit in den Lazaretten im Etappengebiet war zunächst durchaus mit der in einem großen Krankenhaus in der Heimat vergleichbar. Ungleich schwieriger wurde die Situation, als Mathilde von Horn und Schwestern ihres Zuges im Sommer 1915 nach Russland entsandt wurden, um in einer Durchgangsstation an Cholera, Typhus und Ruhr erkrankte Patienten zu pflegen. Auf die Generaloberin warteten freilich noch andere Herausforderungen. Im September 1916 gehörte sie einer Delegation von deutschen und österreichisch-ungarischen Schwestern an, die entsprechend der Haager Landkriegsordnung und auf Vermittlung des Dänischen Roten Kreuzes Kriegsgefangenenlager in Russland inspizierten. Danach war sie eine Zeitlang im Mutterhaus tätig, ehe sie nach Serbien abkommandiert wurde.

Die Schwestern, so klagte Mathilde von Horn Ende 1917, zeigten „keine Begeisterung mehr". Sauberkeit und Ordnung ließen zu wünschen übrig. Die Oberin forderte die gewohnte Disziplin ein. Erzürnt stellte sie fest, dass Lazarettdelegierte und Zugführer der männlichen Sanitätstrupps sich das Kommando anmaßten und dass viele Schwestern sich willig unterordneten. Mathilde von Horns Beschwerden führten zu der Klarstellung, dass männliche Zugführer keinesfalls den Schwestern vorgesetzt waren. Sie durften Anordnungen nur in „der höflichsten Form" übermitteln.

Im Frühling 1918 reiste Mathilde von Horn ein weiteres Mal nach Russland, um am Rücktransport deutscher Kriegsgefangener mitzuwirken. Die Aktion stand diesmal unter der Aufsicht des Schwedischen Roten Kreuzes. Bereits die erste Fahrt der Oberin nach Russland war wegen Auflagen der zaristischen Regierung mühsam gewesen – doch unter den neuen, bolschewistischen Machthabern erschien ihr die Arbeit ungleich schwieriger. In Baku, wo Kämpfe zwischen Russen und

Türken im Gange waren, geriet sie zudem unter Spionageverdacht. Die badische Schwester wurde verhaftet. Nur die rasche Intervention des schwedischen Konsulats bewahrte Mathilde von Horn davor, als Spionin erschossen zu werden.

Frauen verrichten „Männerarbeit"

Mit Kriegsbeginn war die Zahl der Erwerbslosen in die Höhe geschnellt. Besonders betroffen waren Industriezweige, in denen typischerweise Frauen beschäftigt waren. Der Nationale Frauendienst, ein Zusammenschluss von Frauenorganisationen unterschiedlichster Art, versuchte, die dadurch entstehende Not abzufedern. Trotzdem fragten sich viele Arbeiterinnen, wie sie ihre Kinder über die Runden bringen sollten. Sie trösteten sich damit, dass der Krieg – nach allem, was man hörte – nicht lange dauern würde.

Doch von einem schnellen Kriegsende konnte keine Rede sein. Und als Not am Mann war, besann sich das Vaterland auf seine weibliche Heimarmee. Frauen sollten in Bereichen anpacken, in denen vor dem Krieg praktisch nur Männer beschäftigt waren – etwa als Straßenbahnschaffnerinnen, bei der Straßenreinigung oder in den Verwaltungen. Der größte Bedarf bestand in der Kriegsindustrie. Die Oberste Heeresleitung setzte auf die gezielte Rekrutierung von Frauen. In Mannheim stieg die Zahl der Arbeiterinnen, die in der Metallindustrie arbeiteten, von 560 im ersten Kriegsjahr auf über 7500 im November 1918 an.

Viele Frauen schreckten jedoch davor zurück, in Fabriken zu arbeiten, in denen es weder für sie reservierte Waschräume noch Umkleiden gab. Pendlerinnen fürchteten die weiten Wege, die sie oft bei Dunkelheit zurücklegen mussten. Frauen, die mit Heimarbeit Geld verdienen wollten, gab es genug – doch man drängte sie in die Knochenjobs der kriegswichtigen Industrie. Das Ettlinger Bezirksamt meldete 1916: „Ein großer Teil der Arbeiterinnen lehnt es ab, Karlsruher Munitionsfabriken zu besuchen, weil es für sie gefährlich sei in sittlicher Beziehung."

Diese Argumentation hatte wenige Jahre zuvor dazu gedient, Frauen von besser bezahlten Tätigkeiten fernzuhalten. In Kriegszeiten zog sie nicht. Vielmehr drohte man bedürftigen Soldatenfrauen für den Fall der „Arbeitsverweigerung" mit dem Entzug der Kriegsunterstützung. Die Arbeitsschutzgesetze wurden außer Kraft gesetzt. Zugleich wurden die Kontrollen der Fabrikinspektion zurückgefahren. Die Löhne, die man den Frauen zahlte, lagen jedoch weiter unter denen männlicher Beschäftigter.

Die ständige Überlastung und eine zunehmend schwierige Ernährungslage machten die Arbeiterinnen anfällig für Krankheiten. In Mannheim und Karlsruhe kam es 1917 wiederholt zu spontanen Streiks.

Besonders schlimm waren die Arbeitsbedingungen in der Munitionsherstellung, bei der die Frauen mit gesundheitsschädlichen Substanzen umgehen mussten. In Karlsruhe wies sogar das stellvertretende Generalkommando des XIV. Armeekorps auf den erbärmlichen körperlichen Zustand der Arbeiterinnen hin. Die badische Regierung rang sich allerdings lediglich zu verbalen Streicheleinheiten für die Betroffenen durch: „Es ist ein großes, stilles Heldentum, das darin liegt, seine Gesundheit und seine Jugendblüte zu opfern, um das Rüstzeug für unser kämpfendes Heer herzustellen."

Hausfrauen – „Hüterinnen des Herdes". Der Krieg machte vor den Kochtöpfen nicht halt: „England will die deutschen Familien dem Hunger preisgeben; das, was auf dem Schlachtfelde nicht erreicht werden konnte, soll jetzt durch den Aushungerungsplan herbeigeführt werden: Deutschlands Vernichtung", schrieb die bekannte Kochbuchautorin Emma Wundt. 1915 erschien ein neues Werk von ihr: das „Badische Kriegskochbüchlein". Die Rezepte sahen weniger Mehl, Fleisch und Fett vor, dafür sollten mehr Kartoffeln auf den Tisch: „Die Hausfrau ist die Hüterin des Herdes, in ihrer Hand

liegt es, den Haushalt so zu führen, dass der Plan unserer Feinde zunichte gemacht wird."
Probleme bei der Lebensmittelversorgung gab es schon in der ersten Kriegsphase. Der Schwarzhandel blühte, „Hamstern" wurde zum Volkssport. Im Verlauf des Krieges wurde es für die Hausfrauen immer schwieriger, die Menüvorschläge des „Badischen Kriegskochbüchleins" umzusetzen.
Eine Rezeptsammlung von Käthe Birke, die 1917 in Karlsruhe erschien, setzte daher auf „Die fleischlose Küche in der Kriegszeit nebst einfachen Fischgerichten". Doch schon im Steckrübenwinter 1916/17 blieb vielen Familien nichts anderes übrig, als auf das „Radikalmittel" zurückzugreifen, das ein Herr namens August Lehmann als „Antwort auf den englischen Hungerplan" entwickelt hatte. Ganz oben auf seiner Liste stand: „Nie das gründliche Kauen vergessen." Denn: „Gut gekaut ist schon halb gesättigt."

Ein Emanzipationsschub?

Oft wurde behauptet, dass der Erste Weltkrieg durch den massiven Einsatz von Frauen in der Industrie und bei anderen, zuvor Männern vorbehaltenen Tätigkeiten an der „Heimatfront" einen Emanzipationsschub bewirkt habe. Tatsächlich aber mussten nach dem Waffenstillstand unzählige Frauen ihre Arbeitsstellen wieder verlassen, um Platz für zurückkehrende Soldaten zu machen. Einige Arbeitgeber widersetzten sich zunächst den von den Demobilmachungsausschüssen forcierten Entlassungen: Sie wollten die billigen Arbeitskräfte nicht verlieren.

Dennoch verschwanden nach 1918 die Frauen wieder aus fast allen Arbeitsgebieten, die sie während des Krieges „erobert" hatten. Eine Ausnahme bildete die Büroarbeit, die bis 1914 ebenfalls eine Männerdomäne gewesen war: Stenotypistinnen und Sekretärinnen waren aus den öffentlichen und privaten Verwaltungen fortan nicht mehr wegzudenken.

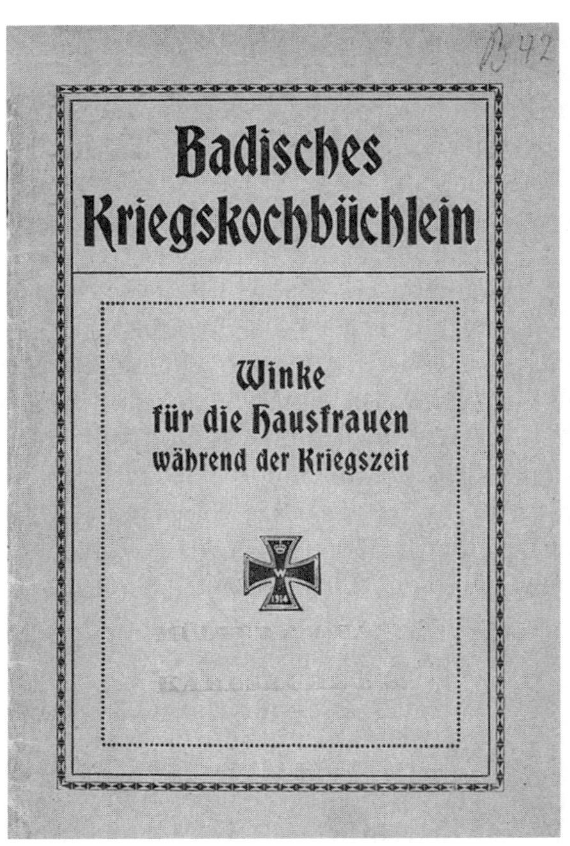

Die Hausfrauen sollten den „Aushungerungsplan“ Englands zunichte machen: Die Rezepte dazu lieferte das Badische Kriegskochbüchlein von 1915.

Dass Frauen die Vorzimmer und Sekretariate hinter sich ließen und in der Verwaltung Karriere machten, blieb eine Ausnahme. Zum einen, weil sie meist nicht über die nötige Vorbildung verfügten, zum anderen, weil Männer offen oder verdeckt Widerstand gegen das Vorankommen ihrer Kolleginnen leisteten. Die Vorstellung, dass die „Kriegsgewinnlerinnen“ über kurz oder lang das Kommando übernehmen könnten, war aus männlicher Sicht auch eine Ur-Katastrophe des 20. Jahrhunderts.

Hilda – Die Tränen der letzten Großherzogin

Als im November 1918 revolutionäre Unruhen in Karlsruhe spürbar wurden und Schüsse fielen, verließ die großherzogliche Familie das Schloss angeblich durch ein Fenster: Großherzog Friedrich II. (1857–1928), seine Gemahlin Hilda (1864–1952), seine greise Mutter Luise und seine zu Besuch weilende Schwester Victoria, die Königin von Schweden (1862–1930), wollten in Baden-Baden Unterschlupf suchen. Weil die Straße blockiert schien, machten die Fluchtautos kehrt und fuhren nach Zwingenberg am Neckar. Dort empfing der Großherzog am 13. November Anton Geiß, den sozialdemokratischen Chef der provisorischen Regierung, sowie Heinrich von Bodman, seinen eigenen, nunmehr im Ruhestand befindlichen Staatsminister.

Angeblich haben sie im November 1918 das Karlsruher Schloss durch ein Fenster verlassen: die verwitwete Großherzogin Luise (vorne links), Königin Viktoria von Schweden (vorne rechts), Großherzogin Hilda sowie ihr Gemahl Friedrich II. (hinten). – Fotografie zwischen 1914 und 1918.

Auf das Zureden der Herren hin verzichtete Friedrich II. auf die Regierungsgewalt. Anton Geiß berichtete später, dass Hilda ihm die Hand gereicht und Glück gewünscht habe: „Die Frau hat jämmerlich geweint. Sie war ganz aufgelöst. Sie hat vorher kein Wort gesprochen, stand nur daneben mit Tränen in den Augen. Sonst war niemand da als Exzellenz Bodman, der ebenfalls tief ergriffen war. Auch mich hat es erfasst."

Am 22. November 1918 unterzeichnete Friedrich II. in Schloss Langenstein in Hegau schließlich die Abdankungsurkunde. Die Monarchie in Baden gehörte der Vergangenheit an, doch die Mitglieder des ehemaligen Herrscherhauses blieben im Land. Während Großherzogin Luise nach Baden-Baden zog, wählten Friedrich und Hilda Freiburg als ständigen Wohnsitz. Ihr dortiges Palais wurde in einer Bombennacht des Zweiten Weltkriegs zerstört. Daher verbrachte die verwitwete Hilda ihren Lebensabend in Badenweiler. Dort starb die letzte Großherzogin im Februar 1952 – wenige Wochen, ehe „ihr" Baden im Südweststaat aufging.

FREISTAAT BADEN

Die neue Frau

Bubikopf und Zigarettenspitze: An der „neuen Frau" schieden sich die Geister. Wohin allzu viel Freiheit führte, das konnte man sich unter anderem im Kino anschauen: „Madame wünscht keine Kinder" hieß ein Streifen von 1926. Der Film erzählt vom Eheleid eines jungen Rechtsanwalts, dessen Frau exzessiv Charleston tanzt und anderen Männern schöne Augen macht. Zur Erleichterung des Publikums hält „Madame" am Ende aber doch ein Baby in den Armen und findet als Hausfrau und Mutter das wahre Glück.

Dieses cineastische „Happy End" dürften große Teile des Publikums besonders geschätzt haben an dieser „Sittenschilderung unserer Tage". Doch es waren auch Filme ohne versöhnlichen Ausgang im Angebot: Der „Kreuzzug des Weibes" (1926) etwa, der sich kritisch mit dem Abtreibungsverbot auseinandersetzte, war einer davon. Diesen Streifen empfanden viele Kinogänger als skandalös.

Daran, dass sich zahlreiche Frauen intensiv der Körper- und Gesundheitspflege widmeten, nahm die Mehrheitsgesellschaft keinen Anstoß. Hoch im Kurs stand der Erhalt der Volksgesundheit. Der sportliche Körper wurde zum neuen Ideal – auch bei Frauen. Die Mode, die nun auch in breiten Kreisen des Bürgertums das Korsett sprengte, zeugte von einer so nie gekannten Freude an der Bewegung.

Und warum sollten Mädchen keinen Sport treiben? Tennis oder Eiskunstlauf schienen durchaus zum weiblichen „Naturell" zu passen. Ästhetische Qualitäten hatten sie obendrein.

Lina Radke-Batschauer – die Olympia-Siegerin

Die Leichtathletik gehörte nicht zu den Sportarten, die man jungen Mädchen empfohlen hätte. Aber ausgerechnet Leichtathletik hatte sich Lina Batschauer (1903–1983) in den Kopf gesetzt. Die Tochter eines Schlossers eiferte darin ihrem Bruder Emil nach, der es zum badischen Zehnkampfmeister brachte. Sie trainierte zunächst in einem Baden-Badener, später in einem Karlsruher Verein. Ihr Bruder machte sie mit Georg Radke bekannt, den sie später heiratete – der Schneidermeister aus Breslau arbeitete in seiner Freizeit als Trainer. Bereits ein Jahr später wurde Lina deutsche Meisterin im 1000-Meter-Lauf. 1927 errang sie den 800-Meter-Titel.

Sie holte als erste deutsche Frau eine Goldmedaille: Lina Radke (rechts, hier mit Hitomi Kinue) bei den Olympischen Spielen in Amsterdam. – Fotografie, 1928.

Den Gipfel ihrer Sportlerinnen-Karriere erklomm die mittlerweile in Breslau lebende Lina Radke 1928 bei den Olympischen Spielen in Amsterdam: Sie lief über 800 Meter einen neuen Weltrekord und holte als erste deutsche Frau eine Goldmedaille – ein Erfolg, den man auch in der badischen Heimat der Sportpionierin feierte.

Bei den Olympischen Spielen waren Frauen seit dem Jahr 1900 zugelassen, allerdings zunächst nur in Sportarten wie Croquet, Golf, Tennis, Bogenschießen, Schwimmen und Eiskunstlauf. In Amsterdam gingen 1928 erstmals Leichtathletinnen an den Start. Das widerstrebte Pierre de Coubertin, dem Vater der Olympischen Spiele der Neuzeit, zutiefst. Der Sportfunktionär hatte eine Abneigung gegen weibliches Rekordstreben. Es hatte lange Diskussionen gegeben, ehe man sich dazu durchrang, Frauen in den Disziplinen Hochsprung, Diskus, 100 Meter, 800 Meter und 4 x 100-Meter-Staffel zuzulassen.

Ausgerechnet in Lina Radkes Disziplin sollte der erste olympische Wettkampf der Frauen für lange Zeit – bis 1960 – auch der letzte gewesen sein: Weil angeblich mehrere Finalistinnen kollabiert waren, entschied der Weltverband, dass die 800-Meter-Strecke für Frauen zu anstrengend sei.

Politische Gehversuche

Die Weimarer Republik brachte den Frauen die staatsbürgerliche Gleichberechtigung. Sie durften nun wählen – und sich selbst zur Wahl stellen. Doch bei ihren politischen Gehversuchen kamen viele Kandidatinnen ins Stolpern. Beim Kampf um aussichtsreiche Listenplätze waren nur wenige Frauen erfolgreich – und selbst wenn sie eine gute Startposition errangen, waren ihre Chancen auf ein Mandat schlechter als bei ihren männlichen Parteifreunden. Die wiederum verstanden es, die weibliche Konkurrenz auf wenig prestigeträchtige „Frauenpolitikfelder" zu verweisen.

Der Frauenanteil in den Parlamenten der Weimarer Republik blieb bescheiden – vor allem in Baden, das reichsweit zu den Schlusslichtern zählte. In den Reichstag gelangten von 1919 bis 1933 lediglich zwei Badenerinnen: Die Zentrumspolitikerin Klara Philipp (1877–1949), die in der Pforzheimer Stadtverordnetenversammlung und im Kreistag von Karlsruhe Erfahrungen gesammelt hatte, rückte 1926 für einen verstorbenen Parteifreund nach. Sie behielt ihr Mandat allerdings nicht lange, weil sie bei den Reichstagswahlen 1928 und 1930 keinen aussichtsreichen Listenplatz erhielt. Clara Siebert (1873–1963) aus Karlsruhe, ebenfalls vom Zentrum und mit Landtagserfahrung ausgestattet, wurde 1932 in den Reichstag gewählt.

Doch zunächst war die Euphorie groß. 1919 fanden sich neun Frauen (vier vom Zentrum, vier von der SPD und eine von der Deutschen Demokratischen Partei) unter den 107 Abgeordneten der badischen Nationalversammlung. Ihnen war bewusst, dass sie eine historische Mission hatten.

Frauen im Ständehaus

Die ersten Reden von Frauen im Karlsruher Ständehaus sind in den Protokollen von der Sitzung des Badischen Landtags am 15. Januar 1919 festgehalten. Als erste ergriff die liberale Abgeordnete Marianne Weber (DDP) aus Heidelberg das Wort:

„Es sei mir gestattet, nicht als Parteiangehörige, sondern als Frau einige Worte zu Ihnen zu sprechen, denn ich bin mir bewusst, dass heute tausende von badischen Frauen mit Freude und Dankbarkeit und mit klopfendem Herzen auf uns schauen und die Tatsache, dass heute zum ersten Mal Frauen in dieses Haus eingezogen sind, die berufen sind, an der Gestaltung des Staates, an dem Wiederaufbau des badischen Staates teilzunehmen, als einen Augenblick von geschichtlicher Bedeutung empfinden. Wir Frauen können nur unserer hohen Freude und Befriedigung darüber Ausdruck geben, dass wir zu dieser Aufgabe mitberufen sind, und ich glaube sagen zu dürfen, dass wir besser für sie vorbereitet sind, als vielleicht die meisten von Ihnen glauben. Millionen von uns haben seit vielen Jahrzehnten draußen außerhalb des Hauses ihren Unterhalt selbst verdient und auf eigenen Füßen stehen müssen, und sie haben sich die harte Luft des Draußenlebens um ihren Kopf wehen lassen. Tausende von uns haben während des Krieges Männerarbeit geleistet, mit geringeren leiblichen Kräften als der Mann. Tausende von uns Frauen haben ein Heimatheer gebildet, ohne welches das Frontheer keine Munition und keine Kleidung gehabt hätte. Und Tausende von uns, die nicht gezwungen waren, den harten Kampf ums Dasein zu führen, haben doch seit vielen Jahrzehnten, durchdrungen von tiefem sozialem Verantwortungsgefühl, mitgewirkt an der Lösung der schweren sozialen Aufgaben. Sie haben sich dabei auch geschult, zu allen Angelegenheiten des öffentlichen Lebens, und zur Gesetzgebung, soweit sie das weibliche Geschlecht betraf, Stellung zu nehmen, und so glaube ich, von uns sagen zu dürfen, dass wir nicht unvorbereitet in dieses Haus einziehen.

Wir als Frauen werden selbstverständlich hier nicht nur die Interessen unserer Partei, sondern auch die Interessen unseres Geschlechts zu vertreten haben. Und so glaube ich, dass auch die Frauen der verschiedenen Parteien, die wir heute hier sehen, sich untereinander noch durch ein besonderes Band verknüpft fühlen werden. Aber ich darf wohl für uns gemeinsam das Versprechen abgeben, dass das Wichtigste uns immer sein wird das Interesse des Ganzen und das Interesse unseres badischen Vaterlandes, für das wir hier mit Ihnen ernst und freudig zusammenarbeiten wollen."

Anders war der Tenor bei der Zentrumsabgeordneten Clara Siebert aus Karlsruhe:

„Nach den Worten der Frau Marianne Weber halte ich mich für verpflichtet, auch im Namen der Frauen unserer Fraktion einige Worte zu sagen.

Vor uns stand das Frauenwahlrecht in erster Reihe als Frauenwahlpflicht. Wir wussten, dass wir jetzt mitgestalten sollen an dem Aufbau unseres Gemeinschaftslebens, und dass jetzt vielleicht manchem Wunsche, den wir in unserer sozialen Arbeit jahrelang im Herzen trugen, Erfüllung gewährt werden könnte. Denn darin werden wir uns ja einig sein, dass das Ziel unserer Wünsche auf sozialem Gebiet immer weiter ging als deren Verwirklichung. Wir können unsere Bestrebungen vielleicht dahin zusammenfassen: Wir sind getragen von dem besten Willen, Mutterarbeit und Schwesternarbeit hinauszutragen ins Gemeinschaftsleben und zum Wohle unseres engeren Heimatlandes jetzt mitzuhelfen. Mit Dankbarkeit gedenken wir der Gewissenhaftigkeit unserer Beamten, die es jetzt auch uns möglich machen, sofort auf vorbereitetem Boden im neuen Staat mitzuarbeiten, und wir treten ein in diese Arbeit mit dem Worte: Mit Gott!"

Als dritte ergriff die Sozialdemokratin Therese Blase aus Mannheim das Wort:

„Zunächst möchte ich Ihnen bekennen, dass ich heute leider nicht recht bei Stimme bin. Ich habe mich in den letzten Tagen durch die ungeheure Anstrengung in unseren Ver-

sammlungen etwas erkältet und kann zu Ihnen daher nicht so recht von Herzen sprechen, wie ich es eigentlich möchte.

Ich kann im Namen unserer Partei das Bekenntnis ablegen, dass wir uns eigentlich von jeher damit befasst und uns mit großer Freude und Aufopferung jeweils dazu bekannt haben, dass wir Frauen schon lange Jahre das alles gefordert haben, was uns jetzt in dem hohen Hause zusteht. Unsere Partei hat 40 Jahre lang um das Frauenwahlrecht gekämpft, und mit großer Freude und Genugtuung können wir nun feststellen, dass die Frauen nicht nur Wählerinnen, sondern auch Mitberaterinnen in diesem hohen Hause geworden sind. Wir unterstreichen alles das, was vom Herrn Präsidenten und von den einzelnen Vorrednern gesagt worden ist. Wir Frauen, die wir nun in das Parlament eingezogen sind, werden uns in Zukunft fleißig bemühen, mitzuarbeiten, mitzuraten und mitzutaten an den Aufgaben der Nationalversammlung. Wir Frauen der Arbeiterschaft werden in Zukunft unsere ganze Kraft zur Verfügung stellen und mit unseren Kollegen und Kolleginnen des gesamten Abgeordnetenhauses dazu beitragen, unser Badner Land zu erhalten und zu fördern. Wir Frauenabgeordnete alle werden in Zukunft unsere Kraft hierfür einsetzen und in diesem Sinne mit Ihnen zusammenarbeiten.“

Marianne Weber – die Intellektuelle

Marianne Weber geborene Schnitger (1870–1954) war die Intellektuelle unter den weiblichen Abgeordneten. Die geborene Westfälin, die als Mädchen „stets ein Buch in der Tasche“ trug, hatte 1893 den Soziologen Max Weber geheiratet. Das Paar zog nach Freiburg, wo Weber Professor wurde. Marianne durfte als „Hörerin“ Vorlesungen und Seminare an der Universität besuchen, sie entschied sich für Philosophie und Nationalökonomie. Und sie begann, sich in der bürgerlichen Frauenbewegung zu engagieren.

Als Max Weber einen Ruf nach Heidelberg erhielt, folgte ihm Marianne, wie es sich für eine brave Ehefrau gehörte. Trotz vieler Reisen und einem regen gesellschaftlichen Leben fühlte sie sich mit der Rolle der Professorengattin aber nicht ausgelastet. Auch als ihr Mann wegen schwerer Depressionen erhöhte Aufmerksamkeit verlangte – er zog sich aus seinem Amt zurück –, schrieb sie und hielt öffentliche Vorträge – vorzugsweise über die Stellung der Frau in der Familie, in der Wissenschaft und der Gesellschaft. „Beruf und Ehe" heißt ein Aufsatz aus dem Jahr 1906, in dem sie das Recht von Frauen auf ein selbstbestimmtes Leben einfordert.

Ein Jahr später erschien ihr Hauptwerk „Ehefrau und Mutter in der Rechtsentwicklung". Mit diesem universalgeschichtlich angelegten Buch erwarb sich Marianne Weber den Ruf, eine ernst zu nehmende Wissenschaftlerin zu sein. Bezeichnend ist, dass sie in der Einleitung zu der Studie Verdächtigungen vorbeugt, dass Max Weber der eigentliche geistige Vater dieses Werkes sein könnte. Sie habe sich mit ihrem Mann ausgetauscht, die Arbeit aber alleine gemacht. Dabei war Marianne in der breiten Bevölkerung besser bekannt als ihr Gemahl. Als der wieder gesundete Max Weber 1908 bei einer politischen Veranstaltung auftrat, soll ein Zuhörer seinen Nachbarn gefragt haben, wer „seller Max Weber" sei. Die Antwort: „Ha, das isch halt der Marianne ihrer."

Für traditionell denkende Menschen waren die Webers eine Provokation. Nicht nur, weil der Professor seiner Frau erlaubte, sich zu „emanzipieren". Der Soziologe machte sich auch selbst für die „Anerkennung der Frau als eines zur vollwertigen Geistigkeit bestimmten Wesens" stark. Zugleich betrog Max Weber seine Gattin ganz ungeniert. Es schien sie nicht zu stören.

Im November 1918 traten die Webers in die linksliberale DDP ein. Marianne kandidierte bei den Landtagswahlen und zog als Abgeordnete „Weber-Heidelberg" in die badische Nationalversammlung ein.

Neun Monate nach ihrer programmatischen Rede vom 15. Januar 1919 legte Marianne Weber ihr Mandat im Badischen Landtag schon wieder nieder. Das lag nicht so sehr am Verdruss über den männlich geprägten Politikstil mit seinem ermüdenden Machtspielchen. Vielmehr folgte die wortgewandte Verfechterin einer gleichberechtigten Ehe einmal mehr ihrem Mann. Max Weber hatte einen Ruf nach München erhalten. Dort gönnte er sich, bis Marianne nachkam, eine letzte Affäre, und zwar mit deren guter Freundin Elisabeth Jaffé, die vor ihrer Heirat badische Fabrikinspektorin gewesen war. Bald nach Mariannes Ankunft erkrankte Weber an einer Lungenentzündung. Seine Ehefrau und seine Geliebte pflegten ihn gemeinsam bis zu seinem Tod im Juni 1920.

Das Recht auf ein selbstbestimmtes Leben: Die Abgeordnete Marianne Weber aus Heidelberg sprach als erste Frau im Landtag. – Fotografie, um 1920.

Marianne Weber verschwand für einige Jahre von der Bildfläche. Sie saß an ihrem „Altar", dem Schreibtisch Max Webers, und polierte den Heiligenschein des großen Soziologen – wofür ihr die juristische Fakultät der Universität Heidelberg später den Ehrendoktor verlieh. Als Biografin ihres Mannes und Herausgeberin seiner Schriften genoss sie in Fachkreisen stets ein hohes Ansehen. Ihre eigenen Verdienste als Politikerin, Soziologin und Rechtshistorikerin hingegen gerieten weitgehend in Vergessenheit. Sie wurden erst vor wenigen Jahren wieder einer breiteren Öffentlichkeit bekannt.

Clara Siebert – das weibliche Element

In einer völlig anderen Welt zuhause war die im südbadischen Schliengen geborene Clara Siebert (1873–1963): Die Tochter des Medizinalrats Ritter, der als Beamter wiederholt versetzt wurde, besuchte Schulen in Müllheim, Rheinheim, Konstanz, Meßkirch und Ettenheim, ehe sie im Institut „Unsere Liebe Frau" in Offenburg eine streng katholische Erziehung durchlief. Ihre Ausbildung schloss Clara Ritter in Basel mit einem Sprachlehrerinnen-Examen ab.

Claras Heirat im Jahr 1897 beendete ihr berufliches Streben. Neben ihren Pflichten als Beamtenfrau und Mutter widmete sie sich vor allem dem Dienst am Nächsten. Nachdem ihr Mann 1907 ins badische Innenministerium versetzt worden war, engagierte sie sich in Karlsruhe für die Gründung eines Zweigvereins des Deutschen Katholischen Frauenbundes. Durch die Mitarbeit im Verbandskatholizismus eignete sich Clara Siebert eine gewisse Routine bei öffentlichen Auftritten an. Im Ersten Weltkrieg bewies sie zudem Organisationstalent als Referentin in der Kriegsamtsstelle für Frauenfürsorge. Sie betreute Munitionsarbeiterinnen in Südbaden und Hohenzollern.

Als überregional bekannte Katholikin schien Clara Siebert 1919 prädestiniert, sich parteipolitisch zu engagieren und das „weibliche Element" im Zentrum zu verkörpern. Sie stellte sich zur Wahl, als man sie dazu aufforderte, und zog mit drei Parteifreundinnen in die badische Nationalversammlung ein. Die Herren ihrer Fraktion dürften die fromme Dame kaum als Konkurrenz empfunden haben: Clara Siebert war überzeugt von der „Wesensverschiedenheit" von Männern und Frauen. Was sie im Landtag leisten wollte, war „Mutter- und Schwesternarbeit". Sie bat den Fraktionsvorsitzendenden Josef Schofer, einen Priester, ausdrücklich darum, nur in frauengemäße politische Aufgaben eingewiesen zu werden. Wie die ähnlich gestrickte, in Adelsheim geborene Zentrumsabgeordnete Maria Rigel (1869–1937) gehörte Siebert dem Landtag ununterbrochen bis 1933 an.

1932 schaffte Clara Siebert zudem den Sprung in den Reichstag. Mit Argwohn beobachtete sie das Treiben der Nationalsozialisten und rief die Frauen auf: „Mütter, legt euren Söhnen nicht das Todesurteil in die Urne mit dem Stimmzettel für Hitler." Trotz dieser Weitsicht stimmte auch sie im März 1933 für das Ermächtigungsgesetz und trug damit zur Selbstentmachtung des deutschen Parlamentes bei. Ihr Fraktionsvorsitzender, Prälat Ludwig Kaas, hatte im Vertrauen auf Versprechungen führender Nationalsozialisten und im naiven Glauben, dass die Regierung Hitler nur eine Übergangslösung sei, ein einheitliches Votum von den Zentrumspolitikern gefordert.

Dass sie sich in diesem entscheidenden Moment der Fraktionsdisziplin unterworfen hatte, sollte Clara Sieberts Gewissen ihr Leben lang belasten. Nach dem Attentat auf Hitler am 20. Juli 1944 musste sie einige Wochen „Schutzhaft" ertragen.

Therese Blase – Frau der klaren Worte

In Mannheim hatte Therese Blase geborene Knauf (1873–1930) ein bemerkenswertes soziales Engagement an den Tag gelegt. 1905 zählte sie zu den Gründerinnen der Frauenabteilung des Sozialdemokratischen Vereins, die in der Quadratestadt entstand und als Frauengruppe der SPD später im ganzen Land aktiv war. Als erste Frau wurde die Tochter eines Landwirts und Ehefrau eines gewerkschaftlich organisierten Arbeiters 1912 Mitglied des Landesvorstandes der badischen SPD.

Beim ersten Internationalen Frauentag am 19. März 1911 trat dessen Initiatorin Clara Zetkin, die Chefredakteurin der Zeitschrift „Die Gleichheit", in Mannheim auf. Therese Blase war die einzige örtliche SPD-Vertreterin, die sich vor dem Publikum zur Leitfigur der proletarischen Frauenbewegung gesellte und Zetkins Forderung nach dem Frauenwahlrecht unterstützte.

Als dieses 1919 eingeführt wurde, stellte sich Therese Blase folgerichtig als Kandidatin zur Verfügung. Bis zu ihrem Tod gehörte sie dem Badischen Landtag an. Um den Einzug in den Reichstag bewarb sich Therese Blase 1919, 1920 und 1924 ebenfalls, aber vergeblich.

Frieda Unger – verurteilt wegen Hochverrats

Immer wieder stand der Gerichtsvollzieher vor der Tür, als Frieda Unger geborene Eckert (1888–1975) ein kleines Mädchen war. Der Vater, ein Steinhauer in Schopfheim, war gestorben, als Frieda drei Jahre alt war; im Hause der Großmutter war Schmalhans Küchenmeister. Als 14-Jährige zog Frieda nach Basel, um sich als Dienstmädchen zu verdingen. Sie heiratete den Maurer Karl Unger, der sich 1910 wegen Lohnstreitigkeiten an einem Streik beteiligte. Frieda musste erfahren, dass ein solches Aufbegehren „gefährlich" war: Ihr Mann stand fortan auf der „Schwarzen Liste" und war nach der Einigung mit den Arbeitgebern monatelang arbeitslos. Die Ungers traten in die SPD ein. Frieda las August Bebels Buch „Die Frau und der Sozialismus" und war beeindruckt.

„Ich kenne keine Parteien mehr, kenne nur noch Deutsche." – Dass sich die Arbeiterschaft bei Beginn des Ersten Weltkriegs auf den von Kaiser Wilhelm II. proklamierten „Burgfrieden" einließ und den Waffengang nicht verhinderte, enttäuschte Frieda Unger schwer. In Lahr, wo die Familie seit 1915 wohnte, arbeitete sie als Wäscherin in der Garnison. Erst 1918 zog sie politische Konsequenzen und trat der USPD bei. Im folgenden Jahr wurde sie zur Stadtverordneten in Lahr gewählt. Das ermutigte sie, sich landespolitisch zu engagieren. Bei einer Rede in Kippenheim warf sie der Reichsbahn vor, deren beamtetes Personal lasse sich von Schieberbanden bestechen. Prompt wurde sie wegen Beamtenbeleidigung angezeigt. Sie erhielt eine Geldstrafe.

Frieda Unger zog 1921 in den Badischen Landtag ein. Angesichts der katastrophalen sozialen Lage im Grenzland Baden und wegen der vermeintlichen Untätigkeit der USPD trat sie zur Kommunistischen Partei über. 1923 spitzte sich die Situation zu. Unter dem Eindruck von Massenarbeitslosigkeit und galoppierender Inflation kam es in mehreren Städten Oberbadens zu schweren Unruhen. In Lahr setzte sich Frieda Unger an die Spitze einer Demonstration, die in verschiedenen Geschäften Preissenkungen erzwang. Bei weiteren Protestaktionen versuchten sie und Gleichgesinnte, inflationsfeste Löhne – etwa in Schweizer Franken – und die Wiedereinstellung von Arbeitslosen durchzusetzen.

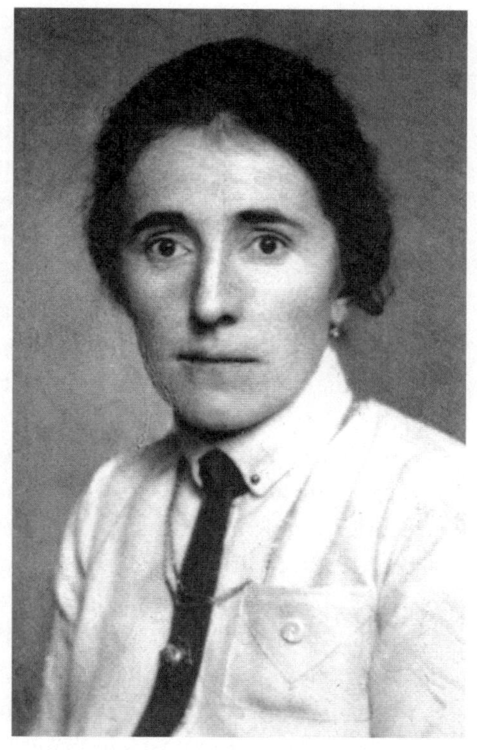

Sie wollte Preissenkungen erzwingen und inflationsfeste Löhne durchsetzen: die Kommunistin Frieda Unger. – Fotografie, um 1921.

Im Oktober wurde Lahr von Freiburger Bereitschaftspolizisten besetzt: Ein von der KPD deutschlandweit geplanter, aber kurzfristig abgesagter Aufstand sollte damit verhindert werden. Viele Kommunisten suchten ihr Heil in der Flucht. Frieda und Karl Unger setzten sich zunächst ins französisch besetzte Offenburg ab. Im November wurden sie in Wolfach festgenommen.

Frieda wurde nach Freiburg in Untersuchungshaft gebracht. Ein alter Freund, der Offenburger Verleger und sozialdemokratische Abgeordnete Adolf Geck, eilte ihr zur Hilfe. Unter Verweis auf die für Abgeordnete geltende Immunität konnte er durchsetzen, dass Frieda Unger zumindest für die Sommersitzungen 1924 freigelassen wurde. In der sitzungsfreien Zeit tauchte sie unter, um im Dezember wieder in Karlsruhe zu erscheinen. Doch dann erlosch ihr Mandat. Man beschuldigte sie eines Umsturzversuchs mit Waffeneinsatz. Wegen Hochverrats verurteilte das Reichsgericht in Leipzig Frieda Unger 1926 zu zweieinhalb Jahren Zuchthaus.

Frieda, deren erste Ehe zu diesem Zeitpunkt schon gescheitert war, wurde in die Frauenhaftanstalt Bruchsal eingewiesen. Sie war Zuchthäuslerin, als sie erneut heiratete: Max Haas aus Lahr war ein alter Bekannter Friedas und ebenfalls Kommunist. Womöglich glaubten die beiden, dass eine Ehefrau eher einen Straferlass erhalten würde als eine Geschiedene.

Frieda Unger-Haas musste ihre Strafe tatsächlich nicht bis zum Ende absitzen. Dafür sorgten – wohl mit Blick auf die vier Kinder der Kommunistin aus erster Ehe und ungeachtet der politischen Differenzen – fünf weibliche Abgeordnete des Badischen Landtags. Zwei Sozialdemokratinnen und drei Zentrumsfrauen richteten im November 1926 ein Gnadengesuch an den Reichspräsidenten, dem dieser stattgab. Fünf Jahre nach diesem Akt parteiübergreifender weiblicher Solidarität verließ Frieda Unger-Haas Baden und zog mit ihrem zweiten Mann nach Berlin. Nach 1945 lebte sie in der DDR.

Wissenschaftlerinnen

Elisabeth Altmann-Gottheiner – düstere Prognosen

Frauen konnten sich an Universitäten einschreiben und hatten jetzt sogar das Wahlrecht. Es schien alles so viel besser zu stehen als zu den Zeiten, als Elisabeth Altmann-Gottheiner (1874–1930), Tochter einer liberalen jüdischen Familie aus Berlin, jung war. Sie selbst hatte allerlei Umwege gehen müssen, ehe sie in Zürich den Doktortitel erwerben konnte. Und doch blickte die Frauenrechtlerin 1920 pessimistisch in die Zukunft: „Wir wissen heute schon, dass die gegenwärtige Generation ebenso schwere Kämpfe, ja wahrscheinlich schwerere auszukämpfen haben wird, als die Frauen, auf deren getane Arbeit wir stolz sind", schrieb sie mit einem Anflug von Resignation im Jahrbuch des Bundes Deutscher Frauenvereine.

Dabei hatte die Nationalökonomin, die seit 1907 in Mannheim lebte, persönlich einiges erreicht. Nachdem Sally Altmann, ihr Gatte, zum Dozenten an der gerade erst gegründeten Mannheimer Handelshochschule berufen worden war, hatte dort 1908 auch Elisabeth Altmann-Gottheiner eine Anstellung erhalten – als „Lehrkraft für einzelne Vorlesungen". Eine Frau, die an einer Hochschule unterrichtete: In Deutschland war das eine Sensation.

Ausgelastet war sie mit der zweistündigen Veranstaltung nicht. Elisabeth Altmann-Gottheiner engagierte sich in der Frauenbewegung, in der Gartenstadt-Genossenschaft und bald auch in der Kriegsfürsorge. Zusammen mit Marie Bernays (1883–1939), ebenfalls einer promovierten Nationalökonomin, gründete sie 1916 in Mannheim die Soziale Frauenschule. Die Anstalt, die Frauen ab 18 Jahre auf Sozialberufe vorbereitete, wurde zunächst vom „Verein Frauenbildung – Frauenstudium“ getragen. 1928, als die Schule im Ruf stand, die beste Einrichtung ihrer Art in Süddeutschland zu sein, übernahm die Stadt Mannheim diese Einrichtung.

Einen großen persönlichen Erfolg konnte Elisabeth Altmann-Gottheiner 1925 verzeichnen. Das badische Kultusministerium ernannte sie zur „Professorin“. Die ungewöhnliche Ehrung – Altmann-Gottheiner hatte sich ja nicht habilitiert – war vom Rektorat und vom Senat der Handelshochschule beantragt worden, und zwar unter Hinweis auf die zahlreichen Publikationen der Dozentin sowie die Beliebtheit ihrer Vorlesungen bei „Studenten und Hörern aller Art“. Ihr als Frau sei diese Ehrung „doppelt wertvoll“, schrieb Elisabeth Altmann-Gottheiner in einem Dankesbrief.

Bei aller Freude über die Anerkennung ihrer Leistungen war es Elisabeth Altmann-Gottheiner jedoch nur allzu sehr bewusst, dass Frauen beim „Gedränge um die Futterkrippe“ regelmäßig ins Hintertreffen gerieten. Und dass die Frauenbewegung in der jungen Demokratie an Schlagkraft verlor. Kummer bereitete ihr zudem der Antisemitismus, der in Mannheim spürbar um sich griff und ihre letzten Jahre verdunkelte.

Gerta von Ubisch – die erste Professorin an der Uni Heidelberg

An eine Habilitation hatte auch Gerta von Ubisch (1882–1965) eigentlich nicht zu denken gewagt. „1923 waren sehr wenige Frauen Dozentinnen, in Baden gab es keine“, schrieb die erste Heidelberger Professorin in ihren Lebenserinnerungen: „Ich fürchtete, nicht die Mehrheit bei der Abstimmung in der Fakultät zu bekommen, da viele Professoren noch gegen weibliche Dozenten waren ...“ Auch zweifelte sie daran, dass überhaupt Hörer zu einer Frau ins Kolleg kommen würden. So war Gerta von Ubisch zunächst geneigt, abzulehnen, als der Heidelberger Botaniker Ludwig Jost seine Assistentin zur Habilitation aufforderte. Doch nach einigem Nachdenken kam sie zu dem Schluss, dass dies wohl die einzige Möglichkeit war, im rein männlich geprägten Berufsfeld der Akademiker zu bestehen.

Eine Genetikerin: Gerta von Ubisch war die erste Professorin an der Universität Heidelberg. Als „Halbjüdin" geriet sie 1933 ins Abseits.

Gerta von Ubisch, die Tochter eines preußischen Offiziers und einer aus einer Kaufmannsfamilie stammenden Jüdin, hatte Physik studiert – zunächst in Heidelberg, weil dort „schon einige weibliche Studenten immatrikuliert waren", dann in Freiburg und in Berlin. Sie promovierte 1911 in Straßburg.

Das Fräulein Doktor peilte eine wissenschaftliche Karriere an – doch diesen Weg sah die Gesellschaft für Frauen nach wie vor nicht vor. Dem Ersten Weltkrieg und dem damit verbundenen Männermangel verdankte es Gerta von Ubisch, die ihr Interesse mittlerweile der Biologie und besonders der Genetik zugewandt hatte, dass sie zeitweise eine Anstellung in Forschungsanstalten fand. Im Botanischen Institut in Berlin verkrachte sie sich allerdings mit einer Kollegin. Es war daher ein Glücksfall, dass der Pflanzenphysiologe Ludwig Jost in Heidelberg es mit Gerta von Ubisch als Assistentin versuchen wollte.

Jost schätzte von Ubischs Fähigkeiten hoch ein – für etliche seiner Kollegen war die Idee, dass eine Frau sich habilitieren könnte, jedoch sehr gewöhnungsbedürftig. Allerdings wandte sich nur der Physiker Philipp Lenard offen gegen diesen „Versuch". Als Gerta von Ubisch sich ihm vorstellte, empfing der Professor sie mit den Worten: „Sie haben ja einen traurigen Entschluss gefasst ... Die Frau ist doch zu etwas ganz anderem da. Sie sind unverheiratet? Hätten Sie mir eine Verlobungsanzeige geschickt, so würde ich mich sehr gefreut haben, aber so ..."

Gerta von Ubisch befürchtete, dass Lenard sie vor den Fakultätsmitgliedern mit Fragen zur neuesten Entwicklung in der Physik „reinlegen" würde. Doch der Professor hielt es für unter seiner Würde, überhaupt an dem Kolloquium teilzunehmen. So konnte Gerta von Ubisch, inzwischen 41 Jahre alt, im März 1923 ihre Antrittsvorlesung im voll besetzten großen Hörsaal des Botanischen Instituts halten. Der Andrang dürfte vor allem dem „exotischen Ereignis" geschuldet gewesen sein, dass eine Frau am Rednerpult stand. Später hatte sie meist weniger Hörer, als sie sich gewünscht hätte.

„Trotzdem ich unendlich viel zu tun hatte und kaum zur Besinnung kam", seien die nächsten Jahre die glücklichsten ihres Lebens gewesen, erzählte Gerta von Ubisch im Rückblick. Allerdings blieb sie auch als Privatdozentin von der finanziellen Unterstützung ihrer Familie abhängig. Die Stelle einer ordentlichen Professorin erhielt sie nie und die Einnahmen aus den Kolleggeldern blieben spärlich, weil viele ihrer Hörer als Lehramtsstudenten honorarbefreit waren. Immerhin billigte man ihr 1929 – als erster Frau in Heidelberg – den außerordentlichen Professorentitel zu.

Nicht nur von Ubischs finanzielle Situation war angespannt – auch das gesellschaftliche Leben Heidelbergs ging weitgehend an der Frau Professor vorbei. Ihr politisches Engagement in der linksliberalen DDP blieb halbherzig und mit leichter Salonplauderei tat sie sich schwer. Als spät habilitierte einzige Frau unter den Dozenten fiel sie durch alle Raster der Universität, die sich durch einen „ungemein starken Kastengeist" auszeichnete: „Es wird sich schwer ein Ordinarius finden, der mit Nichtordinarien wie seinesgleichen verkehrt", stellte Gerta von Ubisch fest. So zog sich die Genetikerin immer stärker in den Elfenbeinturm der Wissenschaft zurück. Ihre „Eingesponnenheit" ging so weit, dass die Sieg-

Heil-Rufe der Nationalsozialisten erst im März 1933 wirklich an ihr Ohr drangen.

Es war der Antisemitismus der Nazis, der Gerta von Ubisch 1933 auf Distanz zu den neuen Machthabern gehen ließ. Ansonsten sprach das Verhalten der Genetikerin eher für eine gewisse Nähe zum völkischen Gedankengut. Jedenfalls bezeugte im Juli 1933 ein der NSDAP angehörender Heidelberger Doktorand: „Fräulein v. Ubisch erschien mir immer als eine typische Vertreterin einer preußischen Offiziersfamilie, die auf ihre nationale Tradition stolz ist ..." Die Äußerungen der Professorin hätten „in eugenischer und bevölkerungspolitischer Hinsicht" stets „mit den nationalsozialistischen Forderungen" übereingestimmt.

Gerta von Ubisch schrieb in ihren Erinnerungen, dass sie sich um die „nationalsozialistischen Vererbungs- und Rassephantasien" wenig gekümmert habe. Trotzdem räumte sie mit verblüffender Unbefangenheit ein, dass sie „für ein Verbot von Idiotenehen respektive Sterilisierung von Minderwertigen" eingetreten sei und bedauert habe, „dass unsere Gesetze dazu nicht, wie in verschiedenen anderen Ländern, Handhaben lieferten".

Gerta von Ubisch hätte das „Gesetz zur Verhütung erbkranken Nachwuchses" vom 14. Juli 1933 wohl begrüßt, wäre sie als „Halbjüdin" nicht schon zuvor ins Abseits geraten. Dem „Gesetz zur Wiederherstellung des Berufsbeamtentums" zufolge waren „Nicht-Arier" in den Ruhestand zu versetzen. Das traf auch von Ubisch. Da sich einige konservative Professoren wegen der Verdienste ihres Vaters ums Vaterland für sie stark machten, erhielt sie ihre Stelle zunächst zurück. Doch die Studenten boykottierten ihre Vorlesungen.

Gerta von Ubisch ging 1934 nach Brasilien. Eine Stelle im wissenschaftlichen Schlangeninstitut in São Paulo verlor sie jedoch nach einigen Jahren. Die aufs 60. Lebensjahr zusteuernde Wissenschaftlerin zehrte von ihrem Ersparten und begann, ihre Bibliothek und ihre Mikroskope zu verkaufen.

Die Geldnot veranlasste die Genetikerin, nach dem Zweiten Weltkrieg zu ihrem Bruder Leopold zu ziehen, der nach

Norwegen emigriert war. Doch die beiden Naturwissenschaftler – Leopold von Ubisch arbeitete am Meeresbiologischen Institut Bergen – harmonierten nicht miteinander. So kehrte Gerta nach Heidelberg zurück und nahm als 70-Jährige den Kampf um eine Entschädigung und Pensionszahlungen auf. Ihre Anträge wurden abschlägig beschieden, da sie nie in einem Beamtenverhältnis gestanden hatte. Gerta von Ubischs Argumentation, dass sie, wäre sie ein Mann gewesen, 1933 längst eine ordentliche Professur innegehabt hätte, verfing nicht.

Eine Novelle des Beamtengesetzes 1955 ermöglichte eine erneute Eingabe. Endlich wurde ihr doch ein Ruhegehalt zugestanden. Bei der Berechnung gingen die Behörden davon aus, dass von Ubisch unter anderen politischen Umständen zwar auch keine ordentliche Professur erhalten hätte, aber vermutlich spätestens 1938 verbeamtet worden wäre.

ZEIT DES NATIONALSOZIALISMUS

Die Zerschlagung des Badischen Frauenvereins

Der Badische Frauenverein büßte im Laufe der Zeit viel von seiner Bedeutung ein: Etliche Einrichtungen des Vereins, der unmittelbar nach dem Ersten Weltkrieg ein Mitgliederhoch von fast 94.000 Frauen verzeichnete, wurden in der Weimarer Zeit von staatlichen oder kommunalen Stellen übernommen. So firmierte etwa das Ludwig-Wilhelm-Krankenhaus in Karlsruhe ab 1923 als staatliche Landesfrauenklinik. Derartige Übernahmen belegen zwar die Bedeutung der vom Verein ins Leben gerufenen Institutionen, doch wurden den Frauen Mitwirkungs- und Gestaltungsmöglichkeiten in wichtigen Fragen der Gesundheits- und Sozialpolitik wieder entzogen. Führungspositionen in Staatsbetrieben wurden selbstverständlich mit Männern besetzt.

Obwohl der Badische Frauenverein 1933 nicht mehr die Schlagkraft hatte wie zu Großherzogs Zeiten, widmeten ihm die Nationalsozialisten einige Aufmerksamkeit. Sie zerschlugen ihn in Etappen. Schmerzliche Einschnitte waren etwa die Einführung des „Führerprinzips" beim Roten Kreuz und dessen „Arisierung". Der Einfluss der zuvor tonangebenden Damen aus der bürgerlichen und adeligen Oberschicht wurde lange vor der Zwangsauflösung des Frauenvereins 1937 massiv beschnitten.

Nationalsozialistinnen

Frau und Mutter

Das Vordringen von Frauen in höhere Sphären der Bildung und in zuvor Männern vorbehaltene Berufsfelder galt weiten Teilen der Bevölkerung als krisenhafte Entwicklung: Die althergebrachte Geschlechterordnung mit all ihrem Komfort schien in Gefahr. Die Nationalsozialisten setzten der mit dem „Weimarer System" assoziierten Frauenemanzipation ein von der Mutterrolle geprägtes Frauenbild entgegen. Sie verknüpften konservativ-bürgerliche Vorstellungen mit völkisch-rassischen Elementen und ernteten damit breite Akzeptanz. Zwar waren die Versuche des Regimes, die Frauen vom Arbeitsmarkt zu verdrängen, nur bedingt erfolgreich und der Männermangel sorgte im Zweiten Weltkrieg dafür, dass eine Reihe von „Berufsverboten" wieder aufgehoben wurde. Doch an den Schalthebeln saßen ausschließlich Männer.

Gertrud Scholtz-Klink – die Reichsfrauenführerin

„The perfect Nazi Woman" („Die perfekte Nazi-Frau") – so urteilten britische Zeitungen 1939, als Gertrud Scholtz-Klink (1902–1999) London besuchte. Diese Bezeichnung dürfte der im nordbadischen Adelsheim geborenen Reichsfrauenführerin gefallen haben: Gertrud Scholtz-Klinks steile Karriere im Dritten Reich wäre kaum denkbar gewesen, hätte sie das NS-Frauenbild nicht glaubhaft und leidenschaftlich vorgelebt.

Mutterschaft und Hauswirtschaft – darauf sollten sich deutsche Frauen konzentrieren. Gertrud Treusch hatte in

„Die perfekte Nazi-Frau“: Reichsfrauenführerin Gertrud Scholtz-Klink (hier mit Heinrich Himmler) war das weibliche Aushängeschild der Nationalsozialisten. – Fotografie, 1943.

Mosbach die Mittlere Reife gemacht, als Haustochter bei einer Offiziersfamilie in Kiel gelebt, einen Haushaltungskurs in Handschuhsheim besucht und schließlich ihrer Mutter bei der Familienarbeit geholfen, ehe sie 1920 den Lehrer Eugen Klink heiratete. Der spätere Offenburger NSDAP-Bezirksleiter, mit dem Gertrud Klink sechs Kinder hatte, ermunterte seine Frau, der Partei ebenfalls beizutreten.

Als Eugen Klink 1930 starb – er wurde bei einer Wahlkundgebung von einer Herzattacke übermannt –, intensivierte seine Witwe die Arbeit bei der Hitler-Partei. Gertrud Klink baute die NS-Frauenschaft in Baden und den Frauenarbeitsdienst in Südwestdeutschland auf. Nach der Machtübernahme ernannte Reichsstatthalter Robert Wagner die inzwischen mit dem Landarzt Günther Scholtz verheiratete Parteigenossin zur Referentin für Frauenfragen im badischen Innenministerium.

1934 war das große Jahr der Gertrud Scholtz-Klink, das sie nach Berlin führte und zum weiblichen Aushängeschild der

Nazi-Partei machte. Sie wurde zur Reichsführerin der NS-Frauenschaft und zur Leiterin des Deutschen Frauenwerks (DFW) ernannt, bald darauf auch zur Leiterin des Reichsfrauenbunds des Deutschen Roten Kreuzes berufen. Zudem vertraute man ihr die Leitung des Frauenamts der Deutschen Arbeitsfront (DAF) an, in der berufstätige Frauen zwangsorganisiert waren. Ihre Krönung erfuhr die Blitzkarriere der Badenerin, als Adolf Hitler sie im November 1934 zur „Reichsfrauenführerin" kürte.

Die Machthaber nutzten das Redetalent der adretten Nationalsozialistin für ihre Propaganda im In- und Ausland. Auf Scholtz-Klink war Verlass. Die „perfekte Nazi-Frau", die nach der Scheidung ihrer zweiten Ehe den SS-Obergruppenführer August Heißmeyer geheiratet hatte, hegte weder am NS-Frauenbild noch am „Endsieg" den geringsten Zweifel. Am Muttertag des Kriegsjahres 1944 rief die Nationalsozialistin, zu deren Familie fünf eigene und sechs angeheiratete Kinder gehörten, ihre „arischen" Geschlechtsgenossinnen zu „Geburtshöchstleistungen" auf.

Gertrud Scholtz-Klink lebte nach dem Kriegsende unter falschem Namen in Bebenhausen. 1948 wurde sie verhaftet. Vor der Spruchkammer in Tübingen sah die ehemalige Reichsfrauenführerin keinen Grund, ihre Aktivitäten im Dienste des Nationalsozialismus kleinzureden. Sie wurde als Hauptschuldige eingeordnet – aber lediglich zu 18 Monaten Gefängnis verurteilt. Die Begründung für das milde Urteil zeigt, in welchem Maße das sich aus bürgerlichen Vorstellungen nährende nationalsozialistische Frauenbild auch nach 1945 konsensfähig blieb: Man schätzte die politische Einsichtsfähigkeit von Frauen als gering ein und entlastete Täterinnen so von der Verantwortung.

Gertrud Scholtz-Klinks Richter gingen sogar so weit, ihre Tätigkeit im Frauenwerk und der NS-Frauenschaft als „unzweifelhaft positiv" zu würdigen – schließlich sei diese Arbeit „karitativ und sozial motiviert" gewesen. Im Revisionsverfahren 1950, ebenfalls vor der Spruchkammer Tübingen, verurteilte man sie dann allerdings zu zwei Jahren und sechs Monaten Arbeitslager, doch wurde dies aufgrund eines Gnadengesuches ausgesetzt. 1978 veröffentlichte Scholtz-Klink ein autobiografisches Buch: „Die Frau im Dritten Reich" mutet wie ein Rechenschaftsbericht an. Ihre nationalsozialistischen Überzeugungen hat die ehemalige Reichsfrauenführerin offenbar bis zu ihrem Tod 1999 nicht abgelegt.

Gerda Bormann – Plädoyer für die Polygamie

Ebenfalls Nationalsozialisten und Antisemitin durch und durch war Gerda Bormann (1909–1946). Anders als Gertrud Scholtz-Klink stand die gebürtige Konstanzerin zu Lebzeiten jedoch nie im Rampenlicht. Auch ihr Mann Martin Bormann war eher öffentlichkeitsscheu. Mancher Deutsche kannte sei-

Adolf Hitler ließ sich bei der Silvesterfeier 1939 in Berchtesgaden mit seinen Gästen ablichten: Die dunkelhaarige Gerda Bormann steht in der dritten Reihe hinter ihrem auf der Fotografie teilweise verdeckten Mann.

nen Namen gar nicht, ehe nach dem Weltkrieg zur Jagd auf den wie vom Erdboden verschwundenen Nazi-Verbrecher geblasen wurde. Bormann war die graue Eminenz des NS-Staates, NSDAP-Reichsleiter und ab 1943 „Sekretär des Führers". Sein nach dem Krieg bekannt gewordener privater Briefwechsel mit seiner Frau Gerda von 1943/44 erlaubt einen Blick in die Untiefen nationalsozialistischer Denkweisen.

Bormann, damals Mitglied der Obersten SA-Führung in München, heiratete 1929 die Kindergärtnerin Gerda Buch. Der aus Bruchsal stammende Vater der Braut war NSDAP-Reichstagsabgeordneter. Adolf Hitler beehrte das Hochzeitspaar als Trauzeuge.

Gerda Bormann lebte, wie man es im Dritten Reich von einer „deutschen Frau und Mutter" erwartete: Sie brachte ein Kind nach dem anderen zur Welt – insgesamt zehn an der Zahl – und erwies ihrem Mann, der im Umfeld Hitlers immer mehr Kompetenzen an sich riss, bewundernden Gehorsam. Nach einem Streit mit seinem Schwiegervater verbot Bormann Gerda den Kontakt zu ihren Eltern – auch darin fügte sie sich. „Belohnt" wurde sie durch das Vertrauen, das der sonst wenig gesellige Bormann seiner Frau schenkte: Sie soll zu den „bestinformierten Geheimnisträgern des Dritten Reiches" gehört haben.

Für ihre Mitmenschen aber war sie eine unauffällige Hausfrau – „ein braves Wib", wie man in Schluchsee im Schwarzwald sagte. Dort besaßen die Bormanns seit 1943 eine aus jüdischem Besitz stammende „arisierte" Villa. Gerda wohnte dort zeitweise mit ihren damals acht Kindern. Gesprächsstoff verschaffte den Dorfbewohnern vor allem der Chauffeur in SS-Uniform, der der Gemahlin des Reichsführers zur Verfügung stand.

Gerda Bormann wusste, dass ihr Mann ihr untreu war. Sie beklagte sich darüber aber nicht, sondern hat seine Liebschaften offenbar sogar gefördert. Die Schauspielerin Manja Behrens (1914–2003) erzählte Jahre später über die Frau ihres Geliebten: „Sie hatte mich sehr gern. Wir konnten über alles sprechen, wir haben zusammen gelacht, und ich hatte zu ihr beinahe ein freundschaftlicheres Verhältnis als zu Martin."

Gerda Bormann bekundete in Briefen an ihren Mann wiederholt, wie wünschenswert ihr die Vielehe zur Stärkung der „arischen Rasse" schien. Was das Eherecht anging, so meinte die überzeugte Nationalsozialistin, hätte der Islam den christlichen Religionen gegenüber deutliche Vorteile. Wenn man die Polygamie schon nicht einführen wolle, sollten zumindest „Volksnotehen" erlaubt werden, räsonierte sie. Dann hätten „wertvolle" männliche Mitglieder der Volksgemeinschaft die Möglichkeit, zusätzlich zu ihrer Ehefrau ein oder zwei Nebenfrauen zu nehmen und „rassisch hochwertigen" Nachwuchs in großem Stil zu zeugen.

Mit Blick auf Manja Behrens schrieb Gerda Bormann an ihren Mann: „Du musst nur darauf achten, dass M. in einem Jahr ein Kind bekommt und ich im darauffolgenden, dass du immer eine bewegliche Frau an deiner Seite hast."

Ihren Martin hat Gerda Bormann am 18. März 1945 zum letzten Mal gesehen. Kurz vor dem Kriegsende floh sie mit ihren Kindern nach Südtirol, wo sie unter falschem Namen untertauchte. Bald darauf diagnostizierten Ärzte bei ihr Unterleibskrebs, dem sie 1946 erlag.

Verfolgte, Opfer, Helferinnen

Als die Nationalsozialisten den Terror etablierten, stand zunächst die politische Opposition im Fokus. Davon direkt betroffen waren vor allem Männer – weil sie die Mehrheit in den Reihen der Funktionsträger bei Sozialdemokraten, Kommunisten und Gewerkschaftlern stellten. Doch auch einzelne Frauen wie die langjährige sozialdemokratische Landtagsabgeordnete Kunigunde Fischer (1882–1967) aus Karlsruhe oder ihre kommunistische Kollegin Antonie Langendorf (1894–1969) aus Mannheim wurden zeitweise in „Schutzhaft“ genommen.

Aus „rassischen Gründen“ wurden Menschen beider Geschlechter gleichermaßen gedemütigt, entrechtet, verfolgt und vernichtet. Das traf insbesondere Jüdinnen und Juden sowie die nach 1945 lange „vergessene“ Opfergruppe der Sinti und Roma.

Ebenfalls erst spät gedacht wurde der rund 10.650 Menschen (darunter 4500 aus Baden), die als „lebensunwertes Leben“ in Grafeneck ermordet wurden. Erst seit 1982 erinnerte dort eine Tafel an die Verbrechen. Ein Dokumentationszentrum als Gedenkstätte wurde 2005 eröffnet.

Einen unrühmlichen Spitzenplatz nahm der Gau Baden – gemessen an den Einwohnerzahlen – bei den Zwangssterilisationen ein: In der Literatur ist von über 10.000 Fällen die Rede. Der NS-Staat ließ die „rassenhygienischen“ Eingriffe an körperlich und geistig Behinderten, Missgebildeten, psychisch Kranken, Alkoholikern sowie „sozial Entarteten“ vornehmen. Bei Frauen, die unter den Verdacht der „Minderwertigkeit“ gerieten, wurde zudem regelmäßig das Sexualverhalten unter die Lupe genommen. Promiskuität oder uneheliche Mutterschaft konnten die Diagnose des „moralischen Schwachsinns“ nach sich ziehen. Unter den Menschen, die durch Zwangssterilisationen starben, bildeten Frauen eine deutliche Mehrheit.

Johanna Geißmar – als Ärztin bis nach Auschwitz

Sie war eine beliebte Kinderärztin, doch schon ab 1930 nahm die Zahl der kleinen Patienten, die zur Behandlung in ihre Heidelberger Praxis gebracht wurden, merklich ab: Johanna Geißmar (1877–1942) war Jüdin. Von der antisemitischen Propaganda der Nationalsozialisten ließen sich viele Eltern mehr beeindrucken als von der Kompetenz der Medizinerin. In massive Bedrängnis geriet Johanna Geißmar aber erst, als man ihr die kassenärztliche Tätigkeit untersagte. Von ihren wenigen Privatpatienten konnte die alleinstehende 55-Jährige kaum leben. Schließlich durften Juden sich als „Krankenbehandler“ nur noch um andere „Israeliten“ kümmern. Johanna Geißmar gab auf.

Seit 1935 lebte die gebürtige Mannheimerin in Saig im Hochschwarzwald. Da in dem kleinen Ort rasch bekannt wurde, dass sie Jüdin war, kam es auch hier zu Anfeindungen. Beistand fand sie bei der Leiterin des örtlichen Kinderkurheimes sowie einem evangelischen Pfarrer aus Hinterzarten. Keinen Halt geben konnte ihr hingegen ihr Bruder Friedrich, der 1938 bei ihr einzog: Der entrechtete Mediziner versank in Depressionen und nahm sich schließlich das Leben.

Seine Schwester teilte im Oktober 1940 das Schicksal tausender anderer Juden aus Baden, der Pfalz und dem Saarland: Man gab ihr zwei Stunden Zeit, das Notwendigste zu packen, ehe sie zum Bahnhof gekarrt und nach Südwestfrankreich transportiert wurde. Der badische NS-Funktionär Robert Wagner hatte sich, getrieben vom Ehrgeiz als einer der ersten einen „judenfreien“ Gau vorweisen zu können, mit Josef Bürckel, dem Gauleiter der Saarpfalz, zusammengetan. Alle „Volljuden“, sofern sie nicht schwer krank waren oder in „Mischehen“ mit „Ariern“ lebten, wurden im Rahmen der Wagner-Bürckel-Aktion nach Frankreich abtransportiert.

Im „Camp de Gurs“ am Fuße der Pyrenäen hatte Frankreich bis dahin vor allem geflohene Kämpfer des Spanischen Bürgerkriegs, politische Häftlinge und seit Kriegsbeginn auch unerwünschte Ausländer, darunter viele Frauen, interniert. Jetzt wurden dort über 6500 badische und saarpfälzische Juden eingepfercht, die Wagner und Bürckel nach dem Waffenstillstand mit Frankreich in den unbesetzten Teil Frankreichs deportieren ließen – sie hatten die in Vichy amtierende Regierung vollkommen überrumpelt.

Die Versorgungslage und die hygienischen Zustände im überfüllten Camp de Gurs waren katastrophal. Johanna Geißmar war vom ersten Tag an als eine der Lagerärztinnen aktiv. Trotz ihrer aufopferungsvollen Tätigkeit konnten die Ärzte und Pflegerinnen aber nicht verhindern, dass innerhalb von drei Monaten jeder Dritte der Verschleppten starb.

Einigen Internierten gelang es, aus Gurs zu entkommen und in Frankreich oder Spanien unterzutauchen; einige andere konnten auf legalem Weg ihre Ausreise in die Schweiz oder in die USA durchsetzen. Diese Möglichkeit hätte auch für Johanna Geißmar bestanden, denn ein Verwandter aus Amerika war bereit, sie aufzunehmen. Die inzwischen über 60 Jahre alte Medizinerin stellte jedoch das Wohl ihrer Patienten über das eigene: „Ich will lieber möglichst vielen heraushelfen durch ärztliche Zeugnisse“, soll sie gesagt haben. Dabei blieb sie auch, als im Sommer 1942 in großem Stil Juden in Richtung Polen abtransportiert wurden.

Johanna Geißmars Name stand nicht auf der Liste der über 1000 Juden, die am 12. August 1942 abgeholt wurden. Sie stieg trotzdem in den Zug. Ihre Kollegen sowie die französische Lagerleitung wollten sie zurückhalten – doch Johanna Geißmar konnte es nicht mit ihrem Gewissen vereinbaren, so viele Menschen auf ihrem Weg ins Ungewisse ohne ärztliche Hilfe zu lassen. Dafür ließ dieser „Engel von Gurs“ in den Gaskammern von Auschwitz sein Leben.

Gymnasium sucht Namen. In ihrem Geburtsort Mannheim ist seit 2014 ein Gymnasium nach der Kinderärztin Johanna Geißmar benannt: Die 1972 eröffnete Schule im Arbeitervorort Schönau hieß ursprünglich Peter-Petersen-Gymnasium. Als aufgedeckt wurde, dass der Reformpädagoge Petersen sich im Dritten Reich mit rassistischen, antisemitischen und antidemokratischen Äußerungen hervorgetan hatte, entschied man sich für eine Umbenennung. Viele Eltern und Schüler favorisierten „Bertha-Benz-Gymnasium". Da die Ehefrau des Automobilerfinders aber schon in anderen Institutionen Mannheims namentlich zu Ehren kommt, wurde sie von der Liste gestrichen. Unter den verbliebenen Vorschlägen fand Johanna Geißmar (in der Schreibweise „Johanna Geissmar") den meisten Beifall.

Gertrud Hammann – Überleben als „Mischling"

Sie war Diakonisse, trug die Tracht der Mannheimer Schwestern und leitete einen Kindergarten in Neumühl bei Kehl. Mit Politik hatte Gertrud Hammann (1910–1990) nicht viel im Sinn. Sie versuchte, sich mit dem Nationalsozialismus zu arrangieren. Doch in Neumühl, das als „Hochburg des Nationalsozialismus im Hanauerland" galt, sickerte durch, dass die Kindergärtnerin eine Halbjüdin sei.

Tatsächlich war Gertrud Hammann 1910 als uneheliches Kind einer evangelischen Karlsruherin und eines Juden aus streng religiösem Haus geboren worden. Eine Eheschließung ihrer Eltern schien unmöglich. Das Baby wurde getauft und wuchs in einer Pflegefamilie in Heidelberg auf. Als sie in Neumühl befragt wurde, verleugnete Gertrud Hammann ihre Herkunft nicht. Prompt erhielt sie die Kündigung – nach einem Erlass von 1937 war „Mischlingen" die Arbeit im Erziehungssektor verboten.

Die Diakonisse kehrte ins Mutterhaus nach Mannheim zurück und verrichtete dort Büroarbeit. In Neumühl freilich gab es auch Menschen, die Gertrud Hamann vermissten. Wenige Wochen nach ihrer Rückkehr ins Mutterhaus besuchte der Landfrauenverein vom Roten Kreuz die Diakonisse in Mannheim. Dabei entstand ein Gruppenfoto, das Gertrud Hammann im Kreise von 45 Neumühler Frauen zeigt. Das Bild wurde jedoch der Redaktion des Hetz-Blattes „Der Stürmer" zugespielt. Die veröffentlichte das Foto mit der Unterschrift: „Artvergessene deutsche Weiber besuchen eine Jüdin und lassen sich mit ihr photographieren."

Da sie ohnehin nicht mehr als Kindergärtnerin tätig sein durfte, schied die solchermaßen gebrandmarkte Gertrud Hammann aus dem Mutterhaus aus. Zeitweilig konnte sie in Haus Bethesa arbeiten. Der Leiter dieser sozialen Einrichtung in Oberweiler bei Badenweiler nahm sie ohne polizeiliche Meldung auf. Das war jedoch nur eine vorübergehende Lösung. Gertrud Hammanns Neumühler Freunde organisierten ihre Flucht ins Elsass. Von dort zog sie weiter nach Montpellier, wo sie bei einer Familie Unterschlupf fand, deren gelähmter Hausfrau sie zur Hand ging.

Trotz drückender finanzieller Sorgen konnte sich Gertrud Hammann in Frankreich einigermaßen sicher fühlen – bis zum Beginn der deutschen Westoffensive 1940. Im Mai wurde sie interniert: Nicht weil sie Halbjüdin, sondern weil sie eine Deutsche war und somit eine „feindliche Ausländerin", brachte man sie ins Camp de Gurs. Dort wurden die Lebensverhältnisse schier unerträglich, als im Rahmen der Wagner-Bürckel-Aktion Tausende von badischen, pfälzischen und saarländischen Juden eintrafen.

Gertrud Hammann, die Kindergärtnerin, nahm sich der jüngsten unter den Verschleppten an. Es gelang ihr, eine Baracke für Kinder zu reservieren, die – dem allgegenwärtigen Elend trotzend – „Haus Sonnenschein" genannt wurde. Mit Hilfe von Spenden jüdischer und christlicher Organisationen stattete sie die Kinderbaracke mit Bettställen, Tischen und Bänken sowie Spielzeug aus. Gertrud Hammann mühte sich, den Mädchen und Jungen einen Hauch von Normalität zu schenken.

Ihre kleinen Schützlinge waren ihr ans Herz gewachsen. Doch als Gertrud Hammann im Dezember 1940 die Chance bekam, das Lager zu verlassen, konnte sie nicht widerstehen. Die Zeit bis zur deutschen Kapitulation überlebte sie als Haushaltsgehilfin und Studentin in Frankreich.

Als Gertrud Hammann 1947 nach Deutschland zurückkehrte, lehnten die Behörden eine Entschädigung für ihre Zeit in Gurs ab: Die Internierung sei schließlich nicht von nationalsozialistischen, sondern von französischen Stellen veranlasst worden. Auch ihre französischen Diplome wurden nicht anerkannt. Die mittlerweile 37-Jährige besuchte die Evangelische Soziale Frauenschule in Freiburg und fing danach als Fürsorgerin beim Hilfswerk der Landeskirche an. Unter anderem hat sie im Kirchenbezirk Lahr die Flüchtlingshilfe organisiert. Von 1955 bis zu ihrer Pensionierung 1971 war sie Geschäftsführerin des Evangelischen Frauenwerks in Baden.

Elisabeth von Thadden – Hinrichtung einer Pädagogin

Durch „Wehrkraftzersetzung" und „Vorbereitung eines hochverräterischen Unternehmens" soll Elisabeth von Thadden (1890–1944) „die Kriegsfeinde des Großdeutschen Reiches begünstigt" haben. Nach einem Schauprozess vor dem Volksgerichtshof wurde die Pädagogin im September 1944 in Berlin-Plötzensee enthauptet. Knapp fünf Jahre später brachte man ihre Asche nach Heidelberg-Wieblingen. Dort hatte Elisabeth von Thadden einst eine hochangesehene Mädchenschule gegründet.

Als Schülerin hatte Elisabeth erstmals badische Luft geschnuppert: Das Töchterchen eines ostpreußischen Gutsbesitzers besuchte das von Großherzogin Luise gegründete Viktoria-Pensionat in Baden-Baden. Der vergleichsweise liberale Geist dieses Instituts sagte ihr ebenso zu wie die Ermunterung zu sozialem Engagement, die man jungen Frauen aus gutem

Nach einem Schauprozess enthauptet: Stolperstein für Elisabeth von Thadden, die Gründerin einer hoch angesehenen Mädchenschule in Heidelberg.

Hause dort mit auf den Weg gab. Doch die Adelige aus dem Nordosten des Reiches musste schon bald in ihrer Heimat Pflichten übernehmen: Eine Schwangerschaft kostete ihre Mutter das Leben. Elisabeth, der 19-jährigen ältesten Tochter, mutete man ohne weiteres zu, die Rolle der Gutsherrin zu übernehmen: Sie sollte ihre jüngeren Geschwister erziehen, 50 Angestellte dirigieren und sich zudem um das soziale Wohl der Dorfbevölkerung kümmern.

Elisabeth übernahm diese Aufgaben ohne zu jammern – und lud sich noch weitere auf: In den letzten Jahres des Ersten Weltkriegs ermöglichte sie unterernährten Stadtkindern auf dem Gut ihres Vaters Ferienaufenthalte.

Elf Jahre lang bewährte sich Elisabeth als Gutsherrin. Dann heiratete ihr Vater ein zweites Mal, und die nunmehr 30-jährige Tochter sollte ihrer jüngeren Schwiegermutter weichen. Elisabeth absolvierte eine Kurzausbildung an der Sozialen Frauenschule der Alice Salomon in Berlin und machte sich auf die Suche nach einer angemessenen Arbeitsstelle. Dabei kam ihr das gesellschaftliche Netzwerk zustatten, das sie seit frühester Jugend zu knüpfen gewohnt war.

Zu Elisabeths Bekannten gehörte Marie Baum, die inzwischen Referentin im badischen Innenministerium war. Auf deren Empfehlung hin wurde Elisabeth von Thadden 1921 zur evangelischen Erziehungsleiterin der Kindererholungsstätte auf dem Heuberg bei Stetten am kalten Markt ernannt. Dort übernahm sie bald die komplette Wirtschaftsleitung. Die Gutsherrentochter ließ unter anderem im großen Stil Schweine anschaffen, die Küchenabfälle fraßen und später ihrerseits hungrige Kindermägen füllten. Während der großen Inflation sollte sich diese Investition als ausgesprochen segensreich erweisen.

Wenige Jahre später lernte Elisabeth von Thadden den Prinzen Max von Baden kennen. Der unglückliche letzte Kanzler des Kaiserreichs hatte sich nach Salem zurückgezogen, wo er mit seinem Vertrauten Kurt Hahn 1920 eine Internatsschule gründete. Vom reformpädagogischen Profil dieser Institution fasziniert, griff Elisabeth von Thadden zu, als man ihr anbot, in dem Schloss unweit des Bodensees eine Internatsgruppe zu leiten.

Ihre Begeisterung wich allerdings bald einer gewissen Skepsis. Die in Salem praktizierte Koedukation, die gemeinsame Erziehung von Mädchen und Jungen, erschien ihr nachteilig für die Persönlichkeitsentwicklung der Schülerinnen. Außerdem vermisste die fromme Preußin in dem Internat einen dezidiert evangelischen Geist. 1926 verließ sie Salem, gewillt, eine Mädchenschule nach eigenen Vorstellungen zu gründen.

Ein zur Verpachtung anstehendes Herrenhaus aus dem 18. Jahrhundert in Heidelberg-Wieblingen schien beste Voraussetzungen für ein solches Unternehmen zu bieten. Elisabeth von Thadden gelang es, die Evangelische Landeskirche sowie den Badischen Landesverein für Innere Mission von ihrer Idee zu überzeugen. 1927 nahm das „Evangelische Landeserziehungsheim für Mädchen, Schloss Wieblingen" den Betrieb auf. Elisabeth von Thadden, bei der die wirtschaftliche und pädagogische Leitung lag, verknüpfte traditionelle Vorstellungen von der Vorbereitung ihrer Schutzbefohlenen auf „Frauenberufe" mit modernen Elementen der „Erlebnispädagogik". Besonders wichtig war ihr, dass die Schülerinnen rege am Kulturleben der Region teilnahmen.

Trotz seines evangelischen Profils und dem Bemühen der Nationalsozialisten, konkurrierende Erziehungseinflüsse auszuschalten, konnte sich das Landeserziehungsheim nach 1933 halten. Elisabeth von Thadden dachte national und war bereit, Zugeständnisse an die „neue Zeit" zu machen. So ließ sie etwa die Erziehung zur Verantwortung gegenüber dem „Volksganzen" in den Leitsätze der Schule festschreiben. In religiösen Angelegenheiten kam eine Anpassung an die Nationalsozialisten für sie jedoch nicht in Frage. Die Schulleiterin schloss sich der Bekennenden Kirche an, war aber klug genug, diesen Schritt nicht publik zu machen. Andererseits trotzte sie dem sich rapide verschärfenden Antisemitismus und nahm weiter „nichtarische" Schülerinnen im Internat auf. Auch war sie an Hilfsaktionen für Heidelberger Juden beteiligt.

Der Beginn des Zweiten Weltkriegs bewog Elisabeth von Thadden, das Internat zeitweilig zu verlegen. Nur die externen Schülerinnen sollten weiter in Wieblingen unterrichtet werden. Baden war jetzt Frontstaat, und vielen Eltern – vor allem den Norddeutschen – schien Wieblingen nicht sicher. Elisabeth von Thadden gelang es, für die rund 100 Internatsschülerinnen ein Ausweichquartier in Tutzing am Starnberger See zu organisieren. Trotz des Umzugs nach Bayern sollte das Landeserziehungsheim weiter der badischen Schulaufsicht unterstehen.

In Tutzing nahm die Mädchenschule wiederum externe Schülerinnen auf – und damit setzte sich Elisabeth von Thadden eine Laus in den Pelz. Zu ihren Zöglingen gehörte die 13-jährige Tochter der örtlichen NS-Frauenschaftsleiterin. Dieses Mädchen notierte fleißig die „Gesinnungsmängel" in der Anstalt. Zudem bemängelten manche Nachbarn, dass das Engagement der sich allzu vornehm dünkenden jungen Damen im Bund Deutscher Mädel eher lau sei.

Die Gestapo inspizierte die Schule und bestellte die Leiterin zum Verhör ein. Im Februar 1941 teilte das Bayerische Kultusministerium Elisabeth von Thadden mit, dass die Genehmigung zur „gastweisen Unterbringung" des Internats zurückgezogen werde. Hals über Kopf musste sie die Rückkehr nach Wieblingen organisieren.

Die badischen Kultusbehörden bereiteten ihr einen frostigen Empfang: Sie waren vom Sicherheitsdienst darüber informiert worden, dass die religiösen Bindungen des Fräulein von Thadden so stark seien, dass man eine Erziehung der Mädchen im nationalsozialistischen Geiste nicht erwarten durfte. Die Betriebsgenehmigung wurde ihr nun auch in Baden entzogen, die Schule verstaatlicht.

Elisabeth von Thadden sah ihr Lebenswerk in Scherben gehen. Sie zog nach Berlin, wo die über 50-Jährige nach langem Suchen eine wenig anspruchsvolle Stelle beim Roten Kreuz erhielt. Geistige Anregung fand sie in ihrem Freundeskreis – unter Männern und Frauen, die sich zu Vorträgen und Diskussionen trafen oder auch, um gemeinsam in der Bibel zu lesen. Politisch korrekt im nationalsozialistischen Sinne ging es in diesen Zirkeln nicht zu. Die Beteiligten achteten daher darauf, mit wem sie sich einließen. Bei einem jungen Arzt, der ein Empfehlungsschreiben einer gemeinsamen Schweizer Freundin vorlegte, hatte Elisabeth von Thadden jedoch keine Bedenken. Das sollte sich als verhängnisvoller Fehler erweisen: Der Mann war ein Gestapo-Spitzel.

Bei einer Geburtstagsfeier im Spätsommer 1943 wandte sich das Gespräch der Politik und dem Krieg zu, von dem in Elisabeths Freundeskreis niemand glaubte, dass er zu gewinnen sei. Die Gäste stellten Überlegungen an, wie Friedensverhandlungen in Gang gebracht werden könnten und Deutschland nach Hitler zu organisieren sei. Elisabeth von Thadden beteiligte sich rege an der Diskussion, der Spitzel hörte mit.

Das Rote Kreuz hatte Elisabeth von Thadden in Soldatenheime in Frankreich beordert. Unweit von Paris wurde sie im Januar 1944 verhaftet. Man überstellte sie zu Verhören nach Berlin und isolierte sie dann im Strafbunker des Frauenkonzentrationslagers Ravensbrück. Am 1. Juli wurde ihr der Prozess gemacht. Als er nach 14 Stunden endete, hatte Roland Freisler, der Präsident des Volksgerichtshofs, die „Frau aus einem preußischen Adelsgeschlecht" für schuldig erklärt, durch Zweifel am „Endsieg" die Wehrkraft beeinträchtigt zu haben: „Es wird ihr die Ehre für immer abgesprochen und sie wird mit dem Tode bestraft ..."

Am 8. September 1944 starb Elisabeth von Thadden unter dem Fallbeil. Die Schulstiftung der Evangelischen Landeskirche in Baden ist heute Trägerin des von ihr gegründeten Landeserziehungsheimes in Heidelberg. Es trägt den Namen „Elisabeth-von-Thadden-Schule".

Antonie Langendorf – mutige Worte

Antonie Langendorfs Mann Rudolf wurde am 15. September 1942 hingerichtet: Er hatte zur „Lechleiter-Widerstandsgruppe" gehört, die in Mannheim, Lörrach und Schopfheim auf die Macht der Worte setzte. „Der Vorbote" – so hieß die illegale Zeitung, die Georg Lechleiter, einst Vorsitzender der kommunistischen Fraktion im Badischen Landtag, zusammen mit Gesinnungsgenossen herausgab: Das Blatt wandte sich gegen den Nationalsozialismus und vertrat die Überzeugung, dass der Krieg, den Hitler begonnen hatte, mit dessen Sturz enden werde.

Als die Gruppe aufflog, wurde auch Antonie Langendorf geborene Glanzmann (1894–1969) festgenommen. Doch obwohl sie als Kommunistin bekannt war – sie hatte in Lörrach die KPD mitgegründet und 1929 bis 1933 dem Badischen Landtag angehört –, kam sie zunächst wieder frei. Sie war aber so mutig zu widersprechen, als behauptet wurde, ihr Mann Rudolf habe für seine Verbrechen um Verzeihung gebeten. Das brachte sie erneut in Haft. Im Juli 1944 wurde Antonie Langendorf ins Frauenkonzentrationslager Ravensbrück verschleppt, wo sie ihre politische Überzeugungsarbeit im Geheimen weiterführte. Sie hat überlebt und sich nach der Befreiung 1945 für die parlamentarische Arbeit zur Verfügung gestellt.

Gertrud Luckner – „außerordentliche Seelsorge"

Auch Gertrud Luckner (1900–1995) musste im Frauenkonzentrationslager Ravensbrück den roten Winkel tragen, der sie als politische Gefangene auswies. Sie hatte schon 1931, als sie sich an der Universität Freiburg einschrieb, vor den menschenverachtenden Zielen der Nationalsozialisten gewarnt. Es waren vor allem religiöse Überzeugungen, die der kleinen Frau die Kraft gaben, ihr Leben zu riskieren, um Verfolgten den Weg ins Ausland zu bahnen.

Aufgewachsen war die in Liverpool geborene Jane Hartmann bei einem deutschen Ehepaar reformierten Glaubens. Die Pflegeeltern adoptierten sie, als sie bereits 22 Jahre alt war: Aus Jane wurde Gertrud Jane Luckner. Während ihres Studiums in Freiburg tauchte sie dann tief ins katholische Milieu ein und konvertierte. Nach ihrer Promotion begann die Volkswirtschaftlerin als Fürsorgerin bei der Zentrale des Deutschen Caritasverbands in Freiburg zu arbeiten.

Zu ihren Aufgaben gehörte es, „nichtarische Katholiken" bei der Auswanderung zu unterstützten. Da die Schweiz 1938 ihre Grenzen für Juden dicht machte, entschloss sich Gertrud Luckner, notfalls auch illegale Fluchthilfe zu leisten. Der Hochrhein, die Gegend zwischen Bodensee und Basel, bot die besten Chancen, über die „grüne Grenze" in den Kanton Schaffhausen zu entkommen.

Um den aus rassischen Gründen Verfolgten effektiver helfen zu können, arbeitete Gertrud Luckner auch mit Hilfsorganisationen anderer Konfessionen sowie der „Reichsvereini-

Ehrung für Menschen, die ihr Leben riskierten, um Juden zu retten: Der israelische Botschafter Asher Ben-Natan überreichte 1966 dem Theologen Heinrich Grüber, dem Geschäftsmann Werner Krumme, dem badischen Pfarrer Hermann Maas sowie der Caritas-Mitarbeiterin Gertrud Luckner aus Freiburg Auszeichnungen.

gung der Juden in Deutschland" zusammen. Ihre vielen Reisen weckten den Argwohn der Gestapo, doch zunächst konnte sie sich recht frei bewegen. Immerhin führte sie seit Dezember 1941 einen Ausweis mit sich, in dem ihr der Freiburger Erzbischof Conrad Gröber bestätigte, dass sie mit „Aufgaben der außerordentlichen Seelsorge" betraut war.

Allerdings ging das Engagement Gertrud Luckners über den Auftrag, den ihr der Erzbischof erteilt hatte, weit hinaus. Seit die systematischen Deportationen der Juden in den Osten begonnen hatten, unterschied sie nicht mehr zwischen „katholischen Nichtarieren" und „Glaubensjuden". Sie übernahm Botendienste, half bei der Versorgung von Untergetauchten, ließ Pässe fälschen und ermöglichte so vielen Menschen die Flucht aus Deutschland.

Es waren wohl Hinweise aus ihrem Freiburger Umfeld, die zu ihrer Verhaftung im März 1943 führten. Sie befand sich im Zug zwischen Offenburg und Karlsruhe, als die Häscher zuschlugen. „Projüdische Betätigung und Verbindungen mit staatsfeindlichen Kreisen" warf man ihr vor. Für Gertrud Luckner begann ein Leidensweg, der sie durch zahlreiche Gefängnisse führte. Schließlich wurde sie ins KZ Ravensbrück eingeliefert.

Die kleine, gebückt gehende „Staatsfeindin" überlebte die Zwangsarbeit, die mangelhafte Ernährung, die fürchterlichen sanitären Verhältnisse und den Ausbruch von Typhus und Diphtherie in dem Lager 90 Kilometer nördlich von Berlin. Sie zählte zu den Frauen, die die SS im April 1945 auf einen „Todesmarsch" in Richtung Nordwesten trieb. Soldaten der Roten Armee befreiten sie.

Gertrud Luckner hat sich bis ins hohe Alter für die christlich-jüdische Verständigung eingesetzt. Der junge Staat Israel verlieh ihr bereits 1951 den Titel „Botschafterin der Menschlichkeit". Seit 1966 zählt die Holocaust-Gedenkstätte Yad Vashem in Jerusalem Gertrud Luckner zu den „Gerechten unter den Völkern".

Ein Ende mit Schrecken

Alliierte Truppen drangen im November 1944 bei Straßburg und Basel an den Rhein vor. Zugleich wurden die Luftangriffe intensiviert. Der Bombenhagel ging nun verstärkt auch auf kleinere Städte nieder, zudem auf Orte, die wie Singen nahe der Schweizer Grenze lagen. Dort war man auf Großangriffe weniger gut vorbereitet als in Städten wie Mannheim oder Karlsruhe – entsprechend hoch war die Zahl der Toten. Weil Männer für die Brandbekämpfung fehlten, richtete man unter anderem in Bruchsal eine weibliche Feuerwehr ein. Die vollständige Zerstörung der Innenstadt am 1. März 1945 konnte man jedoch nicht verhindern. Den höchsten Blutzoll zahlte Pforzheim: Auf die Stadt wurden am 23. Februar 1945 innerhalb von 22 Minuten mehr als 1500 Tonnen Spreng- und Brandbomben abgeworfen: In Flammen und Trümmern starben rund 18.000 Frauen, Männer und Kinder.

IN DEN NACHKRIEGSLÄNDERN UND BADEN-WÜRTTEMBERG

An den Elendsfronten

Kriegsbeute

Mit der Besetzung von Markdorf endete am 24. April 1945 der Krieg auf badischem Boden. Für viele Frauen und Mädchen war das Kriegsende wiederum mit traumatischen Erlebnissen verknüpft: Es kam zu Plünderungen und sexuellen Übergriffen. In den damals französisch besetzten Gebieten verbindet das kollektive Gedächtnis die Massenvergewaltigungen vorwiegend mit Tätern aus Nordafrika. Auch Karlsruhe, das später der amerikanischen Zone zugeschlagen wurde, war zunächst von französischen Truppen eingenommen worden: Im April und Mai 1945 wurden allein in der dortigen Landesfrauenklinik 276 wegen Vergewaltigungen vorgenommene Schwangerschaftsabbrüche aktenkundig. In der Erzdiözese Freiburg kursierten Schätzungen von 30.000 bis 40.000 Vergewaltigungsopfern.

In der Bevölkerung hegte man den Verdacht, dass die französische Militärführung „Freinächte" ausgerufen bzw. Übergriffe von „Kolonialsoldaten" gegen die Zivilbevölkerung geduldet oder gar gefördert habe. Aus den französisch besetzten Regionen gibt es jedoch auch Beispiele für ein hartes Vorgehen gegen Gewaltexzesse. So wurde etwa ein nordafrikanischer Soldat, der im Mai 1945 in Villingen eine 15-Jährige vergewaltigte, von einer Militärstreife an Ort und Stelle erschossen.

„Ami-Liebchen“. Sexuelle Übergriffe auf Frauen begingen auch amerikanische Soldaten, doch sind die GIs in Nordbaden überwiegend in freundlicher Erinnerung geblieben: Die US-Armee galt in der Bevölkerung als diszipliniert und korrekt, vor allem sollen sich viele Soldaten trotz des Fraternisierungsverbots kinderlieb gezeigt und freigiebig Süßigkeiten verteilt haben. Weniger wohlwollend urteilte die Öffentlichkeit über deutsche Mädchen und Frauen, die sich mit Amerikanern einließen. Kaum jemand zweifelte daran, dass die „Ami-Liebchen“ sich für ein paar Zigaretten oder ein bisschen Erdnussbutter verkauften, auch wenn einige dieser Beziehungen schließlich vor dem Traualtar legalisiert wurden.

Kochlöffelkrieg – „Trümmerfrau“ trifft Flüchtlingsfrau

Das Gegenbild zum leichtlebigen „Ami-Liebchen“ liefern im kollektiven Gedächtnis die „Trümmerfrauen“. Dass es sich bei den Frauen, die die Behörden zur schweren körperlichen Arbeit in den Schuttbergen der Städte heranzogen, in der Regel um frühere Aktivistinnen der NS-Frauenschaft und des NS-Frauenwerks handelte, ist weitgehend in Vergessenheit geraten. „Trümmerfrauen“ gelten gemeinhin als Sinnbild weiblichen Leides um 1945. Einige Städte – darunter Mannheim – haben ihnen sogar ein Denkmal gesetzt.

Unabhängig von nationalsozialistischen Verstrickungen entbrannten an den Elendsfronten in den Trümmerlandschaften neue Verteilungskämpfe: Mit Misstrauen begegneten Alteingesessene den „Displaced Persons“, ehemaligen Zwangsarbeiterinnen und Zwangsarbeitern sowie befreiten KZ-Insassen – man fürchtete deren „Ansprüche“. Als üble Konkurrenz um knappe Güter wie Wohnraum wurden jedoch vor allem die ins Land strömenden Flüchtlinge und Vertriebene aus den ehemaligen deutschen Ostgebieten empfunden.

Während es die Franzosen zunächst ablehnten, in ihrer Besatzungszone Flüchtlinge aufzunehmen, musste das amerikanisch besetzte Nachkriegsland Württemberg-Baden (zu dem Nordbaden mit der ehemaligen Hauptstadt Karlsruhe gehörte) innerhalb eines Jahres den Zuzug von mehr als einer halben Million Menschen verkraften. Der Strom, dem sich schließlich auch das französische (Süd-)Baden nicht verschließen konnte, sollte in den folgenden Jahren nicht versiegen. 1961 betrug der Anteil von Flüchtlingen und Vertriebenen an der Gesamtbevölkerung Baden-Württembergs annähernd 21 Prozent. In Bildern bemitleidenswerter Züge von Frauen, Kindern und Alten, die ihre wenigen Habseligkeiten auf dem Rücken oder in Handkarren mit sich schleppten, verdichten sich Flüchtlings- und Vertriebenenschicksale.

Die Bevölkerung empfing die „Ostflüchtlinge" keineswegs mit offenen Armen. Da die Wohnungsnot in Städten wie Mannheim, Karlsruhe, Pforzheim oder Bruchsal die Behörden vor nahezu unlösbare Probleme stellte, wurden viele Zuwanderer in ländliche geprägte Kreise wie Buchen, Mosbach, Sinsheim oder Tauberbischofsheim weitergeleitet. Ein enormes Konfliktpotential lag darin, dass für die Unterbringung der Flüchtlinge privater Wohnraum beschlagnahmt wurde. Vorwürfe, wonach die „Fremden" schmutzig, primitiv, unehrlich, laut, streitsüchtig und faul seien, waren eher die Regel denn die Ausnahme. Besonders häufig soll es zu Spannungen zwischen alteingesessenen und zugewanderten Frauen gekommen sein, wenn sie gemeinsam eine Küche benutzen mussten: Vom „Kochlöffelkrieg" war die Rede.

In Karlsruhe seufzte Alfred Behnle, der Leiter der dortigen Flüchtlingsstelle, dass der „innere Frieden" erst dann näher rücke, „wenn jede Hausfrau wieder an ihrem Herd in eigener Küche kochen kann".

In der Politik

Elisabeth Großwendt – Die Frau hat das Wort

Dass viele ihrer Geschlechtsgenossinnen über den drückenden Alltagssorgen die Politik vergaßen – oder vielmehr ihren Männern überließen: Für die Journalistin Elisabeth Großwendt (1881–1960) war es eine bittere Erfahrung. Sie hatte darauf gehofft, dass die Frauen mit ihren Stimmzetteln ein Zeichen setzen würden.

Doch Frauen blieben in der Politik der Nachkriegszeit weitgehend unsichtbar. Bis weit in die 1960er-Jahre hinein prägte die Hausfrau und Mutter das gesellschaftliche Leitbild. In Karlsruhe gab es – wie in anderen Kommunen – nach der Kapitulation eine Kampagne gegen das „Doppelverdienertum“: Die Stadtverwaltung reagierte damit auf Beschwerden, wonach Kriegsheimkehrer auf der Straße standen, weil Frauen die Stellen „blockierten“.

Mit der Stadtverwaltung kannte sich Elisabeth Großwendt aus. Als erste Amtsleiterin Karlsruhes hatte sie ab 1920 für die Jugendfürsorge verantwortlich gezeichnet. Doch 1933/34 war sie aus dieser Position hinausgedrängt worden. Nach Kriegsende hoffte sie, ins Jugendamt zurückkehren zu können. Sie sollte aber rasch feststellen, dass es keine „Stunde Null“ gab: Ihr früherer Vorgesetzter, der im Dritten Reich ihre politische Zuverlässigkeit angezweifelt hatte, behauptete jetzt, dass Elisabeth Großwendt keineswegs aufgrund ihrer Parteizugehörigkeit zur liberalen DDP zur Ruhe gesetzt worden sei. Vielmehr habe sie unzureichende Leistungen erbracht. Die Wiedereinstellung der ehemaligen Verwaltungsoberinspektorin wurde abgelehnt.

Elisabeth Großwendt war die erste Amtsleiterin Karlsruhes. 1933/34 wurde sie aus ihrer Position jedoch hinausgedrängt. Nach dem Zweiten Weltkrieg versuchte sie als Redakteurin für Frauenfragen bei den Badischen Neuesten Nachrichten dem „weiblichen Wesen“ mehr Gewicht zu verschaffen.

Elisabeth Großwendt wandte sich einem anderen Tätigkeitsfeld zu: Sie wurde Redakteurin für Jugend- und Frauenfragen bei den Badischen Neuesten Nachrichten, deren erste Ausgabe im März 1946 erschien. In ihrer Rubrik „Die Frau hat das Wort“ ermunterte sie ihre Leserinnen, die zahlenmäßige Überlegenheit der Frauen zu nutzen, um dem „weiblichen Wesen“ mehr Gewicht in der Politik und beim Wiederaufbau des Gemeinwesens zu verschaffen.

Doch dieses Potenzial blieb weitgehend ungenutzt – der demokratische Neuanfang wurde vor allem von Herren mit „weißer Weste“ gestaltet, die schon in der Weimarer Zeit Politik gemacht hatten. Auch Elisabeth Großwendt selbst scheiterte mit ihrer Kandidatur für den Karlsruher Gemeinderat.

Um der „Macht der Frau“ langfristig doch zum Durchbruch zu verhelfen, gründete sie mit Gleichgesinnten eine überparteiliche Frauengruppe in Karlsruhe. Dort arbeitete sie auch nach ihrem Ausscheiden aus der Zeitungsredaktion im Jahr 1949 engagiert mit.

„Es sind in allen Parlamenten zu wenig Frauen". Franziska Schmidt (1899–1979) wunderte sich nicht darüber, dass Frauenrechte in den Gesetzen kaum Niederschlag fanden. „Es sind in allen Parlamenten zu wenig Frauen. Wie sollen sich in Bonn 29 Frauen gegen 371 Männer durchsetzen oder im Landtag Württemberg-Baden 8 Frauen gegen 92 Männer behaupten?", fragte die Sozialdemokratin im Januar 1950. Die in Mannheim geborene Publizistin gehörte von 1946 bis 1952 dem Landtag von Württemberg-Baden an.

Maria Beyerle und Clara Siebert – Streit um den Südweststaat

Der geringe Frauenanteil in den Parlamenten – und der starke Fokus, den weibliche Abgeordnete aufs Soziale legten – führte dazu, dass „große Fragen der Politik" weitgehend unter Männern ausgehandelt wurden. Auch im erbittert geführten Kampf um den Südweststaat verschafften sich vor allem Männer Gehör. Dabei ließ diese Diskussion Frauen keineswegs kalt. Die Konstanzerin Maria Beyerle (1882–1968) und die in Karlsruhe lebende Clara Siebert waren langjährige Freundinnen. Doch was die Vereinigung der Vorkriegsländer Baden, Württemberg und Hohenzollern zu einem Südweststaat anging, trennten Welten die beiden konservativen Politikerinnen.

Die Lehrerin Maria Beyerle, die seit 1947 dem Badischen Landtag in Freiburg angehörte, zählte zu den dezidierten Befürworterinnen des Südweststaats – entgegen den in Südbaden klar vorherrschenden Sympathien für die Wiederherstellung der alten Länder und entgegen der Politik des Staatspräsidenten, ihres Parteifreundes Leo Wohleb, einer Galionsfigur der Altbadener.

Clara Siebert hingegen, die 1933 den Beschluss gefasst hatte, nie mehr ins politische Tagesgeschäft einzusteigen, ging für die Wiederherstellung der alten Länder noch einmal an die Öffentlichkeit. Sie reaktivierte die Parole „Baden den Badenern", für die sie sich 1918/19 schon einmal stark gemacht hatte. Bereits damals war ein möglicher Zusammenschluss der südwestdeutschen Länder diskutiert worden.

Clara Siebert appellierte an alle Badenerinnen, für die Wiederherstellung der alten Länder zu votieren. An ihren Appell knüpfte sie allerdings selbst nicht allzu viele Hoffnungen: Die Spielregeln für die Abstimmung machten eine Wiederherstellung der alten Länder unwahrscheinlich. Den Modus hatten die Befürworter des Südweststaats im Bundestag durchgesetzt, nachdem eine Probeabstimmung im September 1950 für sie ungünstig verlaufen war.

Am 9. Dezember 1951 wurde in vier Bezirken abgestimmt. Und obwohl sich rechnerisch 52 Prozent der Wähler im „alten Baden" gegen den Südweststaat ausgesprochen hatten, war die Ländervereinigung beschlossene Sache, denn eine starke Front gegen den Südweststaat hatte es nur in Südbaden gegeben. In Nordbaden hingegen hatte sich eine knappe und in Nordwürttemberg sowie Südwürttemberg-Hohenzollern eine überwältigende Mehrheit für die Neugliederung ausgesprochen. Nach den Regelungen des Vier-Bezirke-Modus konnte die Länderehe damit stattfinden. Clara Siebert kommentierte das Ergebnis der Volksbefragung: „Wir sind Südweststaat. Aber nicht auf objektiver Grundlage."

Dass der Wille der badischen Bevölkerung durch „die Besonderheit der politisch-geschichtlichen Entwicklung" überspielt worden sei, zu diesem Urteil kam – allerdings erst 1956 – auch das Bundesverfassungsgericht. Ein Volksentscheid darüber, ob Baden im Südweststaat verbleiben sollte, wurde bis 1970 verschleppt. Als es endlich zum Schwur kam, hatte die normative Kraft des Faktischen ganze Arbeit geleistet: 82 Prozent der Wählerinnen und Wähler in Baden sprachen sich für den Verbleib in Baden-Württemberg aus.

Clara Siebert hat es nicht mehr erlebt. Sie starb am 23. März 1963 in Konstanz.

Karlsruhe spricht

Karlsruhe hatte den Status einer Landeshauptstadt verloren, war aber zur Residenz des Rechts avanciert: Am 7. September 1951 nahm in der Stadt das Bundesverfassungsgericht seine Arbeit auf. Ihm gehörten damals 23 Richter und eine Richterin an.

„Männer und Frauen sind gleichberechtigt" heißt es in Artikel 3 Absatz 2 des Grundgesetzes, der das Bundesverfassungsgericht bis heute immer wieder beschäftigt. Die Formulierung in dieser allgemeingültigen Form hatte im Parlamentarischen Rat (bestehend aus 61 Männern und vier Frauen) gegen viele Widerstände die hessische Juristin und Sozialdemokratin Elisabeth Selbert (1896–1986) durchgedrückt. Sie hatte sich nach Kräften bemüht, Überzeugungsarbeit – auch in der eigenen Partei – zu leisten und Druck von der Straße aufzubauen. Waschkörbeweise gingen beim Parlamentarischen Rat in Bonn schließlich Briefe aus ganz Westdeutschland ein, in denen Frauen aus Verbänden, Parteien und Gewerkschaften gegen jede Formulierung protestierten, die nicht die bedingungslose Gleichberechtigung beinhaltete.

Der Hartnäckigkeit Elisabeth Selberts ist es zu verdanken, dass Artikel 3 Absatz 2 Eingang ins Grundgesetz fand. Diese „Mutter des Grundgesetzes" brachte damit eine Revolution in Gang, die ihre Wirkung zwar nur allmählich, aber mit umso größerer Wucht entfaltete und Auswirkungen bis tief ins Privatleben der Deutschen hinein zeigen sollte.

Der Verfassungstext von Absatz 2 wurde mit Wirkung zum 15. November 1994 um einen zweiten Satz ergänzt: „Der Staat fördert die tatsächliche Durchsetzung der Gleichberechtigung von Frauen und Männern und wirkt auf die Beseitigung bestehender Nachteile hin."

Erna Scheffler – Das Lächeln der Verfassungsrichterin

Wenn es um die elterliche Sorge ging, hatte der Papa die Nase vorn: „Können sich die Eltern nicht einigen, so entscheidet der Vater", hieß es im Bürgerlichen Gesetzbuch. Gegen diesen „väterlichen Stichentscheid" war Verfassungsbeschwerde eingelegt worden, und am 29. Juli 1959 sprach Karlsruhe. Da der Präsident erkrankt war, verkündete ein anderes Mitglied des Ersten Senats dieses für die Gleichberechtigung im Familienrecht so bedeutende Urteil: Erna Scheffler (1893–1983), die erste und damals einzige Richterin am Bundesverfassungsgericht.

Die Frankfurter Allgemeine Zeitung vermerkte, dass Scheffler gelächelt habe, als sie den Stichentscheid des Vaters für verfassungswidrig erklärte. Die Durchsetzung des Gleichberechtigungsgrundsatzes war ein großes Thema der damals 65 Jahre alten Juristin. Diskriminierungen unterschiedlichster Art kannte sie aus ihrem eigenen Schicksal zur Genüge.

Die in Breslau geborene Erna Friedenthal war elf Jahre alt gewesen, als ihr Vater starb – und ihre Mutter nichts mehr zu sagen hatte. Ein Vormund entschied fortan über die Angelegenheiten der Familie. Immerhin wurde dem Mädchen erlaubt, als Externe an einem Knabengymnasium das Abitur zu machen. Sie studierte in Heidelberg, München und Berlin und promovierte in Breslau. Juristische Staatsexamina waren für Frauen nicht vorgesehen. In der Weimarer Zeit taten sich für die Frau Doktor, inzwischen verheiratet und Mutter eines Mädchens, neue Chancen auf. Erna Haslacher, wie sie inzwischen hieß, legte die beiden Examina ab. Als eine der ersten deutschen Richterinnen arbeitete sie am Amtsgericht Berlin-Mitte – allerdings nur ein Jahr lang. Erna Haslacher war „Halbjüdin", 1933 wurde sie entlassen.

Aufgrund der Rassengesetze waren Erna Haslacher rechtsberaterische Tätigkeiten untersagt. Ihre Ehe wurde geschieden, ihre Tochter, die Ärztin werden wollte, verließ das nationalsozialistische Deutschland und ging nach England. Ihre

Mutter hatte derweil den Kammergerichtsrat Georg Scheffler kennen und lieben gelernt. Heiraten konnte sie ihn erst nach der deutschen Kapitulation.

Als „Unbelastete" kehrte Erna Scheffler 1945 in den Justizdienst zurück. 1950 hielt sie beim Deutschen Juristentag in Frankfurt ein Referat, das in Fachkreisen ein großes Echo fand und ihr den Weg ins Bundesverfassungsgericht ebnete. Ihr Mann ging mit ihr nach Karlsruhe, wo er 1952 Richter am Bundesgerichtshof wurde.

Bis Erna Scheffler im Alter von 70 Jahren aus dem Bundesverfassungsgericht ausschied, wirkte sie an mehreren Urteilen mit, die „traditionelle" Ungleichbehandlungen der Geschlechter beseitigen sollten – etwa in der Höfeordnung, die männliche Erben bevorzugte. Auch als sie 1963 die rote Robe ablegte, blieb sie eine „Anwältin der Frauenrechte": Sie engagierte sich unter anderem im Deutschen Akademikerinnenbund und im Verband berufstätiger Frauen. Die Forderungen, die sie stellte, muten bis heute aktuell an: Damit künftige Frauengenerationen nicht von „Haushalt und Familie aufgefressen" würden, sollten Männer verstärkt in die Pflicht genommen werden. Zudem müssten Kindertagessstätten sowie Ganztagesschulen ausgebaut werden.

Jutta Limbach – an der Spitze des höchsten Gerichtes

Dass Frauen nicht nur Richterin am Bundesverfassungsgericht können, sondern sogar Präsidentin, zeigte Jutta Limbach (1934–2016). Die Jura-Professorin und Berliner SPD-Justizsenatorin wurde 1994 Richterin am Zweiten Senat und Vizepräsidentin des Bundesverfassungsgerichts. Sechs Monate später rückte sie als erste Frau an die Spitze des höchsten deutschen Gerichts. Der Zweite Senat, dem Limbach vorsaß, entschied wiederholt in großen gesellschaftlichen und politischen Fragen. So bestätigte er etwa in der Mitte der 90er-Jahre die Neuordnung des Asylrechts.

Jutta Limbach wurde 1994 zur ersten Präsidentin des Bundesverfassungsgerichts ernannt. – Fotografie, 2001.

Etliche berühmte Urteile aus Jutta Limbachs Amtszeit wurden allerdings vom Ersten Senat gefällt. So erzählte Jutta Limbach 2012, zehn Jahre nach ihrem altersbedingten Ausscheiden, als sie in einem Interview mit dem ZEITmagazin gefragt wurde: „Was haben Sie als erste Frau an der Spitze des höchsten Gerichts verändert?", eine Anekdote: „In der S-Bahn kam eine junge Frau zu mir, reckte den Daumen und rief: ‚Also, die letzten Urteile über Kruzifix, ‚Soldaten sind Mörder' und Sitzblockaden: toll!' Ich wandte ein, dass ich an keinem Beschluss mitgewirkt hätte, zuständig war der Erste Senat. Darauf sie: ‚Aber erst seitdem Sie da sind, entscheidet das Gericht so vernünftig.' – Ist das nicht hübsch? Ich glaube nicht, dass ich Einfluss hatte, aber der Erste Senat kann sich wirklich etwas auf seine Liberalität zugutehalten."

Schönheit – Glamour – Mode

Sich etwas leisten können, endlich wieder etwas Luxus – der Nachholbedarf war groß in der jungen Bundesrepublik. Kanzler Konrad Adenauer wollte Westdeutschland rasch auf geordnete, gutbürgerliche Gleise zurückführen. Als eigentlicher Beruf der Frau wurde in der Wirtschaftswunderzeit einmal mehr der Mann entdeckt: Als Hausfrau und Mutter hielt sie ihm den Rücken frei, als charmante Dame an seiner Seite war sie Beifall klatschendes Publikum und Schmuckstück in einer Person.

Sonja Ziemann – das Schwarzwaldmädel

Bilderbuch-Landschaften, dominante Männer und „anständige" Frauen – im Kinosessel wollten sich die Menschen die vermeintliche Idylle zurückholen. Als „Schwarzwaldmädel" begeisterte 1950 Sonja Ziemann (* 1926) an der Seite von Rudolf Prack das Publikum. Die erste Farbfilm-Romanze, die unter anderem in St. Peter und St. Märgen gedreht worden war, rührte innerhalb von nur 21 Monaten rund 14 Millionen Kinobesucher zu Tränen. Sonja Ziemann wurde mit einen „Bambi" belohnt.

Dass das Schwarzwaldmädel Ziemann im wahren Leben aus Eichwald bei Berlin stammte – wen scherte das? Die Drehorte und die Tracht sorgten in dem Heimatfilm für ausreichend Lokalkolorit. Der rote Bollenhut für unverheiratete Frauen hat eigentlich nur in drei Orten des Mittleren Schwarzwalds Tradition – in Gutach, Kirnbach und Reichenbach. Doch Maler hatten sich schon im ausgehenden 19. Jahrhun-

Sonja Ziemann und Rudolf Prack waren das Traumpaar des deutschen Heimatfilms. – Aufnahme aus dem Film „Schwarzwaldmädel", 1950.

dert in das auffällige Kleidungsstück verliebt. Spätestens als Sonja Ziemann es vor einem Millionenpublikum zur Schau trug, avancierte der Bollenhut zum ultimativen Schwarzwald-Symbol.

Die Rückwärtsgewandtheit und das einfache Strickmuster des auf der Operette von Léon Jessel gründenden „Schwarzwaldmädels" entging den zeitgenössischen Kritikern nicht: Es hagelte Verrisse. „Der Spiegel" bescheinigte Sonja Ziemann 1952 die „beruhigende Mittelmäßigkeit" eines „Lieschen-Müller-Typs". Für ihren „Bambi-Erfolg" gebe es nur eine Erklärung: „Es gefällt dem kleinen Mann im Parkett, daß sie als ‚eine von uns' weder seelisch unergründlich noch erotisch verwirrend ist. In allen ihren Rollen ist sie munter und frisch gelüftet; alle ihre Filme sind aufs Happy-End abonniert: Sonja stirbt nicht, sie holt sich höchstens einmal einen Schnupfen."

Christiane Schmidtmer – ein Fräuleinwunder

Kurvenstar: Die in Mannheim geborene Christiane Schmidtmer spielte an der Seite von Tony Curtis und Jerry Louis. – Aufnahme aus dem Film „Boeing Boeing“, 1965.

40-26-38, das waren, gemessen in Inches, die Körpermaße von Christiane Schmidtmer (1939–2003). Auf dem Kinoplakat für die Filmkomödie „Boeing, Boeing" hatten die Paramount Pictures 1965 die Maße der Darstellerinnen penibel vermerkt. Ein PR-Gag, über den sich niemand groß aufregte. Die geborene Mannheimerin, die in dem Streifen mit den Hollywood-Stars Tony Curtis und Jerry Lewis eine Lufthansa-Stewardess verkörperte, hatte mit 101-66-96 Zentimetern die üppigsten Kurven.

Die Schauspielerin hatte als Partnerin von José Ferrer 1963 in „Verspätung in Marienborn", einem den Kalten Krieg thematisierenden Flüchtlingsdrama, Aufmerksamkeit erregt. Hollywood zeigte Interesse an dem „Fräuleinwunder". Schmidtmer bekam eine Rolle im Starepos „Das Narrenschiff" (1964/65). Sie verkörpert darin ein berechnend-naives Luder, das sich 1933 bei einer Schiffspassage einem Antisemiten an den Hals wirft.

Schmidtmer war fortan auf die Rolle der Sexbombe festgelegt: blond, lasziv, männermordend. Ein Bikini wurde nach ihr benannt – „The Schmidtmer". Angebliche Affären mit Glenn Ford und Elvis Presley machten auch in Deutschland Schlagzeilen. Der glamouröse Schein konnte aber kaum darüber hinwegtäuschen, dass ihre anfangs steil nach oben führende Karriere rasch in den Sinkflug überging. 1966 ließ sie sich für die US-Ausgabe des „Playboy“ fotografieren, drei Jahre später stand sie in München für die Roy-Black-Klamotte „Unser Doktor ist der Beste“ vor der Kamera. Ihre Schauspielerinnenkarriere beendete sie 1981 als nymphomane Klavierlehrerin im dritten Teil von „Eis am Stiel“. Sie starb 63-jährig in Heidelberg.

Aenne Burda – das Schnittmuster des Erfolgs

Am Anfang stand der Seitensprung: Aenne Burda (1909–2005) fand heraus, dass ihr Mann Franz, ein Offenburger Verleger, seit Jahren eine Freundin hatte. Sie verzichtete auf die Scheidungsklage und ersparte ihm den Skandal. Aber sie verlangte eine Gegenleistung. Mehrfach hatte die Mutter von drei Söhnen darum gebeten, im Verlag ihres Gemahls mitarbeiten zu dürfen, stets hatte Franz Burda abgelehnt. Doch jetzt, im Jahr 1949, überschrieb er seiner Frau einen kleinen, verschuldeten Verlag: „Elfie-Moden“ in Lahr.

Damit nahm ein weibliches Wirtschaftswunder seinen Anfang. „Der Wunsch nach Schönheit ist krisenfest“, lautete das Credo der Aenne Burda. Sie benannte ihren Verlag um in Aenne Burda KG und brachte 1950 die Zeitschrift „burda Moden“ heraus – mit einer Startauflage von 100.000 Exemplaren.

Die Idee, den Frauen der Nachkriegszeit zu modischer, tragbarer und bezahlbarer Mode zu verhelfen, erwies sich als Volltreffer. Selbstgeschneidertes stand hoch im Kurs – und Aenne Burda hatte das Schnittmuster des Erfolges gefunden. Apart, charmant, elegant – solche Adjektive charakterisierten ihre Modelle, allzu Mondänes war verpönt. Die erste Millionen-Auflage erreichte das monatlich erscheinende Heft 1965.

Aenne Burda ermöglichte es Frauen der Mittelschicht, sich modisch zu kleiden, ohne in den Verdacht zu geraten, leichtsinnig das hart verdiente Geld ihrer Männer auszugeben. Nähen und andere Handarbeiten gehörten ja „traditionell“ zu

Ein weibliches Wirtschaftswunder: Die Offenburger Verlegerin Aenne Burda liebte den Erfolg – und schnelle Autos. – Fotografie, 1956.

den Tätigkeiten der guten Hausfrau und spielten im Schulunterricht für Mädchen nach wie vor eine wichtige Rolle. Dank „burda Moden" und bald auch anderer Publikationen des Verlages wussten sich die Leserinnen immer auf der Höhe der Zeit, wenn sie nähten, bastelten, buken und kochten. Ehemänner („Ihre Zufriedenheit ist unser Glück") wurden nach Anleitungen aus dem Hause Aenne Burda ebenfalls bestrickt.

„Aenne Burda erkannte die Demokratie der Mode vor allen anderen", würdigte Pierre Cardin die Pionierrolle der Offenburgerin anlässlich ihres Todes im Jahr 2005. Auf einem anderen Blatt steht, dass sie mit dem Hausfrauenideal Geschäfte machte, das sie für sich selbst ablehnte.

Als Kind war Anna Magdalene Lemminger – so ihr Geburtsname – in einem kleinbürgerlichen Elternhaus auf Genügsamkeit getrimmt worden. Allerdings mit bescheidenem Erfolg. Für Aenne war das Beste gerade gut genug. Als sie Franz Burda kennenlernte, war sie Angestellte beim Offenburger Elektrizitätswerk. Nach der Hochzeit verlangte sie ein Dienstmädchen. Für weibliche „Zwangsarbeiten" hatte sie nichts übrig. Später gab die ungekrönte Königin Offenburgs ungeschminkt zu, dass es sie stets nach Reichtum und Macht gelüstet habe.

Als einfallsreiche, impulsive und durchsetzungsstarke Chefin („Ich bin burda Moden") soll sie ihr Team bisweilen zur Verzweiflung getrieben haben. Doch der Erfolg gab ihr recht: Die Mode mochte Kapriolen schlagen, der kindlich anmutende Minirock die damenhaften Kleider der 1950er-Jahre verdrängen – Aenne Burda gelang es, die Wünsche und Bedürfnisse breiter Schichten zu treffen. 1967 war „burda Moden" mit einer Druckauflage von 1,5 Millionen pro Heft die größte Modezeitschrift Europas.

Das Imperium der Aenne Burda expandierte weiter. Schon in den 1950ern hatte sie den Saison-Modeführer „Burda International" etabliert, dann kamen Zeitschriften für ein junges Publikum dazu und jede Menge Spezialpublikationen von der Strickmode für Vollschlanke bis zum Weihnachtsbasteln. In den 1970er-Jahren wagte sie sich ins Ausland vor.

Ende der 1980er-Jahre verführten Aenne Burdas Druckwerke Leserinnen in mehr als 100 Ländern zum Selbermachen. Ein Höhepunkt ihres Lebens war die Einführung von Burda Moden in russischer Sprache in der Sowjetunion. Außenminister Hans-Dietrich Genscher zeigte sich später überzeugt, dass Aenne Burda mehr für die deutsch-russischen Beziehungen geleistet habe als drei Botschafter. Das Geschäft brummte: Nach der deutschen Wiedervereinigung und dem Ende des Kalten Krieges stieg die Auflage von „burda Moden" auf weltweit rund vier Millionen.

Für den neuen Feminismus, der in den 1970er-Jahren um sich griff, hatte die Karrierefrau aus Offenburg nicht viel übrig. Frauen-Quoten lehnte sie ab. Immerhin räumte die Liebhaberin schneller Autos ein, dass Frauen mehr leisten müssten als Männer, um sich durchzusetzen. Sie selbst gefiel sich darin „hart (zu) sein wie ein Mann, vielleicht noch härter".

1994, mit 85 Jahren, zog sich Aenne Burda zurück. Da begann ihre Idee allmählich, sich zu überleben. Der Absatz der Zeitschriften ging zurück – nicht nur, weil mehr und mehr Frauen ins Erwerbsleben drängten und traditionelle Hausfrauentugenden bei der jüngeren Generation an Akzeptanz verloren, sondern auch, weil Konfektionsware für breite Schichten erschwinglich geworden war. Massenhaft verfügbare Mode aus Billiglohn-Ländern vermochte zunehmend, den saisonalen Appetit nach Neuem zu stillen.

Gesellschaft im Umbruch

„Lila Latzhosen" im Anmarsch

Als sich Studenten daran machten, den „Muff von 1000 Jahren" hinwegzufegen, standen die tradierte Studienordnung und der Vietnamkrieg im Kreuzfeuer der Kritik. Frauenspezifisches war 1967/68 zunächst kein Thema. Doch die Kultur des Alles-in-Frage-Stellens wurde schließlich auch auf das heikle Zusammenspiel der Geschlechter ausgedehnt – von jungen Frauen, die keine Lust mehr hatten, sich von männlichen Kommilitonen „mitvertreten" zu lassen. Von der Studentenbewegung spaltete sich die neue Frauenbewegung ab. Sie forderte mehr Selbstbestimmungsrechte sowie Mitwirkungsmöglichkeiten in Gesellschaft, Wirtschaft und Politik. Themen wie „Gewalt gegen Frauen" oder der „Abtreibungsparagraf" 218 wurden öffentlich diskutiert.

Der Chor der Feministinnen ertönte vielstimmig: Die autonome Frauenbewegung lehnte „männliche" Organisationsstrukturen ab und wünschte keine „Führungsaktivistinnen". Das führte zu langen, oft ermüdenden Diskussionen und einer starken Zersplitterung der Szene. Trotzdem wurden die „Lila Latzhosen" in konservativen Kreisen als radikaler Block empfunden, der nichts anderes im Sinne hatte, als den „kleinen Unterschied" zu stutzen und am Fundament der Gesellschaft zu rütteln. Die Arbeiterhose in der Farbe der Frauenbewegung, mit der sich junge Frauen seit Mitte der 1970er-Jahre verstärkt vom Weiblichkeitsideal der Konfektionsmode absetzten, wurde zum politischen Symbol. Sie fand viel Zustimmung, aber auch empörte Ablehnung.

Immerhin: Das Ende der Selbstbeschränkung war eingeläutet. Der autonomen Frauenbewegung gelang es, trotz der Kakophonie in den eigenen Reihen einen Bewusstseinswandel einzuläuten. Zunächst sporadisch kam es in Bereichen mit unverkennbaren „Schnittmengen" zur Zusammenarbeit von autonomen mit etablierten Frauengruppen, von der beide Seiten profitierten.

So fanden „Frauenthemen" Eingang in Forschung und Lehre. Autonome Frauenhäuser wurden eröffnet – das erste Baden-Württembergs 1978 in Reutlingen, das zweite ein Jahr danach in Stuttgart. Im badischen Raum machten Heidelberg (1980) und Mannheim (1981) den Anfang. Dass viele dieser zunächst heftig umkämpften Einrichtungen zwischenzeitlich in kommunale Trägerschaft übergangen sind, unterstreicht den Bedarf an Schutzhäusern für Gewaltopfer auch im dritten Jahrtausend.

Margot Becke – „Bringt die Becke um die Ecke"

Mit Margot Becke (1914–2009) trat 1966 erstmals eine Frau an die Spitze einer bundesdeutschen Hochschule. Der Große Senat der Universität Heidelberg – bestehend aus 240 Männern, keine Frau – hatte die aus Ostpreußen stammende Chemieprofessorin zur Rektorin gewählt.

Nie hat sich Margot Becke als „Rektorin" bezeichnet – sie war „der Rektor". Und das wichtigste Anliegen „des Rektors" war es, „die Universität durch diese schwierigen Zeiten hindurch zu führen". Heidelberg entwickelte sich damals zur „Massenuniversität" mit über 11.000 Studenten, hatte aber nur 180 hauptamtliche Professoren. Becke machte sich für einen strikten Numerus clausus stark: Nicht jeder, der die Abiturprüfung bestanden habe, sei zu einem Studium geeignet. Die Politisierung der Universität war ihr zuwider. Mit ihren konservativen Ansichten prädestinierte sie sich zum Feindbild der Studenten. „Bringt die Becke um die Ecke" wurde 1967 an die Wände der Uni gesprüht. Zwei Jahre später gab Margot Becke ihr Amt auf. Wissenschaft sei „eine Frage des Charakters", meinte sie.

Hanne Landgraf – allein unter Männern. Mehr als fünf Prozent hat der Frauenanteil unter den Landtagsabgeordneten in den beiden ersten Jahrzehnten Baden-Württembergs nie betragen. Doch ausgerechnet im bewegten Jahr 1968 wurde ein neuer Tiefpunkt erreicht. Nur noch eine Frau – die Sozialdemokratin Hanne Landgraf (1914–2005) aus Karlsruhe – schaffte es ins Parlament. Damit lag der Anteil weiblicher Abgeordneter im Stuttgarter Landtag bei 0,8 Prozent.

Landesfrauenrat und kommunale Frauenbeauftragte

Die Landtagswahl 1968 bildete den „Gründungsfunken": Frauenverbände und Frauengruppen gemischter Organisationen in Baden-Württemberg schlossen sich ab 1969 zum Frauenrat (später: Landesfrauenrat) zusammen. Dieser versteht sich als unabhängige, überparteiliche und überkonfessionelle Lobby der weiblichen Bevölkerung im Südweststaat. Vorrangiges Ziel war (und ist) es, die Frauenrepräsentanz auf allen parlamentarischen Ebenen zu stärken.

Vor allem konservativ ausgerichtete Mitgliedsverbände des Frauenrats standen den „Lila Latzhosen" und ihren als „extrem" empfundenen Forderungen zunächst skeptisch gegenüber. Ähnlich gelagerte Interessen in einzelnen Bereichen halfen, die Berührungsängste allmählich zu überwinden.

So rauften sich etablierte und autonome Gruppen zusammen, als es darum ging, im familienpolitisch konservativen Baden-Württemberg kommunale Frauenbeauftragte durchzusetzen. In Freiburg nahm 1985 die erste Frauenbeauftragte ihre Arbeit auf. Stuttgart, Karlsruhe und Pforzheim folgten 1986, ab 1987 waren unter anderem Mannheim, Konstanz und Bruchsal mit von der Partie.

Sie war ausdrücklich „der Rektor": Margot Becke, die erste Frau an der Spitze der Universität Heidelberg (1966–1968).

Inzwischen sind aus den Frauenbeauftragten überwiegend „Gleichstellungsbeauftragte" geworden. Sie sollen – Stichwort: „diversity" – dafür sorgen, dass „Minderheiten" aller Art Gerechtigkeit widerfährt. Frauen fallen darunter ebenso wie Menschen, denen aufgrund ihrer Ethnie, ihres Alters, einer Behinderung, ihrer sexuellen Orientierung oder ihrer Religion Stigmatisierung droht.

Annemarie Griesinger – erste Ministerin in Baden-Württemberg

1972 hielt es der ultrakonservative Ministerpräsident Hans Filbinger für angebracht, eine Frau ins Kabinett zu berufen. Er entschied sich für die mit bundespolitischer Erfahrung ausgestattete Württembergerin Annemarie Griesinger (1924–2012). Von der CDU-Sozialpolitikerin erzählt man sich, sie sei so stürmisch durch die Flure des Bundeshauses gefegt, „dass sich

Eine Württembergerin mit viel Elan: Annemarie Griesinger war die erste Frau im Landeskabinett (hier mit Lothar Späth beim CDU-Bundesparteitag 1978).

einige Mannsbilder der hohen Politik schon vom Luftzug einen Schnupfen geholt haben". Diese resolute Persönlichkeit wurde am 1. Oktober 1972 Ministerin für Arbeit, Gesundheit und Sozialordnung in Baden-Württemberg. Die erste Frau im Landeskabinett trieb den flächendeckenden Ausbau von Diakonie- und Sozialstationen im Land voran, förderte Behindertenwerkstätten und führte ein auch in der Union umstrittenes Familiengeld für nicht erwerbstätige Mütter ein.

Nicht durchsetzen konnte sich Annemarie Griesinger gegen Filbingers Nachfolger Lothar Späth, der ihr 1980 das Sozialressort wegnahm und sie gegen ihren Wunsch zur Ministerin für Bundesangelegenheiten beförderte. Nunmehr musste sie ihre Energie darauf verwenden, als „Botschafterin" des Landes im Bonner „Haus Baden-Württemberg" die Gastgeberin zu spielen. 1984 zog sich die „Feschtles-Marie" aus der Landespolitik zurück.

Kampf gegen das KKW Wyhl

„Mütterlich und ausgleichend" – so wurde der Stil der Annemarie Griesinger beschrieben. Ohne derartige Eigenschaften war eine weibliche Karriere im traditionellen Politikbetrieb kaum denkbar. Doch der am Obrigkeitsstaat orientierte und strikt repräsentativ ausgerichtete Politikstil, der in den 1950er- und 1960er-Jahren kaum hinterfragt worden war, verlor in den 70ern insbesondere bei jungen Menschen an Akzeptanz. „Neue Soziale Bewegungen" entstanden – und deren Aktivisten scheuten sich nicht, ihren Themen auf unkonventionelle Weise Aufmerksamkeit zu verschaffen. Es war die Zeit der Demonstrationen und der Bürgerinitiativen. Formen des zivilen Widerstands griffen um sich, die – zum Entsetzen der Etablierten – bisweilen die Grenzen des Legalen sprengten.

Die Frauenbewegung öffnete sich in Baden-Württemberg früh gesellschaftspolitischen Themen, die über ureigene weibliche Interessen hinausgingen. Der Umwelt-, der Dritte-Welt- und der Friedensbewegung fühlten sich viele Aktivistinnen verbunden, und auch der Anti-Atomkraft-Bewegung, die beim Kampf gegen das geplante Kernkraftwerk bei Wyhl einen ungeheuren Aufschwung nahm. In der heißen Phase der Auseinandersetzungen um Wyhl Mitte der 1970er-Jahre machte etwa die „Badische Fraueninitiative" mit Nachtwachen und Bauplatzbesetzungen von sich reden.

Was die Stuttgarter CDU-Regierung besonders konsternierte: Es waren nicht nur die üblichen Verdächtigten aus der Universitätsstadt Freiburg, nicht nur „Linke" und „Emanzen", die auf die Barrikaden gingen, sondern auch die eigene Klientel: Winzer und Bauern aus der Umgebung, die mit ihren Frauen und Kindern anrückten, um zu blockieren und zu boykottierten. Versuche, die Demonstranten als zugereiste Radikale zu diffamieren, mussten vor diesem Hintergrund scheitern.

Dem „Nai hämmer gsait" der badisch-elsässischen Bürgerinitiativen verliehen Atomkraft-Gegnerinnen und -Gegner mit zum Teil monatelang andauernden und ganz überwiegend gewaltfreien Bauplatzbesetzungen Nachdruck. Die Bundesrepublik blickte auf den kleinen Ort am Kaiserstuhl, wo neue Formen des Protests erfolgreich durchdekliniert wurden. Anfang der 1980er-Jahre stoppte Ministerpräsident Späth das Bauvorhaben. Vorläufig, wie es offiziell hieß. Das geplante Atomkraftwerk war begraben.

Christa Reetz – eine Grüne

Eine prägende Erfahrung war Wyhl für Christa Reetz (1922–2009). Zwar hatte die Offenburgerin schon in den 1950er-Jahren gegen die Wiederbewaffnung der Bundesrepublik protestiert und in den 1970ern die Anliegen der neuen Frauenbewegung unterstützt. Doch Wyhl machte ihr klar, dass sie sich mit ganzer Kraft der drängenden Probleme ihrer Zeit annehmen musste. 1981 kündigte sie ihren Job an der Uni Freiburg, den sie angenommen hatte, als ihre fünf Kinder aus dem Gröbsten raus waren. Ihr Mann ging ihren Weg nicht mit: „Nee, also so will ich nicht leben", habe er gesagt, als sie quasi jeden Abend weg war, berichtete Christa Reetz über das Scheitern ihrer Ehe.

Ihre politische Heimat fand sie in der neuen Partei, die soziale Bewegungen wie die Anti-Atomkraft-, die Umwelt-, die Friedens- und die Frauenbewegung in die Parlamente tragen wollte: bei den Grünen. Deren erster Landesverband war im September 1979 in Sindelfingen gegründet worden. Im Januar 1980 wurde in Karlsruhe der Bundesverband aus der Taufe gehoben.

Bereits bei den Landtagswahlen 1980 konnten die Grünen in Baden-Württemberg einen als sensationell empfundenen Erfolg feiern: 5,4 Prozent. Sechs Grüne, darunter der spätere Ministerpräsident Winfried Kretschmann, waren gewählt. Allerdings schaffte es nur eine grüne Frau ins Parlament – die Stuttgarterin Elsbeth Mordo (* 1929).

Christa Reetz kandidierte 1980 erfolgreich auf der Liste der Grünen für den Offenburger Gemeinderat – noch als unabhängige Kandidatin. Im folgenden Jahr trat die Rentnerin dann der neuen Partei bei. 1983 kam sie in den Bundestag. Dort blieb sie nur zwei Jahre: Die Grünen pflegten damals das Prinzip der Rotation. Demnach hatten Abgeordnete, wenn die Hälfte der Legislaturperiode erreicht war, ihren Sitz zugunsten von Nachrückern zu räumen. Christa Reetz investierte ihre Energie fortan in den Bundesverband Bürgerinitiativen Umweltschutz (BBU).

Biggi Bender und Muterem Aras – Polit-Pionierinnen. Im Südwesten sorgten die Grünen für zwei bemerkenswerte Premieren: Die Juristin Birgitt (Biggi) Bender (* 1956), die ihr erstes Staatsexamen in Freiburg abgelegt hatte, wurde 1988 Vorsitzende der grünen Landtagsfraktion – die erste Frau in einer solchen Funktion in Baden-Württemberg.

Die erste Landtagspräsidentin Baden-Württembergs stammt ebenfalls aus den Reihen der Grünen und trat ihr Amt 2016 an: Muterem Aras (* 1966). Die Wahl der Stuttgarterin erregte nicht nur wegen ihres Geschlechts, sondern vor allem wegen ihrer Herkunft deutschlandweit Aufsehen: Aras wurde in einem ostanatolischen Dorf geboren und war 1978 als Tochter eines Gastarbeiters nach Deutschland gekommen. Die Inhaberin eines Steuerberatungsbüros und zweifache Mutter gehört der Religionsgemeinschaft der Aleviten an. Prompt titelte die Berliner Tageszeitung (taz): „Der Islam gehört zum Ländle." Damit reflektierte das Blatt auf ironische Art zugleich das Verhalten der 23 Parlamentsneulinge von der „Alternative für Deutschland"(AfD), die der frisch gewählten Landtagspräsidentin weder gratulieren wollten, noch bei der Bekanntgabe des Ergebnisses applaudierten.

Schlusslicht Baden-Württemberg

Was den Anteil weiblicher Abgeordneter angeht, ist der Landtag von Baden-Württemberg deutsches Schlusslicht (Stand

Februar 2018). Nach der Wahl 2016 lag der Frauenanteil bei lediglich 24,5 Prozent. In anderen deutschen Länderparlamenten hatte sich bis 2004 der durchschnittliche Frauenanteil bei 30 Prozent eingependelt. Diese Marke hat Baden-Württemberg noch nie erreicht.

Dies ist, wie die Landeszentrale für politische Bildung betont, strukturell bedingt. Denn das baden-württembergische Landtagswahlrecht ist insofern einzigartig, als jeder Wähler nur über eine Stimme verfügt. Die geht direkt an den Kandidaten des jeweiligen Wahlkreises. Sind die Direktmandate für die 70 Wahlkreise vergeben, werden nach einem recht komplizierten Schlüssel weitere 50 Sitze an die „unterlegenen“ Bewerber in den Wahlkreisen verteilt. Ein System, das Frauen benachteiligt: Wo es keine Landesliste gibt, ist es für die Parteien kaum möglich, für ein ausgewogenes Verhältnis von Männern und Frauen zu sorgen.

Der Landesfrauenrat Baden-Württemberg fordert seit langem eine Reform des Landtagswahlrechts. 2011 hatte sich die grün-rote Landesregierung im Koalitionsvertrag darauf geeinigt, dass eine geschlechtergerechte Gestaltung des Wahlrechts geprüft werden solle. Umgesetzt wurde dies nicht. Im Koalitionsvertrag von Grün-Schwarz von 2016 kam die Änderung des Landtagswahlrechts erneut auf die To-Do-Liste.

Brigitte Mohnhaupt – eine Terroristin

Viel stärker als in den Regierungen der späten 1960er- und 1970er-Jahre waren Frauen in der außerparlamentarischen Opposition vertreten – und unter den Linksextremisten, die in den Untergrund gingen. „Die Frauen hatten bei der RAF das Sagen“, zitierte das Nachrichtenmagazin „Der Spiegel“ einen Ex-Terroristen, 30 Jahre nachdem die Anschläge des „Deutschen Herbstes“ im Jahr 1977 die Bundesrepublik erschüttert hatten: „Wir Männer waren nur für das Grobe und das Handwerk zuständig.“

In der Führungsriege der Roten Armee Fraktion waren Frauen stark vertreten: Ihr Anteil unter den zur Fahndung ausgeschriebenen RAF-Terroristen lag zeitweise bei 60 Prozent. Zu den Gesuchten zählte Brigitte Mohnhaupt (* 1949), die in Bruchsal aufgewachsen war und dort das Abitur gemacht hatte, ehe sie fürs Studium nach München zog.

„Rädelsführerin der RAF“: Brigitte Mohnhaupt gilt als einer der führenden Köpfe der „Offensive 77“. – Fahndungsfoto von 1977.

„Antifaschistischer Widerstand“ und „weltweiter Kampf gegen den US-Imperialismus“ sowie gegen die „kapitalistische Gesellschaftsordnung“ – bei Brigitte Mohnhaupt verfingen die Schlagworte der RAF. Sie teilte die Auffassung, dass der Kampf gegen den „staatlichen Herrschaftsapparat“ ohne Anschläge und andere Gewalttaten nicht möglich sei. 1971 schloss sie sich den Terroristen an. Schon ein Jahr später wurde Mohnhaupt festgenommen und wegen Mitgliedschaft in einer kriminellen Vereinigung und unerlaubten Waffenbesitzes zu viereinhalb Jahren Haft verurteilt. Sie saß diese zunächst im Frauengefängnis im badischen Bühl ab, wurde dann jedoch nach Stuttgart-Stammheim verlegt.

Dort hatte im Mai 1975 der Prozess gegen führende RAF-Terroristen der ersten Generation begonnen. Die Angeklagten Andreas Baader und Gudrun Ensslin sollen Brigitte Mohnhaupt im Hochsicherheitstrakt nicht nur zur „Bevollmächtigten“ aufgebaut und intensiv geschult, sondern sie auch mit präzisen Aufträgen versehen haben.

Im Februar 1977 kam Mohnhaupt frei. Die damals 27-Jährige und der in Freiburg geborene Christian Klar gelten als führende Köpfe der „Offensive 77", durch die der Terrorismus in Deutschland eine neue Qualität erhielt. Die zweite Generation der RAF verübte gezielt Anschläge gegen Führungspersönlichkeiten in Staat und Wirtschaft.

Am 7. April wurden in Karlsruhe Generalbundesanwalt Siegfried Buback und seine Begleiter Wolfgang Göbel sowie Georg Wurster erschossen. Mohnhaupt und Klar gerieten nach diesen Morden ins Visier der Ermittler. Bis heute (Stand 2017) wurden Tathergang und Täter allerdings nicht zweifelsfrei ermittelt.

Der tödliche Anschlag in Karlsruhe markierte den Beginn des bis dahin schrecklichsten Terrorjahres in der Bundesrepublik Deutschland. Am 30. Juli wurde Jürgen Ponto, der Vorstandsvorsitzende der Dresdner Bank, erschossen, am 5. September Arbeitgeberpräsident Hanns-Martin Schleyer verschleppt. Am 13. Oktober entführte ein palästinensisches Terrorkommando zur Unterstützung der RAF die Lufthansa-Maschine „Landshut" auf dem Flug von Palma de Mallorca nach Frankfurt. Der Pilot wurde bei der Aktion erschossen. Ihr zentrales Anliegen – die Befreiung der in Stammheim einsitzenden Terroristen – erreichte die RAF trotzdem nicht. In Mogadischu stürmte am 18. Oktober die deutsche Grenzschutzgruppe GSG 9 die „Landshut" und befreite die Geiseln. Daraufhin brachten sich die Stammheimer Häftlinge um. Wenige Stunden später wurde der entführte Arbeitgeberpräsident ermordet.

1982 gelang es Polizisten und Mitgliedern der GSG 9, Brigitte Mohnhaupt festzunehmen. Das Oberlandesgericht Stuttgart verurteilte die „Rädelsführerin der RAF" 1985 wegen der Beteiligung an mehreren Morden und Mordversuchen zu fünfmal Lebenslänglich plus 15 Jahre. Nach 24 Jahren Haft kam sie auf Bewährung frei.

Grausames Feminat? Sicherheitskräfte bekundeten in den 1970ern öffentlich, dass weibliche RAF-Mitglieder noch gefährlicher seien als männliche. Polizisten seien daher gut beraten, zuerst auf die Frauen zu schießen. Die Medien versuchten derweil zu ergründen, warum so häufig gebildete Frauen aus gut bürgerlichen Elternhäusern dem Staat den Krieg erklärten.

Unter anderem begründete man die Gewaltbereitschaft von Terroristinnen mit den Auswüchsen einer fehlgeleiteten Emanzipationsbewegung. Beliebt war auch der Rückgriff auf die Geschlechtszuschreibungen des 19. Jahrhunderts, wonach Frauen sich eher von Emotionen als von Vernunft leiten lassen. Ihre Unfähigkeit zu rationalem politischen Handeln mache sie demnach anfällig für Fanatismus. Ein besonderes Augenmerk galt zudem (oft nur vermuteten) sexuellen Abweichungen und Abhängigkeiten der Terroristinnen. Sex sells – erst recht, wenn es um „mordende" Frauen geht. Der „Spiegel"-Artikel, der sich 30 Jahre nach dem „Deutschen Herbst" mit den weiblichen „Hauptrollen" bei der RAF befasste, stand unter dem Titel „Das grausame Feminat".

Erste und Einzige – weibliche Medienereignisse im Südwesten

„Männer handeln – Frauen kommen vor." So fasste der Staatsrechtler Erich Küchenhof 1975 die Ergebnisse seiner Studie über die Darstellung von Frauen im Fernsehen zusammen. Auch heute bestätigen Untersuchungen, dass Frauen seltener als Expertinnen zu „harten Themen" wie Politik, Wirtschaft und Wissenschaft befragt werden als Männer. Auch in Bereichen, in denen „Spitzenfrauen" inzwischen ohne große Mühe zu finden sind.

Groß pflegt das Interesse von Medien aber zu sein, wenn eine Frau „erstmals" in eine bedeutende Führungsposition gelangt. So stand Beate Weber (* 1943), als sie im Jahr 1990 in Heidelberg zur ersten Oberbürgermeisterin in Baden-Württemberg gewählt wurde, im Zentrum der Aufmerksamkeit. Nicht anders erging es der Karlsruherin Juristin Hildegard Gerecke (* 1951), die im selben Jahr erste Polizeipräsidentin im Land wurde.

Über Frauen, die sich als „einzige" in ansonsten ziemlich exklusiven Herrenclubs tummeln, wird ebenfalls gerne berichtet. Zu ihnen zählt etwa die Spitzenköchin Douce Steiner (* 1971) im südbadischen Sulzburg, deren Küche seit 2012 mit zwei Michelin-Sternen dekoriert ist (Stand Februar 2018). Bemerkungen, wonach sie es leid sei, „auf die Frauenfrage reduziert zu werden", gehören in den Beiträgen fast schon zum Pflichtprogramm.

Einige Berufe blieben Frauen auch nach dem Inkrafttreten des Grundgesetzes lange verschlossen. So dürfen Frauen in Baden-Württemberg erst seit 1987 die Polizeiuniform tragen – nach langen Diskussionen darüber, ob sie den Anforderungen der Einheitslaufbahn und den Aufgaben einer Streifenpolizistin körperlich überhaupt gewachsen seien. Doch andere Institutionen taten (und tun) sich ebenfalls schwer damit, Frauen in ihren Reihen als ebenbürtig zu akzeptieren.

Hilde Bitz – Pionierin auf der Kanzel

Theologie studieren – das war Frauen erlaubt, seit sich die badischen Universitäten 1900/1901 widerwillig fürs weibliche Geschlecht geöffnet hatten. Das Recht, Pfarrerin zu werden, hatten sie dadurch aber nicht – auf katholischer Seite bis heute. Auch evangelischen Theologinnen blieb jahrzehntelang kaum eine andere Möglichkeit, als nach dem Studium Pfarrgehilfin oder Religionslehrerin zu werden. Später kam als weibliches Aktionsfeld die Krankenhausseelsorge hinzu, allerdings ohne Ordination.

Erst als während des Zweiten Weltkriegs „Not am Mann" war, ließ es der Oberkirchenrat zu, dass Theologinnen vertretungsweise Gemeindegottesdienste hielten und das Abendmahl spendeten. Bei Kriegsende verabschiedete sich die Kirchenleitung wieder von dieser „Notlösung". Nicht zur Verkündigung und zur Verwaltung der Sakramente sei die Frau berufen, sondern zur Diakonie als Dienst der christlichen Liebe, betonte 1947 der evangelische Landesbischof Julius Bender.

Als Hilde Bitz (1929–2017), die in Heidelberg Theologie studiert hatte, 1955 ihren Dienst in der Landeskirche antrat, bekam sie eine – nach ihren eigenen Worten – „sehr schöne Religionslehrerstelle" in Mannheim. Sieben Jahre später beschloss die Landessynode (die Versammlung von gewählten und berufenen Mitgliedern der evangelischen Landeskirche), dass den ständig im Dienst der Kirche stehenden Theologinnen die Amtsbezeichnung „Pfarrerin" zuzubilligen sei. Damit war aber nach wie vor nicht das Recht verbunden, eine Kirchengemeinde zu leiten. Die Pfarrerinnen, zu denen nun auch Hilde Bitz zählte, blieben beschränkt auf den Unterricht, die

Krankenhaus- und Anstaltsseelsorge sowie übergemeindliche und landeskirchliche Ämter.

Das änderte sich erst 1971. Nach einer langen, kontroversen und zeitweise höchst emotionalen Diskussion segneten die Landessynodalen mehrheitlich den Satz ab: „Pfarrer im Sinne der Grundordnung ist auch die Pfarrerin." Das war der Durchbruch: Frauen konnten von nun an Gemeindepfarrerinnen mit allen Pflichten und Rechten werden. Zudem entfiel der bislang für Pfarrerinnen geltende „Zölibatsparagraph": Eine Heirat war für sie fortan nicht mehr zwangsläufig mit der Aufgabe des Berufs verbunden.

Hilde Bitz bewarb sich prompt auf eine ausgeschriebene Pfarrerstelle in der Paul-Gerhard-Gemeinde Mannheim. Dort sei man zunächst erschrocken gewesen über die Bewerbung einer Frau, erinnerte sie sich Jahre später. Was die Gemeindemitglieder umtrieb, waren Probleme wie: „Wer öffnet die Tür (des Pfarrhauses), wenn es klingelt?" Oder: „Wer ist da, wenn Sie auf dem Friedhof sind?" Evangelische waren schließlich daran gewöhnt, dass ihren Pfarrern eine „Pfarrfrau" zur Seite stand, die sich als verlängerter Arm ihres Mannes ehrenamtlich in der Gemeinde engagierte.

In den Bewerbungsgesprächen musste sie manche „kritische" Frage beantworten. Die Gemeinde beschloss, es mit einer Pfarrerin zu versuchen. Hilde Bitz, die Pionierin auf der Kanzel, blieb elf Jahre. Es sei ein „langer, mitunter hügeliger, aber guter Weg" gewesen, schrieb Badens erste Gemeindepfarrerin in ihren Erinnerungen.

Hinterher …

Es wäre schön, wenn Frauen vorkommen … Doch, Frauen haben in Baden „eine Rolle gespielt“. Die gesellschaftliche Ordnung eröffnete ihnen aber in der Regel andere Handlungsspielräume als Männern. Was zur Folge hat, dass politische Geschichte zwar weitgehend „frauenfrei“ erzählt werden kann, aber selbst ein Buch wie dieses, das den Fokus gezielt auf Frauen richtet, nicht ohne Männernamen auskommt. Heute sticht uns das Ungleichgewicht ins Auge. Wir sollten uns aber nicht verführen lassen, historische Frauen-Gestalten, die Aufmerksamkeit erregten, als „(Vor-)Kämpferinnen für Frauenrechte“ über einen Kamm zu scheren. Im Gegenteil müssen wir davon ausgehen, dass die „Geschlechterverhältnisse“ auch unter Frauen eine hohe Akzeptanz fanden und vor dem 19. Jahrhundert kaum hinterfragt wurden. Was weder ausschließt, dass Frauen individuell unter den ihnen auferlegten Beschränkungen gelitten haben, noch, dass es einzelnen gelang, die ihrem Geschlecht gezogenen Grenzen zu sprengen.

Was bei diesem Streifzug durch die etwas andere badische Geschichte deutlich wurde: Die Handlungsspielräume von Frauen und ihre Möglichkeiten zur Teilhabe sind über die Jahrhunderte hinweg weder kontinuierlich noch zwangsläufig gewachsen. Einen enormen Einbruch haben ausgerechnet die Aufklärung und die Französische Revolution gebracht: Sie gebaren das bürgerliche Frauenbild des 19. Jahrhunderts, das bis heute wirkt. Ungeachtet der im Grundgesetz verankerten Gleichberechtigung hat die Kategorie „Geschlecht“ eine hohe Bedeutung im gesellschaftlichen Zusammenleben behalten.

Vor diesem Hintergrund endet dieser Streifzug durch die Geschichte mit einem Appell von Manuela Rukavina, der damaligen Vorsitzenden des Landesfrauenrats Baden-Württemberg, zum Weltfrauentag 2017:

„Überall auf der Welt bekommen antidemokratische Haltungen Zuspruch und Frauenrechte werden infrage gestellt. Ob in den USA, in Polen, der Türkei oder hierzulande werden Menschenrechte und damit die Rechte der Frauen attackiert. Jedes Jahr am Weltfrauentag machen wir auf Probleme aufmerksam. Doch heute ist der Weltfrauentag wichtiger denn je, da die Errungenschaften der letzten Jahrzehnte in Frage gestellt werden“ (Pressemitteilung vom 8. März 2017).

ANHANG

Literatur (Auswahl)

ALLWEIER, SABINE. *Canaillen, Weiber, Amazonen: Frauenwirklichkeit in Aufständen Südwestdeutschlands 1688 bis 1777.* Münster 2001. (zugl. Freiburg/Breisgau Univ., Diss 1999).

ANDREAS, WILLY. Napoleons Aufenthalt in Karlsruhe (1806). *Mannheimer Geschichtsblätter XI.* 1939, S. 60ff.

ASCHE, SUSANNE, ET AL. *Karlsruher Frauen 1715–1945. Eine Stadtgeschichte,* Karlsruhe 1992. (Veröffentlichungen des Karlsruher Stadtarchivs Bd. 15).

BADEN-BADEN, GLEICHSTELLUNGSSTELLE DER STADT [HRSG.]. *Zwischen Suppenküche und Allee. Frauengeschichten aus Baden-Baden.* Baden-Baden 3. Aufl. 2012.

BADEN-WÜRTTEMBERGISCHE BIOGRAPHIEN, Bd. 1–2 hrsg. von Bernd Ottnad, B. 3 hrsg. von Bernd Ottnad und Fred L. Sepaintner, B. 5–6 hrsg. von Fred L. Sepaintner, 1994–2016.

BADISCHE BIOGRAPHIEN (Neue Folge). Hrsg. im Auftrag der Kommission für geschichtliche Landeskunde in Baden-Württemberg. Bde. 1–4 hrsg. von Bernd Ottnad, Bde. 5–6 hrsg. von Fred L. Sepaintner, Stuttgart 1982–2011.

BADISCHES LANDESMUSEUM. *750 Jahre Zisterzienserinnen-Abtei Lichtenthal. Faszination eines Klosters.* [Hrsg.] Harald Siebenmorgen. Sigmaringen 1995.

- *Baden und Europa 1918 bis 2000. Führer durch die landes- und kulturgeschichtliche Abteilung.* Karlsruhe 2004.
- *Baden! 900 Jahre. Geschichten eines Landes.* Karlsruhe 2012.
- *Das Konstanzer Konzil. 1414–1418. Weltereignis des Mittelalters.* Darmstadt 2014.
- *Jugendstil am Oberrhein. Kunst und Leben ohne Grenzen.* Karlsruhe 2009.
- *Karl Wilhelm 1679–1738.* München 2015.

BAUM, MARIE. *Drei Klassen von Lohnarbeiterinnen in Industrie und Handel der Stadt Karlsruhe.* Karlsruhe 1906.

Beer, Matthias [Hrsg.]. *Baden-Württemberg – eine Zuwanderungsgeschichte.* Stuttgart 2014. (Schriften zur politischen Landeskunde Band 40).

Betzler, Judith [Hrsg.]. *Aenne Burda. Die Macht des Schönen.* München 1999.

Blauert, Andreas. *Sackgreifer und Beutelschneider. Die Diebesbande der Alten Lisel, ihre Streifzüge um den Bodensee und ihr Prozeß 1732.* Konstanz 2. Aufl. 1996.

Borchardt-Wenzel, Annette. *Die Frauen am badischen Hof. Gefährtinnen der Großherzöge zwischen Liebe, Pflicht und Intrigen,* Gernsbach 2. überarb. Auflage 2010.

– *Karl Friedrich von Baden. Mensch und Legende.* Gernsbach 2006.

– *Karl Wilhelm und sein Traum von Karlsruhe. Ein Badener im großen Welttheater.* Gernsbach 2013.

– *Kleine Geschichte Badens.* Regensburg 2. Aufl. 2016.

Brüning, Rainer und Brasseur-Wild, Laetitia [Hrsg.]. *Menschen im Krieg 1914–1918 am Oberrhein.* Stuttgart 2014. (Landesarchiv Baden-Württemberg und Archives Départements du Haute-Rhin).

Brunner, Karl. *Kleine Kulturgeschichte des Mittelalters.* München 2012.

Bumiller, Casimir. *Ursula von Rosenfeld und die Tragödie des Hauses Baden.* Gernsbach 2010.

Burger, Rudolf. *Die Reformation im Markgräflerland.* Weil am Rhein 2006. (Nachdruck der Ausgabe 1984).

Deutscher Juristinnenbund. *Juristinnen in Deutschland. Die Zeit von 1900 bis 2003.* Baden-Baden 4. Aufl. 2003.

Dülmen, Richard von. *Frauen vor Gericht. Kindsmord in der Frühen Neuzeit.* Frankfurt Main 1991.

Engehausen, Frank. *Kleine Geschichte der Revolution in Baden 1848/49.* Leinfelden-Echterdingen 2010.

– *Kleine Geschichte des Großherzogtums Baden 1806–1918.* Leinfelden-Echterdingen 2005.

Enzel, Kathrin. Mathilde Gräfin von Horn. Generaloberin des Badischen Frauenvereins vom Roten Kreuz. 1875–1943, *Lebensbilder aus Baden-Württemberg XXII.* Stuttgart 2007, S. 410ff.

Finkele, Diana. *Schwäbinnen und Badenerinnen. Frauenleben in Baden und Württemberg von 1750 bis heute.* Mühlacker 2004.

Freund, Marion. Amalie Struve. Revolutionärin, Schriftstellerin und Journalistin. *Lebensbilder aus Baden-Württemberg XXIV, Stuttgart* 2013, Bd. 24, S. 204ff.

Gall, Wolfgang M. *Kleine Geschichte der Stadt Offenburg.* Karlsruhe 2013.

Generallandesarchiv Karlsruhe. *Ein badisches Intermezzo. Die Markgrafschaft Baden-Baden im 18. Jahrhundert.* [Hrsg.] Rainer Brüning und Clemens Rehm. Karlsruhe 2005

Guttmann, Barbara. *„Zwischen Trümmern und Träumen". Karlsruherinnen in Politik und Gesellschaft der Nachkriegszeit. Portraits.* Karlsruhe 1997.

– *Den weiblichen Einfluss geltend machen … Karlsruher Frauen in der Nachkriegszeit 1945–1955.* Karlsruhe 2000.

Handbuch der baden-württembergischen Geschichte, *5 Bde.*, [Hrsg.] Hansmartin Schwarzmaier u. a. Stuttgart 1992–2007.

Hauff, Adelheid M. von. Regine Jolberg (1800–1870). [Hrsg.] Gerhard Schwinge. *Lebensbilder aus der evangelischen Kirche in Baden Band IV,* Heidelberg, Ubstadt-Weiher, Weil am Rhein, Basel 2015, S. 164ff.

Hegau-Geschichtsverein [Hrsg.]. „Hegau – Frauen – Geschichte". Themenband. Zeitschrift für Geschichte, Volkskunde und Naturgeschichte des Gebietes zwischen Rhein, Donau und Bodensee 66/2009.

Heid, Hans [Hrsg.]. *Die Jesuiten in der Markgrafschaft Baden (1570–1773), Bd. 1 – Niederlassungen, Wirken, Erbe.* Heidelberg/ Ubstadt-Weiher/ Neustadt a. d. W./Basel, 2015.

Heinsius, Maria. *Frauen der Reformationszeit am Oberrhein.* Karlsruhe 1964.

– *Frauen der Kirche am Oberrhein.* Lahr 1978.

Hettinger, Anette. Beginen in Buchen. *Der Wartturm.* 1/2007, S. 2ff

Heusinger, Sabine von. Beginen am Mittel- und Oberrhein zu Beginn des 15. Jahrhunderts. *ZGO.* 2000, Bd. NF 109 = 148, S. 67–96.

Hirschfeld, Peter. *Markgräfin Agnes von Baden. Gemahlin Herzog Gerhards VII. von Schleswig. Ein Beitrag zur Kulturgeschichte des 15. Jahrhunderts.* Neumünster 1957.

Historisches Museum der Pfalz Speyer. *Hexen. Mythos und Wirklichkeit.* München 2009.

Hochreuther, Ina. *Frauen im Parlament. Südwestdeutsche Parlamentarierinnen von 1919 bis heute.* [Hrsg.] Landtag von Baden-Württemberg. Stuttgart 3. Aufl. 2012.

Jansen-Degott, Ruth. *Markante Frauen, Sonderserie Offenburg.* Offenburg 2006.

Keuler, Dorothea. *Beherzte Schwestern. Südwestdeutsche Klosterfrauen aus sechs Jahrhunderten.* Tübingen 2016.

Kicherer, Dagmar. *Kleine Geschichte der Stadt Baden-Baden.* Karlsruhe 2008.

Kleinau, Elke und Opitz, Claudia [Hrsg.]. *Geschichte der Mädchen und Frauenbildung.* Frankfurt/New York 1996. Bd. 1 Vom Mittelalter bis zur Aufklärung.

Kohnle, Armin. *Kleine Geschichte der Markgrafschaft Baden.* Karlsruhe 2007.

Kosmala, Beate. Gertrud Luckner (1900–1995) – „Stille Heldin" und Pionierin der christliche jüdischen Verständigung. [Hrsg.] Ines Mayer und Reinhold Weber. *Menschen, die uns bewegen.* Köln 2014, S. 100ff

Krüger, Jürgen, Schwarzmaier, Hansmartin und Wennemuth, Udo [Hrsg.]. *Das evangelische Pfarrhaus im deutschsprachigen Südwesten,* Oberrheinische Studien Bd. 32, Ostfildern 2014.

Landeszentrale für politische Bildung Baden-Württemberg. *Entrechtet – verfolgt – vernichtet. NS-Geschichte und Erinnerungskultur im deutschen Südwesten.* [Hrsg.] Peter Steinbach, et al. Stuttgart 2016.

– *Filbinger, Wyhl und die RAF. Die Siebzigerjahre in Baden-Württemberg.* [Hrsg.] Philipp Gassert und Reinhold Weber. Stuttgart 2015.

– *Frauen im deutschen Südwesten.* [Hrsg.] Birgit Knorr und Rosemarie Wehling. Stuttgart 1993.

Meyer, Almut A. Elisabeth von Thadden (1890–1944). [Hrsg.] Gerhard Schwinge. *Lebensbilder aus der evangelischen Kirche in Baden im 19. und 20. Jahrhundert, Band V,* Heidelberg/Ubstadt-Weiher/Weil am Rhein/Basel 2007, S. 472ff.

Müller, Christina. *Karlsruhe im 18. Jahrhundert. Zur Genese und zur sozialen Schichtung einer residenzstädtischen Bevölkerung.* [Hrsg.] Stadt Karlsruhe Stadtarchiv. Karlsruhe 1992.

Oestmann, Peter. Die Offenburger Hexenprozesse im Spannungsfeld zwischen Reichshofrat und Reichskammergericht. *Die Ortenau* 1995, S. 179ff.

Oster, Uwe. *Großherzog Ludwig I. – Der Unsymbadische?* Gernsbach 2012.

Reiss-Engelhorn-Museen. *Benedikt und die Welt der frühen Klöster.* [Hrsg.] Alfred Wieczorek und Gerfried Sitar OSB. Regensburg 2012.

Richter, Susan und Schlechter, Armin [Hrsg.]. *Zwischen allen Welten. Die Lebenserinnerungen der ersten Heidelberger Professorin Gerta von Ubisch.* Ostfildern 2011.

Scheidle, Ilona. *Heidelbergerinnen, die Geschichte schrieben. Frauenporträts aus fünf Jahrhunderten.* Kreuzlingen/München 2006.

Scherb, Ute. *„Ich stehe in der Sonne und fühle, wie meine Flügel wachsen". Studentinnen und Wissenschaftlerinnen an der Uni-*

versität Freiburg von 1900 bis in die Gegenwart. Königstein/ Taunus 2002.

SCHIENER, ANNA. *Markgräfin Amalie von Baden (1754–1832).* Regensburg 2007.

SCHRAUT, SYLVIA. *Frau und Mann, Mann und Frau. Eine Geschlechtergeschichte des deutschen Südwestens 1789–1980.* Stuttgart 2016. Schriften zur politischen Landeskunde Baden-Württembergs Bd. 44.

SCHULZ, URTE. *Das schwarze Schaf des Hauses Baden. Markgraf Eduard Fortunatus.* Gernsbach 2012.

SCHWARZMAIER, HANSMARTIN. *Baden. Dynastie – Land – Staat.* Stuttgart/Berlin/Köln, 2005.

– Vom Haus Zähringen zum Land Baden. Wendemarken der badischen Geschichte. [Hrsg.] Paul-Ludwig Weinacht. *Baden. 200 Jahre Großherzogtum. Vom Fürstenstaat zur Demokratie.* Freiburg I. Br./Berlin/Wien 2008, S. 17ff.

SPECK, DIETER. *Kleine Geschichte Vorderösterreichs.* Karlsruhe/Leinfelden-Echterdingen 2010.

STAATLICHE SCHLÖSSER UND GÄRTEN BADEN-WÜRTTEMBERG. *Extra schön. Markgräfin Sibylla Augusta und ihre Residenz.* Petersberg 2008.

STAATLICHE KUNSTHALLE KARLSRUHE, LANDESARCHIV BADEN-WÜRTTEMBERG, UNIVERSITÀ DELLA SVIZZERA ITALIANA. *Die Meister-Sammlerin. Karoline Luise von Baden.* [Hrsg.] Holger Jacob-Friesen, et al. Berlin/München 2015.

STIEFEL, KARL. *Baden 1648–1952, 2 Bde.* Karlsruhe 1977/78.

STOLLBERG-RILINGER, BARBARA. *Maria Theresia. Die Kaiserin in ihrer Zeit.* München 2017.

THIERFELDER, JÖRG. Gertrud Hammann (1910–1990). [Hrsg.] Gerhard Schwinge. *Lebensbilder aus der evangelischen Kirche in Baden, Band IV* Heidelbert/Ubstadt-Weiher/Weil am Rhein/Basel 2015, S. 366 ff.

VAN DER CRUYSSE, DIRK. *„Madame sein ist ein ellendes Handwerck". Liselotte von der Pfalz – eine deutsche Prinzessin am Hof des Sonnenkönigs.* München 1995.

WENNEMUTH, UDO [HRSG.]. *450 Jahre Reformation in Baden und Kurpfalz.* Stuttgart 2009. Veröffentlichungen zur badischen Kirchen- und Religionsgeschichte Band 1.

WIEBEL, EVA. Barbara Reinhardt oder „Schleiferbärbel". *Lebensbilder aus Baden-Württemberg XXIII.* Stuttgart 2010, S. 29ff.

ZIMMERLING, PETER [HRSG.]. *Evangelische Seelsorgerinnen. Biografische Skizzen, Texte und Programme.* Göttingen 2005.

Außerdem: Archivnachrichten des Landesarchivs Baden-Württemberg sowie verschiedene Zeitschriften und Zeitungen

Internet-Quellen

http://digital.blb-karlsruhe.de/
www.kloester-bw.de/
www.landesarchiv-bw.de
www.landeskunde-baden-wuerttemberg.de
www.leo-bw.de

Bildnachweis

akg-images: 115, 129 (Rastatt, Wehrgeschichtliches Museum), 189, 204 (Heritage Images), 218, 219
BLB Karlsruhe: 122, 162
Foto Marburg: 58 (Universitätsbibliothek Heidelberg)
Fotolia: 41 (VRD), 64 (Jürgen Wackenhut)
Günter Beck Fotoverlag: 48
http://commons.wikimedia.org: 21 (Martin Dürrschnabel), 27 (Reinhard Hauke), 29 (Taxiarchos228), 47 (replica by Schöpfer after a lost original), 57, 69 (Flominator), 73 (anagoria), 75, 77 (Martin Dürrschnabel), 81, 101, 117, 125, 127, 146, 166, 187 (Bundesarchiv, Bild 101III-Alber-174-14A / Albert, Kurt), 198 (OTFW, Berlin), 228 (Bundesarchiv, B 145 Bild-F054627-0025 / Engelbert Reineke)
Hubert Burda Media: 221
Landesamt für Denkmalpflege im RP Stuttgart Bildarchiv Karlsruhe: 18
Landesarchiv Baden-Württemberg, Generallandesarchiv Karlsruhe: 134 (Slg. 1995, F I Nr. 207), 136 (Slg. 1995, F I Nr. 2246), 139 (Slg. 1995, F I Nr. 1227), 163 (Slg. 1995, F I Nr. 2286), 177 (231 Nr. 2937)
Pixelio: 120 (Rolf Bauer)
Stadtarchiv Karlsruhe: 151, 155, 210
ullstein bild: 148 (Tita Binz), 149, 173, 216 (ullstein bild – AP), 233 (ullstein bild – dpa)
Universitätsarchiv Heidelberg: 181, 227

Umschlagmotive: Hauptmotiv: Luise von Baden (ullstein bild); Bildreihe v. l.: Bertha Benz (akg-images), Ottilie von Katzenelnbogen (http://commons.wikimedia.org, Hans Baldung, Markgrafentafel), Lina Radke-Batschauer (ullstein bild), Erzherzogin Maria Theresia (http://commons.wikimedia.org, Andreas Möller, KHM Wien), Aenne Burda (ullstein bild, Fotograf: Lauer)